suhrkamp taschenbuch 4763

AF198258

Was hält Europa heute zusammen? Wie gehen die Menschen in Litauen mit der Freiheit um, die sie vor einem Vierteljahrhundert gewonnen haben? Wie funktioniert die Europäische Union an ihren östlichen Außengrenzen, zwischen Kaliningrad und der Republik Belarus? Statt über diese Fragen am Berliner Schreibtisch nachzudenken, bricht Felix Ackermann 2011 auf, um Gastwissenschaftler in der litauischen Hauptstadt zu werden. Seine Familie erlebt in Wilna ein Europa der ganz praktischen Herausforderungen. Die Kinder lernen Litauisch und werden zu kleinen Patrioten erzogen. Seine Frau bringt eine Tochter zur Welt, die sogleich einen litauischen Personencode erhält. Und er selbst macht endlich doch noch seinen Führerschein in einer Kleinstadt namens Utena.

Der Historiker und Stadtanthropologe Felix Ackermann porträtiert kurzweilig und pointenreich eine mehrsprachige Gesellschaft, deren Aufbruch in eine bessere Zukunft immer wieder empfindlich gestört wird: von den eigenen sowjetischen Gewohnheiten, der Migration Hunderttausender Bürger in den Westen, der russischen Annexion der Krim und von der allgegenwärtigen Auseinandersetzung mit der Vergangenheit.

Felix Ackermann, geb. 1978, wuchs in Berlin auf, promovierte 2008 in Frankfurt (Oder) bei Karl Schlögel über die heute belarussische Stadt Grodno und lehrte von 2011 bis 2016 an der Europäischen Humanistischen Universität in Wilna. Zurzeit erforscht er am Deutschen Historischen Institut Warschau die Geschichte des Gefängniswesens im geteilten Polen-Litauen.

Felix Ackermann

MEIN LITAUISCHER FÜHRERSCHEIN

Ausflüge zum Ende der
Europäischen Union

Suhrkamp

Erste Auflage 2017
suhrkamp taschenbuch 4763
Originalausgabe
© Suhrkamp Verlag Berlin 2017
Alle Rechte vorbehalten, insbesondere das der Übersetzung,
des öffentlichen Vortrags sowie der Übertragung
durch Rundfunk und Fernsehen, auch einzelner Teile.
Kein Teil des Werkes darf in irgendeiner Form
(durch Fotografie, Mikrofilm oder andere Verfahren)
ohne schriftliche Genehmigung des Verlages reproduziert
oder unter Verwendung elektronischer Systeme
verarbeitet, vervielfältigt oder verbreitet werden.
Umschlagillustration: Kotryna Žukauskaitė
Umschlaggestaltung: zero-media.net
Satz: Satz-Offizin Hümmer GmbH, Waldbüttelbrunn
Druck und Bindung: CPI – Ebner & Spiegel, Ulm
Printed in Germany
ISBN 978-3-518-46763-3

Inhalt

1

Berlin – Grodno – Wilna

Am Gedimino prospektas in Wilna wird für
Direktflüge zwischen Berlin und der litauischen
Hauptstadt geworben. Im Hintergrund
eine Skulptur der Schriftstellerin Žemaitė,
die das Leben der Bauern im
19. Jahrhundert schilderte.

Aufschwung Ost

»Bitte wundern Sie sich über nichts«, schallte es über den Gang des 4-Sterne-Gefährts. Ein Möbelfabrikant aus Westpolen versuchte seine Mitreisenden vom anderen Ufer der Oder aufzuheitern. Fehlanzeige. Die Deutschen saßen mit unbewegten Gesichtern auf ihren Plätzen. Ihr Gegenüber mit Schnauzer und dunklen Brillengläsern gab noch nicht auf. Hochrot versprach er: »Das Bier ist schon unterwegs! Wir wollen doch auch Spaß haben. Oder besser einen Kaffee. Mit Cognac und etwas Zucker?« Der füllige Landrat des Landkreises Oder-Spree wirkte angewidert. Die deutsche und die polnische Provinz sitzt zusammen und doch getrennt in einem Bus unterwegs nach Grodno, eine Grenzstadt im Dreiländereck Litauen, Polen und Belarus. »Unsere Partner, noch aus sozialistischen Zeiten«, erklärte der Landrat. Nun wollten sie kurz vor dem EU-Beitritt Polens, bevor die Außengrenze von der Oder an den Bug wandert, neue Möglichkeiten der Kooperation erschließen. Belarus ist für alle Neuland, eine Terra incognita.

Während unter den polnischen Mitreisenden der süße Magenbitter von klarem Wodka abgelöst wurde, verfolgten die deutschen Teilnehmer auf einer Landkarte nüchtern den Weg. 700 Kilometer Landstraße, unterbrochen von einem symbolischen Stück Autobahn. Je weiter es nach Osten ging, desto kleiner wurden die Felder. Die angeheiterten polnischen Unternehmer bildeten eine provisorische Reiseregierung. Die Minister für Wohlbefinden, Verpflegung und Unterhaltung wurden basisdemokratisch gewählt, und der fettleibige Premierminister unterhielt den ganzen Bus mit seinen vulgären Witzen. Die stillen SPD- und CDU-Mitglieder auf ihrer Seite des Ganges betrachteten arglos die Tiefebene zwischen Berlin und Moskau. Mangelnde Sprachkenntnisse können der europäischen Verständigung auch förderlich sein. Die polnischen Organisatoren, Dolmetscher und Journalisten im Bus wirkten bedrückt. Sie schämten sich für ihre Landsleute, die alle Vorurteile bestätigten, die über sie in Umlauf waren.

Der lautstarke Teil der polnischen Mitreisenden sang an der Grenze im Gedenken an die Zeiten in der fröhlichsten Baracke im sowjetischen Lager und in Vorfreude auf die Wirtschaftskonferenz in Belarus: »Immer lebe die Sonne, immer lebe die Mutter!« Eine Dolmetscherin blickte hinter ihren riesigen Brillengläsern hervor und erklärte: »Meine Herren, hier gibt es nichts zu scherzen. Ich kenne dieses Land. Entweder man ordnet sich unter oder es gibt Ärger.«

Nach zwei Stunden Warten stellte sich heraus: Der belarussische Zoll will die Dolmetscheranlage nicht abfertigen. Absprachen mit den Botschaften hin oder her – sie wurde nicht richtig verzollt. Der Vertreter der deutsch-polnischen Wirtschaftskammer stellte den Grenzern ein Ultimatum: »In einer Stunde kehren unsere Fahrer mit der Anlage zurück nach Gorzów.« Ohne Dolmetscherkabinen keine Verständigung, ohne Verständigung keine Konferenz, ohne Konferenz keine Zukunft. Doch als der Bus, eskortiert von der Miliz und mit Dolmetscheranlage im Gepäck, losfuhr, gab er zu: »Vor zehn Jahren ist es an der Oder zu ähnlichen Szenen gekommen.« Leere Straßen, am Horizont glühten die Lichter sowjetischer Industrieanlagen, Schornsteine dampften. Nach 740 Kilometern und 18 Stunden: Ankunft.

Erst am Morgen wurde klar: Die Gäste sitzen fest – in einem Erholungsheim der Nationalbank der Republik Belarus, fernab der alten Stadt Grodno, mitten im Wald. Jeder Klubraum hatte sein grellbuntes Aquarium, noch ohne Fische. Zum Frühstück gab es Schinken, Lachs und Eierkuchen. Die Fußböden waren aus Granit, an die gemauerten Gebäude wurden Pavillons aus dunklem Glas in Plastikrahmen gebaut, der Rasen strahlte ungeachtet der Jahreszeit in hellem Grün.

Die Führung am nächsten Tag durch das an der Memel gelegene Grodno fiel kurz aus. Die Gruppe besichtigte das Schloss, das der sächsische Kurfürst August der Starke, gewählter König von Polen und Großfürst von Litauen, als litauische Residenz entwerfen ließ. Hier tagte 1793 zum letzten Mal der Sejm, das Parlament der polnisch-litauischen Adelsrepublik. Er ging als Schweigender Sejm in die Geschichte ein, da die Adligen aus Protest über die Teilung des Unionsstaats das Wort verweigerten. Die Stadtführerin zeigte die einstige Jesuitenkirche, die vor allem von Polen besucht wird – sie bilden ein Fünftel der Einwohner. Das angrenzende Kloster dient bis heute als Gefängnis. Davor der einstige Markt, Sowjetskaja Ploschtschad auf Russisch. Vom Sowjetischen Platz geht es durch Straßen mit Architektur des 19. Jahrhunderts zu barocken Gebäuden, katholischen und orthodoxen Klöstern und zu der gewaltigen Choral-Synagoge. In den Worten der jungen Fremdenführerin schwang Unmut darüber mit, dass Grodno heute keine selbständige Stadt mehr ist, sondern ganz und gar von der Bürokratie der Hauptstadt Minsk abhängig. Danach brachte der Bus die Gruppe zurück ins Ferienlager für Funktionäre – 25 Kilometer außerhalb der Stadt.

Am nächsten Morgen stand ein gepanzerter VW-Transporter vor dem Konferenzgebäude. Eine mobile Wechselstube der Nationalbank, nur für die Gäste aus dem deutsch-polnischen Grenzgebiet. Mit den erstandenen Geldbündeln können sie im Foyer Souvenirs kaufen, silberne Sondermünzen mit dem Konterfei des litauischen Großfürsten Vytautas. Direkt daneben bot der Bezirk Grodno auf Schwarzweiß-Kopien den Einstieg in einen Betrieb seiner Sonderwirtschaftszone an, bereits ab sieben Millionen Dollar. In einem rosarot getünchten Saal saßen die Vorsitzenden der lokalen Arbeitgebervereine aus drei Ländern und die Botschafter und Vertreter der Wirtschaftsministerien nebeneinander auf dem Podium. Zwei Tage lang drangen offiziöse Verlautbarungen durch die Kopfhörer der aufwendig verzollten Dolmetscherkabinen. Die Stichworte: Zusammenarbeit, Europa, Erfahrungsaustausch, Zukunft und nicht zu vergessen: Grenzüberschreitung. Die Übersetzer kannten die Formulierungen schon auswendig. »Für ein gemeinsames Europa.« Die Teilnehmer auch. »Wir müssen die Förderprogramme der Europäischen Union nutzen.« Als einem der Dolmetscher die bürokratischen Floskeln der belarussischen Seite zu viel wurden, erlaubte er sich etwas, was er sonst nie tat. Er flüsterte den polnischen Zuhörern das schwer übersetzbare Schimpfwort in die Kopfhörer: »Kurwa jego mać!«

Die Empfehlung, man möge die an der deutsch-polnischen Grenze gesammelten Erfahrungen an der neu entstehenden EU-Außengrenze berücksichtigen, ging ins Leere. Die Redner verschwiegen, wie unterschiedlich die Bedingungen an beiden Grenzen waren. Während sich in Polen und Ostdeutschland im vergangenen Jahrzehnt eine kommunale Selbstverwaltung entwickelt hatte, existierte dergleichen in Belarus allein auf dem Papier. Und die belarussischen Teilnehmer hatten die Bemerkung des Übersetzers auch gehört.

»Es ist herrlich, in Belarus zu sein – alles ist wie bei uns vor zwanzig Jahren«, meinte ein polnischer Unternehmer. »Bei uns lief so eine politische Kaffeefahrt früher auch nicht anders ab«, kommentierte der Landrat aus Ostbrandenburg. Dieses Gefühl, dass die frühen 1990er Jahre mit einer Verschiebung von 740 Kilometern nochmals Hallo sagen, verstärkte sich, als am Abend auf der Bühne des rosaroten Saales die künstlerischen Kollektive des Bezirkskulturhauses »Einen Kessel Buntes« aufführten. Kindertanzgruppen, volkstümliche Sänger, belarussischer Tango, eine Modenschau, Balladen zur Gitarre – sowjetische Estraden-Seligkeit in russischer Sprache. Die wasserstoffblonde Polin Swjeta Sadowska aus Grodno sang den *Titanic*-Titelsong auf Englisch. Ein Bus brachte die jungen Talente zurück in die Stadt. Vor der

Abfahrt versuchte ein Angestellter des Heims die *Titanic*-Sängerin zu überreden, eine der streunenden Katzen mitzunehmen: »Heute wurden schon fünf erschossen. Die anderen sind morgen dran.«

Die Rückfahrt nach Westen verzögerte sich um eine Stunde. Die Kontrolle der Zimmer hatte ergeben, dass bei einer nächtlichen Privatparty ein Glas kaputtgegangen war, und nun konnte die Frau an der Rezeption den offiziellen Preis nicht ausfindig machen. Ich hatte vergeblich versucht, ein rosafarbenes Handtuch der Nationalbank als Souvenir aus dem Funktionärsheim zu schmuggeln. Ein Unternehmensvertreter aus Warschau hatte einen Brandfleck in seinem Zimmer verursacht. Belarus hatte er aber schon verlassen. Nach weiteren Minuten der Unsicherheit erhielten alle ihre Pässe zurück, die Reise konnte beginnen.

Letzter Halt vor einem Dorfkonsum – die restlichen belarussischen Rubel mussten ausgegeben werden. Eine Abordnung der provisorischen Autobusregierung sorgte für flüssigen Nachschub, um an der Grenze ein letztes Abendmahl mit dem demokratisch gewählten Präsidenten abzuhalten. Abseits vom Lärm der in Auflösung befindlichen Spaßexekutive unterhielt sich der deutsche Amtsleiter für Kreisentwicklung mit seiner polnischen Kollegin über ihren Alltag in der Euroregion an der Oder und mögliche Kooperationen. Noch war die gemeinsame Sprache Englisch. Doch dann tauschten sie einige Worte auf Polnisch aus. Sie scherzten über die unterschiedlichen Essgewohnheiten, um sich auf den nächsten Besuch einer Delegation aus dem Nachbarland vorzubereiten.

Nach stundenlanger Fahrt mit polnisch-amerikanischen Videos an Bord fand die internationale Freundschaftsatmosphäre ein abruptes Ende. Über die Fernsehschirme flackerte ein Pornofilm, minutenlang bearbeiteten langhaarige blondierte Darstellerinnen die Genitalien ihrer Kolleginnen. Keiner der anwesenden Unternehmensvertreter, Bürgermeister, Angestellten der

Euroregion Pro Europa Viadrina, Journalisten und Dolmetscher protestierte. Erst als eine CDU-Kreistagsabgeordnete aus Beeskow aufstand und darum bat, den Film auszustellen, reagierten die Fahrer. Alle waren erleichtert, dass die Tour bald zu Ende war.

Als sich herausstellte, dass die *Oderzeitung*, in deren Auftrag ich an der Europareise teilgenommen hatte, nur einen handzahmen Bericht abdrucken würde, um nicht ihre politische Klientel in den Kreisredaktionen öffentlich vorzuführen, beschloss ich, mich ganz auf meine Promotion über die Geschichte der litauisch-polnisch-belarussischen Stadt Grodno zu konzentrieren.

Dass die Erweiterung der Europäischen Union kein Selbstläufer werden würde, hatte ich auf jener Reise aus eigener Anschauung gelernt. Der Graben zwischen offiziellen Europa-Diskursen und der täglichen Praxis deutsch-polnischer Verständigung war tief, und der Umstand, dass viele der Einwohner im heutigen Westen Polens aus dem Osten der Vorkriegsrepublik stammten, half nicht weiter, um die neu entstehende EU-Außengrenze durchlässiger zu machen. Zumindest konnte ich nun genauer erklären, wofür die Stadtgeschichte Grodnos exemplarisch steht: 1945 wurde das Territorium Polens um mehrere Hundert Kilometer von Osten nach Westen verschoben. In den verlorenen Ostprovinzen des Deutschen Reiches zogen Polen in die Wohnungen vertriebener Deutscher, während in den einstigen Ostgebieten der Polnischen Republik Litauer, Belarussen und Ukrainer die von Polen und Juden hinterlassenen Wohnungen in Wilna, Grodno und Lemberg in Besitz nahmen.

Die Erweiterung der Europäischen Union 2004 war eine entgegengesetzte politische Bewegung von West nach Ost. Das Territorium der Staatengemeinschaft, die keine Föderation sein will, vergrößerte sich bis an die Ränder der ehemaligen Sowjetunion. Doch während die litauische Hauptstadt im Zuge der Erweiterung im Mai 2004 in die Europäische Union kam, verblieben das belarussische Grodno und das ukrainische Lemberg jenseits ihrer neuen Außengrenze.

Deutsch-polnisches Idyll

Elisabeth und ich wohnten in Frankfurt (Oder), auf der polnischen Seite der geteilten Stadt. Während des Studiums der Kulturwissenschaften an der Europa-Universität mussten wir 2783 Mal unsere Pässe zeigen, wenn wir die Brücke mit dem charakteristischen Stahlbogen überqueren wollten, um unsere Kurse zu besuchen: frühmorgens Polnisch und Russisch in einer ehemaligen Kaserne der Roten Armee im äußersten Westen der Stadt, am Vormittag Anthropologie postsozialistischer Gesellschaften im postmodernen Collegium Polonicum in Słubice, nachmittags im Hauptgebäude auf der Frankfurter Seite Vorlesungen über deutsche Ideengeschichte und am Abend noch ein Vortrag über die Etablierung des GULag-Systems im sowjetischen Russland.

Wilhelm von Humboldt war die protestantische Viadrina zweihundert Jahre zuvor zu altbacken vorgekommen. Enttäuscht gründete er 1810 in Berlin eine moderne Universität, deren Modell weltweit Karriere machte. Die Viadrina wurde ein Jahr später geschlossen. 1991 beschlossen Politiker und Wissenschaftler, sie wiederzubeleben und zu einem Leuchtturm im strukturschwachen Osten Brandenburgs zu machen, der in den östlichen Teil des Kontinents hineinwirken sollte. Damit auch jeder verstand, wie das gemeint war, fügten die Gründer dem alten Namen Viadrina die Bezeichnung Europa-Universität hinzu.

Die Frankfurter Stadtbrücke, nach Kriegsende aus der Not entstanden, war in der geteilten Stadt längst zum Sinnbild der Überwindung von Grenzen in Europa geworden. Das Universitäts-Logo, ein blauer Bogen, war schon von weitem auf dem

Dach des ehemaligen Hotels der Bezirksparteischule zu sehen, das nun als Studentenwohnheim diente. Die tägliche Radfahrt von Słubice nach Frankfurt und zurück war zu Beginn des neuen Jahrtausends noch ein symbolischer Akt. Alles, was an den beiden Ufern passierte, kam uns bedeutungsvoll vor. Elisabeth war im Westteil Berlins aufgewachsen, ich im Ostteil. Die Geschichte, die wir seit dem Ende des Kalten Krieges in diesem Teil Europas erlebt hatten, schien linear und friedlich zu verlaufen. Nun konnten auch wir im Kleinen etwas dazu beitragen, die Folgen der Grenzverschiebung Polens, die 1945 auch zur Teilung Frankfurts geführt hatte, zu überwinden.

Umso größer war unsere Euphorie, als Polen zusammen mit den drei baltischen Staaten am 1. Mai 2004 der Europäischen Union beitrat. Wir würden an der Verflechtung eines neuen Grenzlands arbeiten, in dem Deutsche und Polen künftig nicht mehr in parallelen Welten lebten. Im Umfeld der Viadrina gründeten wir das Institut für angewandte Geschichte, das die Terra Transoderana in den Blick nahm – jenen Teil Brandenburgs, der seit 1945 zu Polen gehörte. Wer in Berlin wusste schon, dass das Dorf Klein Posemuckel wirklich existiert hat und bis zum Kriegsende ganz im Osten Brandenburgs lag? Auch die neu zugezogenen Polen taten sich schwer mit der Aneignung des historischen Erbes Brandenburgs.

Mit anderen Enthusiasten erkundeten wir die Gegenwart der Vergangenheit der geteilten Region. Wir lernten, dass der lange Schatten des Zweiten Weltkriegs im Osten Brandenburgs bis ins 21. Jahrhundert reicht.

Die Explosionen der neuen Kriege, das Geräusch einer neuen weltpolitischen Ära drangen kaum durch in diese selbstorganisierte deutsch-polnische Idylle. Der Anschlag auf das World Trade Center, von dem ich per SMS erfuhr, als ich gerade die Stadtbrücke überquerte, schien sich in einer anderen Welt ereignet zu haben. Dabei hatten die Betreiber des Cafés »Fidada«, der

Kneipe im Kulturhaus am polnischen Oderufer, die Wand hinter der Bar schon vor Jahren mit einem Bild des World Trade Centers tapeziert.

Wir feierten am anderen Ufer im Restaurant »Stadtwappen« Belarussendisko bei Wirtsleuten aus Nordossetien. Wir haben Olga und Wanja nie genauer danach gefragt, warum sie 1994, nach dem Abzug der einst sowjetischen und nun russischen Streitkräfte aus Ostdeutschland, nicht zurück in den Kaukasus gegangen sind. Seit Jahren warteten sie vergeblich auf die Bearbeitung ihrer Asylanträge. Nun unterstützten wir die beiden bei ihrem Versuch, in einer ehemaligen Neonazikneipe mit Moskauer Salat und Tschebureki-Gebäck auf die eigenen Beine zu kommen.

Die Nachrichten von Flüchtlingen, die beim illegalen Durchqueren der Schengen-Grenze in der Oder ertranken, konnten der lokalen Vision eines Europas im Kleinen, in dem sich nach dem Ende des Kalten Krieges alles zum Besseren wenden würde, nichts anhaben.

Direktive Nr. 1

Mit deutschen und polnischen Kommilitonen der Viadrina feierten wir auf dem Dach eines Wohnhauses die EU-Osterweiterung, während nur wenige Hundert Kilometer östlich, in der belarussischen Hauptstadt Minsk, die Entscheidung getroffen wurde, die dortige Europa-Universität zu schließen. Einen Monat zuvor hatte das Bildungsministerium der ehemaligen Sowjetrepublik eine Verordnung zur Gleichschaltung der Hochschullandschaft erteilt und damit die Direktive Nr. 1 vom März 2004 umgesetzt. Sie enthielt offiziell »Maßnahmen zur Stärkung der öffentlichen Sicherheit und Disziplin« und ermächtigte den 1994 gewählten Präsidenten Alexander Lukaschenko, uneingeschränkt über die Republik Belarus zu herrschen.

Die Beamten in Minsk – die meisten hatten schon in der

Sowjetunion dem Staat gedient – wussten, dass es effizienter war, die Schließung der Europäischen Humanistischen Universität (EHU) nicht offiziell anzuordnen. Stattdessen kündigte die Stadtverwaltung der 1992 gegründeten Hochschule den Mietvertrag. Noch vor Ende des Studienjahres entzog das Bildungsministerium ihr die Registrierung: angeblich, weil die Universität kein geeignetes Lehrgebäude in Minsk finden konnte. In Wirklichkeit, weil der Minister einen neuen Rektor durchsetzen wollte.

Aus Protest gingen die Studierenden der EHU im Juni 2004 zusammen mit ihren Dozentinnen und Dozenten auf die Straße. Vorsichtig stellten sich einige Dutzend vor das bereits gekündigte Gebäude und hielten den Pressefotografen selbstgebastelte Transparente hin: »Wir wollen an unserer EHU studieren!« und »Gebt uns unsere Universität zurück!« auf Russisch, Deutsch und Englisch. An der Hochschule studierten damals etwa tausend junge Belarussen. Der Anteil der Protestierenden war mit einigen Dutzend etwa so groß wie der Anteil der aktiven Anhänger der politischen Opposition an der belarussischen Gesellschaft – weit unter zehn Prozent. Die meisten der Betroffenen würden ihr Studium an staatlichen Universitäten abschließen. Wer dort eingeschrieben ist, wird exmatrikuliert, wenn er bei Demonstrationen der Opposition aufgegriffen wird.

Seine Leidenschaft für Belarus hatte Peter Liesegang an der Viadrina entdeckt. Der kräftige Mann mit der tiefen Stimme, der in Heidelberg aufgewachsen war und in Frankfurt (Oder) Betriebswirtschaftslehre studierte, organisierte Exkursionen zum Veterinärmedizinischen Institut in Witebsk. Die belarussische Partnerstadt des kleinen Frankfurt machte Werbung mit dem Slawianskij Basar, dem größten staatlichen Popmusikfestival der postsowjetischen Welt. Liesegang, der schon wenig später in Minsk einen gemeinsamen Studiengang von Viadrina und

EHU aufbauen würde, hatte mich während des Abfassens meiner Masterarbeit an seine Freunde in Grodno vermittelt. Ich wollte herausfinden, warum die Nationalbewegung in der Ukraine viel stärker ausgeprägt war als in Belarus. Dank Liesegangs Vermittlung entschied ich mich, an der Viadrina eine Dissertation über die Westverschiebung Polens am Beispiel von Grodno zu schreiben, jener belarussischen Stadt an der Grenze zu Polen und Litauen.

Dort lernte ich die Aktivisten der politischen belarussischen Opposition und der polnischen Minderheit kennen; einige gehörten beiden Gruppen an. Ich wurde Zeuge, wie der restriktive Staat im Sommer 2005 mit den erprobten Methoden der Zersetzung den »Bund der Polen in Belarus« gleichschaltete. Der staatliche Geheimdienst heißt hier noch immer Komitee für Staatssicherheit: KGB. Einem polnischen Historiker aus Grodno, der schon damals prorussische Positionen vertrat, gab er genaue Anweisungen, wie er den »Bund der Polen« spalten konnte. Die bisherige Führungsriege ging in den politischen Untergrund. Ich verfolgte ihren von Polen aus unterstützten Partisanenkampf für Presse- und Versammlungsfreiheit mit Sympathie und schrieb für ihre Vereinszeitung »Stimme vom Ufer der Memel« Glossen auf Polnisch.

300 Kilometer von Grodno entfernt, in Olsztyn – Allenstein im historischen Ermland –, arbeitete Elisabeth als Kulturmanagerin. Sie hatte ihre Abschlussarbeit über die Universität Breslau geschrieben, an der sie Polnisch gelernt hatte. Ihr Thema war die mehrfache Gründung als jesuitische, preußische, nationalsozialistische und kommunistische Hochschule und wie man sich ihrer erinnerte. Nach dem Examen betreute sie bei der Kulturgemeinschaft Borussia die Sanierung eines der ersten Bauwerke von Erich Mendelsohn. Der Architekt hatte in seiner Heimatstadt Allenstein im damaligen Ostpreußen noch während des Studiums die Einsegnungshalle auf dem jüdischen Friedhof

errichtet. Das unscheinbare Gebäude barg eine Sensation. Bis dahin hatte niemand ein expressionistisches Mendelsohn-Frühwerk mit verspielten lila-türkisen Ornamenten in der nordostpolnischen Provinz vermutet.

Die Fahrt zwischen Allenstein und Grodno, die der Karte nach zu urteilen nicht mehr als drei, vier Stunden in Anspruch nehmen konnte, stellte sich als Tagesreise heraus. In Białystok, der Grenzstadt auf polnischer Seite, musste ich am Konsulat der Republik Belarus meinen Pass abholen. Auf dem Rückweg beantragte ich dort erneut ein Monatsvisum. Noch heute frage ich mich, was aus der Kollektion lustiger Passfotos im Konsulat geworden ist, denn ich musste mit jedem Antrag ein neues Bild abgeben. Während des Pendelns auf der Route Allenstein-Grodno las ich die Protokolle der Holocaust-Prozesse von Bielefeld, wo Mitte der 1960er Jahre ein engagierter Staatsanwalt versuchte, Verantwortliche für die mörderische deutsche Besatzungspolitik im Osten Polens zu finden. Gestapo und Sicherheitsdienst in Grodno waren 1941 nach dem deutschen Angriff auf die Sowjetunion von Allenstein aus eingesetzt worden. Die Landräte des an das Deutsche Reich angegliederten Bezirks Białystok waren promovierte Juristen aus Ostpreußen. Der Mord an über 20 000 Juden aus Grodno wurde vom roten Klinkerbau in der Allensteiner Bahnhofsstraße aus organisiert, noch immer ein Polizeigebäude. Die Straße heißt heute ulica Partyzantów.

Birkenallee Blues

Während ich mit der Geschichte von Stadtraum, Gewalt und Ethnizität in Grodno beschäftigt war, schuf Peter Liesegang an der Viadrina Fakten. Als andere noch mit Petitionsschreiben protestierten, hatte er bereits die Unterstützung politischer Stiftungen organisiert. 84 Studierende der EHU aus Minsk bekamen ab Herbst 2004 Stipendien, um ihr Studium in Frankfurt abzuschließen. Sie erhielten Wohnheimplätze in DDR-Plattenbauten an der Birkenallee, die in den achtziger Jahren für Angehörige der sowjetischen Streitkräfte in der DDR errichtet worden waren. Der Name des Viertels, Neuberesinchen, erinnert daran, dass hier zur Zeit der Stadtgründung Slawisch gesprochen wurde – das Wort Beresina geht auf Birke zurück. Ein Kommilitone, der seinen Zivildienst in einer Jugendbegegnungsstätte unweit des Konzentrationslagers Auschwitz absolviert hatte, scherzte während des Viadrina-Studiums immer wieder, dass Neuberesinchen auf Deutsch Neubirkenau heißen müsste.

Nur wenige Belarussen fühlten sich heimisch in der Birkenallee. Das Studium der Kulturwissenschaften an der Viadrina wurde damals – es war die Zeit vor der Bologna-Reform – gänzlich anders organisiert als in Belarus. Während die Studierenden ihre Seminare aus dem Vorlesungsverzeichnis der gesamten Fakultät selbst zusammenstellten, wurde an der EHU jeder Jahrgang von Kuratoren durch den kollektiven Pflichtunterricht für das jeweilige Studienfach gelotst. Als angehender Belarus-Experte war ich für die wissenschaftliche Betreuung der Studierenden aus Minsk verantwortlich. Die meisten wirkten müde, traurig und vom Heimweh nach der belarussischen Hauptstadt gezeichnet.

In Erinnerung geblieben ist mir nur Franz, der stets lächelnde Kunsthistoriker mit den langen Haaren, der seit seiner Rückkehr an der Nationalgalerie in Minsk arbeitet. Er verdient dort so wenig Geld, dass er seine Arbeit als Kurator mit Übersetzungen aus dem Englischen und Deutschen subventionieren muss. Gleb blieb in Frankfurt, um einen Master in Kulturwissenschaften zu machen. Danach kehrte er nach Minsk als selbsterklärter »Post-Intellektueller« zurück und scheißt seither auf alles: auf das System, auf die Wissenschaft und auf Belarus. Er kann sich das leisten, weil er mit Ende dreißig noch bei seiner Mutter wohnt. Lena studierte Jura, machte einen Abschluss nach dem anderen und arbeitet heute als promovierte Juristin in Berlin.

Die deutschen Förderer der EHU verschoben das Institut für Deutschlandstudien von der nicht mehr existierenden Hochschule an die Staatliche Belarussische Universität. Fünftausend Bücher, die deutsche Universitäten der EHU gespendet hatten, um einen demokratischen Neuanfang in Belarus zu unterstützen, wanderten auf diese Weise an die führende Universität eines Staats, der gerade die Schwelle von einem autoritären Regime zu einer Diktatur überschritten hatte. Die Verantwortlichen in Bonn erklärten hinter vorgehaltener Hand, die EHU hätte mehr kämpfen müssen und in Minsk bleiben sollen. Die zuständigen deutschen Beamten hatten in den 1990er Jahren gelernt, wie man in Belarus und Russland Kompromisse mit öffentlichen Stellen schließt, um den Erhalt der eigenen Arbeit vor Ort zu sichern. Für sie fällt der Verzicht auf politische Geradlinigkeit in den Bereich interkultureller Kompetenz – Deutschland habe ja ein Interesse daran, überall auf der Welt präsent zu sein. Zudem sollten »wir« uns dort, wo einst in deutschem Namen Millionen Menschen umgebracht wurden, nicht mehr zu einer moralischen Instanz aufschwingen.

Wenige Monate später entschied eine Handvoll Dozentinnen und Dozenten, für ihre geschlossene Europäische Humanistische Universität zu kämpfen. Noch von Minsk aus hatten sie neue Studienprogramme entwickelt, die sie im Herbst 2005 in der litauischen Hauptstadt Wilna anboten. Sie lehrten wieder Philosophie, Geschichte, Gender Studies, Politik- und Medienwissenschaften in kleinen Seminaren auf Russisch und Belarussisch, um der Schließung zu trotzen. Damals wusste niemand, ob es einen anerkannten Abschluss geben würde. Auch die Finanzierung war noch nicht gesichert. Dozenten und Studierende pendelten seither gemeinsam, um im 170 Kilometer entfernten Wilna ohne Einmischung des belarussischen Staates wissenschaftliche Texte diskutieren zu können. In eigens angemieteten Wohnungen in der Wilnaer Altstadt trafen die Studenten nach den Seminaren in der Küche auf ihre Dozenten und Dekane. Diese hatten in Minsk ihre Arbeit verloren, und nur wenigen bot sich die Möglichkeit, an eine staatliche Hochschule zu wechseln. Anders als Deutschland unterstützte Litauen die Exiluniversität von Anfang an – aus Prinzip. Der baltische Staat sah in der Schließung der EHU ein deutliches Zeichen für das Erstarken der Machtvertikale nach sowjetischem Muster. Der litauische Präsident Valdas Adamkus bot umgehend personelle, logistische und finanzielle Hilfe für die Neugründung der Hochschule an. Im Frühjahr 2006 wurde sie unter dem Namen Europeinis Humanitarinis Universitas als litauische Privatuniversität in Wilna akkreditiert. Die EHU wurde damit die erste belarussische Universität, die dem Bologna-Raum beitrat. Von nun an konnte sie wieder selbst Abschlüsse vergeben, die überall anerkannt werden. Außer in Belarus.

Fünf Jahre später sitze ich in einem kleinen Hotel namens Ecotel unweit der Wilnaer Altstadt. Die Exiluniversität hat inzwischen mehr Studierende als in Minsk. Die Europäische Kommission, die Open Society Foundation des amerikanischen Milliardärs George Soros, der Ministerrat der Nordischen Länder sowie eine Vielzahl anderer europäischer Staaten fördern den Neubeginn in der Hoffnung auf politische Veränderungen in Belarus. Sie alle sind überzeugt, dass an der EHU eine neue Generation von Belarussen studiert, die ihr Land verändern wird. Im Ecotel ist eine ganze Etage für die akademischen Nomaden gebucht, die seit 2005 zwischen Belarus und der litauischen Hauptstadt pendeln. Nach Abschluss der Promotion bat mich der Deutsche Akademische Austauschdienst (DAAD), eine Analyse der Qualität von Forschung und Lehre an der EHU vorzunehmen. Im deutschen Wissenschaftsjargon heißt das seit dem Beginn der Bologna-Reform Evaluation. Auf der Grundlage meines Votums soll darüber entschieden werden, ob Deutschland die Hochschule wieder direkt unterstützen wird. Die neuen Kollegen kennen diese Konstellation und begrüßen mich liebevoll mit dem Kosenamen Stasi. In meinem Bericht schildere ich die EHU als lebendigen akademischen Ort, an dem Kultur- und Politikwissenschaften, Geschichte und Recht trotz der widrigen Umstände auf hohem Niveau gelehrt werden. Die Exilhochschule funktioniert in der Forschung als Relais zwischen Ost- und Westeuropa. Außerdem argumentiere ich, dass es ungeachtet der vielen Probleme an der EHU am Ende eine politische Entscheidung des deutschen Staates sei, ob man die Universität als politisches Projekt fördern wolle oder nicht. Ich selbst sehe in Lehre und Forschung das Potenzial, deutsche, belarussische, polnische und litauische Perspektiven zusammenzuführen.

Die Verantwortlichen im DAAD trafen die Entscheidung, eine Langzeitdozentur einzurichten, und schrieben die Stelle aus, auf die ich mich nun regulär bewerben konnte.

Entscheidung für Wilna

Elisabeth und ich hatten in unserer Heimatstadt Berlin längst eine Familie gegründet. Unsere fünfjährige Tochter Sophie findet auf der Landkarte problemlos Berlin und Wilna. Der zweijährige Leander weiß, welches Flugzeug von Tegel nach Riga fliegt. Beide haben sich seit einem halben Jahr daran gewöhnt, dass ich in Wilna arbeite und nur alle zwei Wochen für ein paar Tage zu Hause bin. Zuvor war ich über Jahre mit dem Zug von Berlin ins nahe Frankfurt gependelt. Nun soll die Familie entscheiden, ob wir für einige Jahre nach Wilna ziehen. Ostern scheint dafür ein guter Zeitpunkt zu sein, das Fliegen ist ein Abenteuer. Die lettische Fluggesellschaft hat eingespart, wo es nur möglich war, aber etwas Kinderspielzeug aus besseren Zeiten ist noch übrig. Den Flughafen in Riga kennen Sophie und Leander nur vom Skype-Videotelefonat. Nun können sie ihn selbst entdecken.

Nach unserer Ankunft in Wilna beginnt es zu schneien. Die Kinder sind begeistert: In Berlin können sie im April keine Schneemänner mehr bauen. Unsere Herberge in der Altstadt ist ziemlich dunkel, außerdem kalt und feucht, und nach ein paar Tagen schwindet unsere Zuversicht: Wollen wir wirklich in einer Stadt leben, in der im April noch Januar ist? Zum Trost bringt uns der Herbergsvater das Frühstück ins Zimmer. Jeden Morgen klopft er und stellt einen Korb mit frischen Brötchen, Kaffee und Joghurt ab. Leander öffnet die Tür, und es ertönt ein freundliches »Labas rytas!« – litauisch für »Guten Morgen«. Nach dem dritten Tag fragt er verwundert: »Wo ist der Labas hin?«

Im Nationalmuseum erkläre ich den Kindern die Schlacht von Tannenberg. Das Heer des Deutschen Ordens verlor 1410 gegen die Truppen des Großfürstentums Litauen und der polnischen Krone. »Wir Deutschen sind aber trotzdem die Guten, oder?«, fasst meine Tochter zusammen. Noch verwechselt Leander den Staatsgründer Gediminas, zu Pferd vor dem im Bau befindlichen Großfürstenpalais auf dem Kathedralplatz, mit Großfürst Vytautas auf dem Riesengemälde, vor dem wir gerade stehen, aber wir würden nun ja ein paar Jahre Zeit haben, um das kleine litauische Einmaleins zu lernen. Am letzten Tag kommt die Sonne hervor, wir fahren hinüber auf das andere Ufer der Neris zum Fernsehturm. Den Kindern gefällt vor allem das rotierende Restaurant »Milchstraße«. Elisabeth und ich genießen den Ausblick auf dem Prospekt der Freiheit, der früher Prospekt der Kosmonauten hieß.

Ostern feiern wir bei einem litauischen Kollegen zu Hause. Nach einem halben Jahr in Litauen bin ich zum ersten Mal in einer privaten Umgebung. Auch wenn Elisabeth und ich wissen, welche Heere in welchem Jahr vor Tannenberg gekämpft haben, und uns in Wilna zumindest die polnische, belarussische und russische Kulturgeschichte vertraut ist, spüren wir bei unserem Besuch, dass Litauen ohne Litauisch nicht zu verstehen ist. Wenn es mit der Dozentur an der belarussischen Exiluniversität klappen sollte, würden wir versuchen, die Landessprache zu lernen.

Bagażówka Poznańska

Im Sommer fahren Mateusz, Marek und Robert unsere gesamte Habe – Möbel, Fahrräder, Berge von Spielzeug und Dutzende Kisten mit Büchern – quer durch Polen. Die Fahrer haben sich für den Umzug anderthalb Tage Zeit genommen. Obwohl sie mit drei LKW unterwegs sind, belaufen sich die Umzugskosten auf ein Drittel der von einer deutschen Spedition veranschlagten Summe – sie wäre mit einem Sattelschlepper gefahren. Einen Teil der Summe sparen die Fahrer, indem sie nicht die Route über die inzwischen fertige, aber mautpflichtige Autobahn von Berlin nach Warschau nehmen, sondern Landstraße fahren. Wir investieren die dank unserer Polnischkenntnisse gesparte Summe in ein gebrauchtes Familienauto. Während die drei Fahrer in Berlin routiniert packen und jeden LKW um gut die Hälfte überladen, fährt Elisabeth mit Sophie und Leander im Volkswagen nach Kiel. Als sie im Fährhafen ankommen, sind die Pässe der Kinder bereits mit dem LKW unterwegs in Richtung Polen. Die Beamten des Bundesgrenzschutzes scheinen nicht überrascht und stellen innerhalb von zwei Stunden Ersatzdokumente aus. Am Abend des nächsten Tages erreicht die Fähre die litauische Hafenstadt Klaipėda.

Der schnauzbärtige Marek erklärt mir mit der Geste des Routiniers, er hätte unseren Hausrat auch in zwei LKW abtransportiert. Doch immer, wenn wir eine Grenze erreichen, an der nicht nur der Zoll, sondern auch die Verkehrswacht Stichproben nimmt, verlässt ihn der Mut. Er ist mit seinem Wagen zum ersten Mal im Ausland unterwegs. In Deutschland hat er Angst wegen Überladung und Fahrtenschreiber. In Litauen hat er Angst wegen Überladung und möglichen Übergriffen. Als sich sein Kollege Mateusz der Grenze Polens nähert, wird er auf einmal ganz ruhig. Keine Witze mehr über den CB-Funk! Einige Dutzend Kilometer weiter schaltet er Kanal 19 wieder lauter. Wann immer ihm ein LKW entgegenkommt, fragt er den Fahrer nach der Lage. Er erhält lakonische Bemerkungen im Stile: »Keine Bärchen am Straßenrand, du kannst sicher fahren.« »Keine Dukaten am Wegesrand, alles klar«, gibt Mateusz zurück – und die entscheidende Information: »In Gegenrichtung ist auch alles in Ordnung – du kannst bis Toruń durchfahren. Dort am Ortseingang auf die Kontrolle achten!« Mateusz von der Speditionsfirma Bagażówka Poznańska will in diesem Jahr heiraten und hat sich vorgenommen, noch etwas Geld hinzuzuverdienen, deshalb hat er drei kleinere Aufträge innerhalb Posens abgesagt, um unseren Umzug zu organisieren. Er wirkt jung, mobil, flexibel und ziemlich vernünftig. Das kann man von Robert nicht behaupten. Er war Berufsschwimmer und Taucher in der Armee. Mit Mitte vierzig ging er in den Ruhestand. Nun will er sich und seinen Kollegen beweisen, dass er doch noch zu etwas nutze ist. Robert arbeitet so lange, wie es irgend geht, um ein Haus in der Nähe von Danzig bauen zu können. Und Robert will in einem fort fahren – immer weiter ohne Pause, ohne Halt.

Durch den ständigen Kontakt untereinander im Konvoi, mit den Fragen der entgegenkommenden Fahrer, leben Mateusz, Marek und Robert auf Kanal 19 in einem gemeinsamen Raum, den sie in ihren 3,5-Tonnern von der West- zur Ostgrenze Polens durchqueren. Zugleich bleiben sie die miteinander konkurrierenden Einzelunternehmer, die sich selbst ausbeuten, um nach Abzug von Steuern und Sozialversicherung den Alltag ihrer Familien zu finanzieren. Für Träume bleibt auf der Fahrt von Berlin nach Wilna wenig Zeit. Da die Posener Umzugsfirma Bagażówka eher wie eine Taxizentrale funktioniert, gibt es keine einheitlichen Standards, die für alle Fahrer verbindlich wären. Unterwegs flammt immer wieder Streit auf – ums Weiterfahren, Schlafenlegen, Auszahlen, Warten und am Ende dann noch die unangenehme Frage: »Hätten wir es nicht auch ohne Robert geschafft?« Als wir nach zwei Tagen immer noch nicht in Litauen sind, weil die Fahrt auf der Landstraße fast doppelt so lange dauert wie die Strecke auf der Autobahn, merken sie, dass sie sich verkalkuliert haben. »Scheiße, wir müssen ja die ganze Strecke auch wieder zurück«, stellt Marek scheinbar überrascht fest. Die Bagażówka Poznańska ist keine internationale Spedition. Und Robert will schon am nächsten Tag in Brüssel sein. Ich lege noch einmal ein paar Hundert Euro drauf, um mich nicht an der Selbstausbeutung der Fahrer zu beteiligen – und heil anzukommen. Mitten in der Nacht erreichen wir Wilna. Anfahrt, Einladen und eine erste Übernachtung zusammengezählt, sind die Fahrer schon weit mehr als 48 Stunden unterwegs. Robert bricht im Morgengrauen nach Brüssel auf. Marek und Mateusz schlafen in ihren Lastwagen, bevor sie nach einigen Stunden die Rückreise antreten.

In der Ausländerbehörde

Ein bedeckter Montag im August. Ausländer, die nicht EU-Bürger sind, hassen diese Adresse aufrichtig: Naugarduko gatvė 100. Die Meldestelle der Polizei im Erdgeschoss ist schon am frühen Vormittag überfüllt. Es riecht nach Parfümimitaten und weißrussischem Shampoo. Hier sind all jene versammelt, die nicht in den Urlaub gefahren sind: Rentner, die vom Ende der Sowjetunion überrascht wurden und ihre Unterlagen immer noch nicht vollständig zusammenhaben. Jetzt wollen sie zur Beerdigung eines Angehörigen nach Belarus reisen. Arbeitsmigranten, die ihre Familien nachholen wollen. Asylsuchende aus Tschetschenien und Tadschikistan. Erasmus-Studierende aus dem Osten der Türkei, die nicht genug Englisch können, um zu verstehen, dass im Land ihres Auslandssemesters Englisch keine Staatssprache ist. Über die Schar von Wartenden wacht der Reiter Vytis im Staatswappen auf rotem Grund.

Ich fühle mich zwischen den vergreisten Gesichtern vom Dorf, zerschundenen Arbeiterhänden und breiten, mit Blumenmustern bekleideten Frauengesäßen wohler als in der Pilies gatvė, wo in der Altstadt nahe den Überresten der Burg Shoppingtouristen aus Kaliningrad nach italienischer Mode suchen und Gäste aus Deutschland nach Bernstein- und Leinen-Souvenirs Ausschau halten. Das Wilna in der Meldestelle riecht nach Gegenwart, nach Arbeit und nach Armut. Der touristische Betrieb in der Pilies gatvė hingegen wirkt besonders in dieser Jahreszeit wie ein langgezogener Rummelplatz mit barocker Fassade: Urlaub und Langeweile. Der Automat zur Ausgabe von Wartenummern ist auf Litauisch, Russisch und Englisch programmiert. 136 ist heute meine Schicksalsnummer. Noch bin ich angetan vom Gewirr der Lebenslinien, die sich hier überschneiden: ein Medizinstudent aus Ghana, ein Autohändler aus Kasachstan und die Rentnerin, die in Sibirien geboren wurde. Das Warten in der litauischen Meldebehörde ist ein anderes Europa, als die Multikulti-Werbung der Stadtverwaltung verspricht: Es gibt keinen Ethnokitsch, keine religiöse Versöhnung, kein fröhliches Beieinander. In der Naugarduko gatvė 100 will jeder nur seine Anmeldung, seinen Aufenthaltstitel oder einen neuen Pass.

Da ist der fließend Litauisch sprechende Muskelmann aus dem Kaukasus, der eine Russin mit litauischem Pass geheiratet hat. »Ich will die Dokumente in Ordnung bringen«, sagt er laut auf Russisch. Einem Bauern vom Stadtrand ist als offizielles Dokument allein sein sowjetisches Wojennyj Bilet geblieben, das ihn als Reservist der Roten Armee ausweist. Nun will er seine Verwandten im nahen Belarus besuchen. Eine russischsprachige Rentnerin ist völlig aufgelöst, weil sie der Angestellten ihres Vertrauens frische Nesseln für medizinische Anwendungen mitgebracht hat: »Ich bin extra in den Sumpf gekrochen, und jetzt ist sie nicht da.« Über den Köpfen der Wartenden hängen drei Uhren mit den Zeitzonen in Moskau, Wilna und Brüssel.

Ich werde freundlich beraten. Eine Angestellte bedient persönlich den Kopierer. Überall sind Frauen mit Durchblick bemüht zu helfen. Vereinzelt tauchen englische und polnische Wörter im litauisch-russischen Beamtensprech auf. Und doch bringt die Nummer 136 kein Glück. Nach zwei Stunden ist die Schlange erst fünf Nummern vorgerückt. Die gesetzliche Mittagspause muss sein.

Der Kebab-Stand gegenüber der Meldestelle verkauft frisches Ayran aus Deutschland. Die Bedienung spricht fließend Türkisch, Litauisch, Russisch und etwas Deutsch. Ich treffe einen jungen litauischen Casino-Angestellten, der auf seinen neuen Pass wartet. Die erste Reaktion darauf, dass ich aus Deutschland komme: »Das umgebaute Kinogebäude im Zentrum, das von außen wie eine Kirche aussieht, wurde noch Anfang der 1950er Jahre von deutschen Kriegsgefangenen gebaut.« Gintautas versichert mir: »Was die gebaut haben, hatte Hand und Fuß, noch heute ist da an den Originalfugen kein Riss zu sehen. Deutsche Arbeit ist eben gewissenhafte Arbeit.« Ich ahne schon, was kommt: »Aber Deutschland ist auch nicht mehr das, was es mal war, seit dort Türken und Polen hausen.« Meine Erklärungen, dass Stuttgart und viele andere deutsche Städte ohne türkische, russische und polnische Arbeiter gar nicht funktionieren würden, zeigen keine Wirkung.

Weitere zwei Stunden und einige türkische Tees später ist die

Schlange bis auf drei Nummern an die 136 herangerückt. Doch die abchasische Familie mit russischem Pass und ein weißrussischer Bauer aus einem der Dörfer, die durch die Grenze 1991 von ihrer Kirche und ihren Verwandten im Nachbardorf getrennt wurden, brauchen etwas länger. Ich beschließe, an einem anderen Tag in die Naugarduko gatvė 100 zurückzukehren.

Im Gediminas-Keller

Am Ende des Gediminas-Prospekts gibt es fast nur noch Pizza- und Kaffeeketten. Čili-Pica, Can-Can-Pica, CoffeeInn, Vero-Café und Second-Cup liefern sich einen Wettstreit, möglichst viele Ladenlokale mit den immer gleichen Kaffee- und Pizzaspezialitäten zu füllen. Um am Ball zu bleiben, häuten sich die Ketten alle zwei bis drei Jahre. Aus Švežia-Kava wird Hurican-Coffee. Can-Can wird von einer roten Ledercouchbude zur grünen Hipsterlounch.

In einem leeren Lokal hängt eine Werbung für eine Änderungsschneiderei, die sich im Souterrain eines vollständig zugeparkten Hinterhofs befindet. Am Eingang steht ein mürrisch dreinblickender Schuster, der Russisch spricht. Hinten sitzt Pani Natalia an ihrer Nähmaschine. Über ihr hängt eine Kopie des Jan-Matejko-Gemäldes »Die Schlacht von Tannenberg« im goldenen Neobarock-Rahmen. Großfürst Vytautas – immer und überall im Einsatz gegen den Deutschen Orden. Die Schneiderin ist Mitte fünfzig, trägt einen Dederonkittel und freut sich über jeden Kunden, mit dem sie ein wenig plaudern kann. Am liebsten auf Russisch. Dass ich kein Litauer bin, macht einen Bonuspunkt auf der nach oben hin offenen Natalia-Skala.

»Ich bin ja nur eine einfache Frau und verstehe mich auf das Nähen, aber was ich wirklich nicht verstehe, warum manche Menschen aus Litauen flüchten. Sie sagen: Es ist fürchterlich hier – kaum auszuhalten. Und sie fliehen massenweise nach

England oder Irland. Und dann gibt es andere, die hierherkommen, weil im Westen nicht alles Gold ist, was glänzt.« Sie fragt mich, wie das zu erklären sei, und beantwortet die Frage gleich selbst: »Also die Litauer, die haben sich uns gegenüber wirklich schlecht verhalten. Sie haben nach der Perestroika lange auf uns herabgeblickt wie auf Menschen zweiter Kategorie. Früher waren wir in der Kantine immer zusammen essen: Litauer, Polen und Russen. Ich bin ja eigentlich Polin – und Katholikin. Dann auf einmal haben sich im Betrieb alle auseinander gesetzt – Litauer für sich, Russen für sich und andere auch an ihrem eigenen Tisch. Nesuprantu, nesuprantu – nix verstehen. Als wäre Litauen nur für Litauer da. Meine Familie lebt ja schon seit Generationen hier, aber das zählte nicht. Jetzt ist das anders geworden. Ich kann ja immer noch nicht richtig Litauisch und wenn mir ein Wort nicht einfällt, sage ich zu meinen Kunden: Entschuldigen Sie – ich misch mal ein bisschen mit Russisch, okay? Und dann sagen die Kunden: Ja, ist uns doch egal. Hauptsache, Sie machen Ihre Arbeit gut.«

Der Schuster baut in den kommenden Monaten das Souterrain aus und eröffnet in Pani Natalias Nähstube eine Schlüsselwerkstatt. Nach dem Umzug in einen neuen Raum im vorderen Teil des Kellers fehlt das Gemälde mit der Schlacht von Tannenberg. »Meine Schwägerin wollte es haben, und ich habe mir nichts daraus gemacht.« Nun hängt eine historische Fotografie der Chicago Union Station über der Nähmaschine. Die Schneiderin sagt nachdenklich: »Ich finde diesen Lichtkegel hier unterhalb der Fenster inspirierend für meine Arbeit. Er steht dafür, dass es immer weitergeht.«

Die Macht der Archivarinnen

Das Historische Archiv Litauens liegt in der Gerosios Vilties gat-vė – der Straße der guten Hoffnung. Ich lese hier die Briefe za-ristischer Beamter, die in Lukiškės 1904 ein neues Gefängnis er-richten ließen. Der Komplex war so modern, dass schon ein Jahr später ein Stadtführer einen Spaziergang empfahl, um die prachtvolle Architektur zu bewundern. Im 19. Jahrhundert be-fanden sich in diesem Viertel eine tatarische Siedlung, eine Mo-schee und ein muslimischer Friedhof neben einem aus Holz-balken errichteten Kerker. Heute, Anfang des 21. Jahrhunderts, befinden sich in Lukiškės das Parlament, das Institut für litaui-sche Geschichte und die Börse. Am Eingang zum Gefängnis steht eine große russisch-orthodoxe Kirche, deren Ikonen unter mehreren Schichten sowjetischer Farbe wieder zum Vorschein gekommen sind. Die Gefangenen sollten in Lukiškės mit Arbeit, Isolation und religiöser Einkehr zu besseren Menschen erzogen werden. Deshalb befinden sich in den Zellentrakten dort, wo im Panoptikum ein Wärter die Korridore mit den Zellen über-wacht, eine katholische Kapelle und ein jüdischer Gebetsraum. Die Mehrheit der Einwohner Wilnas waren bis zum Zweiten Weltkrieg Katholiken und Juden. Das Gefängnis diente dem Russischen Reich als Aushängeschild, um seinen zivilisatori-schen Anspruch im historischen Litauen zu demonstrieren. Doch der Komplex galt nicht nur als modern, weil er über ein Ventilations- und Heizungssystem verfügte, weil es Werkstätten und eine eigene Krankenstation gab. Er konnte auch für ganz unterschiedliche Zwecke genutzt werden. Die russischen Herr-scher nach der Revolution von 1905 und die deutschen Besatzer im Ersten Weltkrieg machten es zu einem Infiltrationslager für politische Gegner. Bereits 1940 wandelte der sowjetische Ge-heimdienst das Gefängnis in ein Konzentrationslager für politische Gegner um. Ein Jahr später hielt die Gestapo Tausende Wilnaer Juden in Lukiškės fest, bevor diese am Stadtrand, in Paneriai erschossen wurden. Heute ist der Gebäudekomplex wieder ein normales Untersuchungsgefängnis und eine Haftanstalt für Kriminelle mit langen Strafen.

Ich staune über die akkurate Handschrift und das typographische Durcheinander der Briefköpfe. Die Beamten mischten mindestens sieben exzentrische Schriftarten, damit ihr Schreiben seine Wirkung nicht verfehlte.

Die Direktorin des Historischen Archivs führt einen täglichen Kampf für die Einhaltung der Regeln. Sonst würden ihr die professionellen Genealogen, die im Lesesaal das Sagen haben, auf dem Kopf herumtanzen. Es sind viele Familienforscher, und sie sind fast jeden Tag hier. Deshalb hat sich die Direktorin eine neue Methode ausgedacht, ihre Macht spüren zu lassen. Der Lesesaal sieht aus wie ein Klassenraum mit etwas zu klein geratenen Bänken. Hinter einer Glasscheibe sitzen die Archivarinnen, die Bestellungen entgegennehmen und Dokumente ausgeben. Zu enge Beziehungen zwischen den Frauen in der Dokumentenausgabe und den schnurrbärtigen Genealogen, die jeden Tag mit neuen Komplimenten und Anekdoten um ihre Gunst werben, können dem Archiv gefährlich werden. Viele Dokumente im Magazin sind nicht auf Mikrofilmen gesichert. Sollten die Kirchenbücher von Šalčeninkai entwendet werden, verschwinden mit den Namen der Tauflisten auch die letzten Verweise auf die Existenz der Bauern des Guts. Weil der Lesesaal bis auf den letzten Platz gefüllt ist und die Luft im Laufe des Tages stickig wird, weist die Direktorin an, einen vier Jahre alten Beschluss endlich umzusetzen: Regelmäßige Lüftungspausen! Alle murren, der hilflos wirkende Vizedirektor erklärt den Archivarinnen, dass es diesmal ernst sei mit der Pausenregelung. Genealogen und Historiker verlassen den Raum unter Protest. Wertvolle 15 Minuten gehen ihnen verloren, zweimal am Tag. Bei 15 Euro pro Stunde und fünf Arbeitstagen pro Woche büßen sie durch den als Willkür empfundenen Lüftungsbeschluss der Direktorin 150 Euro pro Monat ein – die Hälfte des litauischen Mindestlohns.

In der ersten erzwungenen Pause lerne ich meine Banknachbarin kennen. Die litauische Kollegin schwärmt von ihren Dokumentenfunden zu den Reformen in Polen-Litauen, mit denen der Adel die Republik Ende des 18. Jahrhunderts für eine neue Zukunft vorbereiten und auch die eigene Herrschaft sichern wollte. Russland forcierte als Reaktion auf die Reformbewegung, die ihren Ausdruck in der Verfassung vom 3. Mai 1791 fand, die endgültige Teilung der Adelsrepublik. Litauen kam zusammen mit Polen unter russische Herrschaft.

Werbepause für den Kapitalismus

In der zweiten Pause gehe ich in den Supermarkt Maxima – eine Konfrontation mit der Realität litauischer Rentner. Ältere Menschen, die sich tagsüber langsam durch die Straßen bewegen, Frauen vom Dorf mit Kopftüchern, Männer mit Schiebermützen. Der alte Herr vor mir an der Kasse kauft Verpflegung für zwei Tage: Ein Weißbrot, ein halber Kohl, eine Packung Sahne und eine Milch kosten zusammen 2,72 Euro. Mehr ist nicht drin bei einer Durchschnittsrente von umgerechnet 280 Euro. Weil ihre Rente nicht ausreicht, verkauft eine Anwohnerin eingelegte Gurken von dem kleinen Stück Land, das sie hinter der Stadt erworben hat. »Früher habe ich in einer Textilfabrik gearbeitet.«

Ich sitze auf einer Bank am Savanorių prospektas, esse Salzgurken und einen Reissalat mit Maiskörnern, Krabbenimitat und viel Mayonnaise. Die Wilnaer nennen die Straße immer noch Krasnucha – russisch für Rotes Viertel. Darin schwingt das ironische Gedenken an die siegreiche Rote Armee mit, deren Offiziere hier nach Kriegsende eine Wohnung in den neu errichteten Häusern erhielten. Weil die Verlängerung der Straße nach Kaunas führt und auch die dortige Hauptstraße bis zum Ende der Sowjetunion Straße der Roten Armee hieß, kursierte in Litauen der Witz: »Wie heißt die längste Straße Litauens? Straße der Roten Armee.« 1991 wurden die Straßen in beiden Städten in Savanorių prospektas umbenannt. Beide erinnern an die Freiwilligen, die nach dem Ersten Weltkrieg die territoriale Einheit Litauens erkämpften. Die Frage nach der längsten Straße Litauens wird heute aber nicht mehr gestellt, weil das ein sowjetischer Witz war. In Wilna verfehlen beide Straßennamen die historische Wirklichkeit. Die litauischen Freiwilligen hatten weite Teile des Landes erobert, nur nicht Wilna, das bis 1939 unter polnischer Herrschaft stand. Die sowjetische Befreiung Wilnas 1944 war eine neue Besatzung.

Holzhäuser, Stalinbauten und die Chruschtschowka genannten Plattenbauten, mit denen ab den späten 1950er Jahren das industrielle Bauen Einzug in die Sowjetunion hielt, stehen entlang des Savanorių prospektas so durcheinander, dass ich in ihnen keinen Zeitstrahl erkennen kann, der architektonisch in eine klare Zukunft weisen würde.

Das Historische Archiv Litauens liegt in einem Stadtbezirk, der nach der Pfote des Eisernen Wolfs benannt ist. Der Großfürst Gediminas soll ihn eines Nachts im Traum gesehen haben, nachdem er sein Nachtlager an der Mündung der Vilia in die Neris errichtet hatte. Am Morgen bat Gediminas den heidnischen Priester in seiner Gefolgschaft, das Geheul des Eisernen Wolfs zu deuten. Die Antwort war ein klarer Handlungsauftrag: Errichte an dieser Stelle die Hauptstadt deines Reichs.

Die im 14. Jahrhundert gegründete Stadt Wilna hat sieben Jahrhunderte später eine halbe Million Einwohner. Das Archiv liegt nur drei Kilometer vom Burgberg und der mittelalterlichen Altstadt entfernt, die mit ihren vielen barocken Türmen zum Weltkulturerbe gehört.

An der Straße der guten Hoffnung herrscht jene Tristesse, die weiße Silikatsteine verbreiten, wenn sie in großer Anzahl und unverputzt aufeinandergestapelt werden. Die Wohnhäuser gegenüber dem Archiv sehen aus, als seien sie nie fertig geworden. Der weiße Ziegel galt lange Zeit als Wärmewunder – auch ohne Putz und Isolierung. An den unterschiedlichen Fenstermodellen lese ich die heutige Besitzerstruktur ab. Nach dem Ende der Sowjetunion wurde das Volkseigentum aufgeteilt, indem jede Familie den eigenen Wohnraum privatisieren konnte. Die eigenen vier Wände ersetzten alles, was sonst nur in geringer Dosierung zu haben war: Sicherheit, Schönheit und Souveränität. In diesen Wohnungen sind die Menschen Herr der Lage. Hier verwirklichen sie ihre Träume. Und hier lassen sie sich von niemandem reinreden.

Nur die Fernwärmepreise werden noch heute von Russland aus mitbestimmt. Viele Rentner, die ein ganzes Berufsleben lang jeden Tag in einem sowjetischen Industriebetrieb gearbeitet haben, stehen den Winter nur mit Mühe durch. Sie erhalten von der Stadt einen Heizkostenzuschuss. Diejenigen, bei denen dieser nicht ausreicht, verkaufen selbsteingelegtes Gemüse, Pilze und Blumen auf der Straße. Es gibt zwei wesentliche Unterschiede zwischen einem Rentner in Litauen und einem Rentner in Russland: In Litauen wurde der Staat nicht gänzlich von einer kleinen Gruppe von Oligarchen privatisiert. Und die Enkel der litauischen Rentner können ihr Glück als Arbeitsmigranten innerhalb der Europäischen Union versuchen, um ihre Familien materiell zu unterstützen.

Am Ende der Gerosios Vilties gatvė wird das Venta-Gebäude abgerissen. Einst stand hier ein Vorzeigebetrieb der sozialistischen Republikhauptstadt Vilnius: Transistorradios, die ersten Rechenmaschinen und Elektroorgeln der Marke Venta wurden hier produziert. Die elektronische Industrialisierung Wilnas begann mit der Sowjetunion und endete mit ihr. Übrig geblieben ist ein physikalisches Forschungsinstitut am Stadtrand, wo in einem futuristischen Gebäudekomplex Industrielaser für den Weltmarkt hergestellt werden.

Die holzverkleidete Venta-Orgel aus den 1970er Jahren steht heute in einer Ausstellung über Handwerks- und Industriegeschichte im Museum für Technologie. Sie stammt aus dem sowjetischen Standesamt, das sich auf dem Gelände des eingeebneten evangelischen Friedhofs befand, und diente einst zur Begleitung offizieller Trauzeremonien der frisch aus der litauischen Provinz zugezogenen Sowjetbürger. An den ehemaligen Hightech-Standort Venta erinnern nur noch die gebrochenen Biographien der Arbeiter und Ingenieure, die in Wilna Elektronikgeräte für die gesamte Sowjetunion entwickelten und produzierten.

Unweit des Archivs hat sich heute eine Szene von Programmierern niedergelassen, Absolventen der technischen Universitäten in Kaunas und Wilna. Sie sitzen in Start-up-Büros an großen Bildschirmen in Glasgebäuden aus den neunziger Jahren. Viele von ihnen gehen in den Westen Europas, weil sie dort mehr verdienen. Die Hiergebliebenen schließen sich zusammen und arbeiten globalen Konzernen zu. Der strukturelle Vorteil dieser Programmierergruppen ist neben ihrer Flexibilität und guten Ausbildung vor allem das geringe Lohnniveau. Das Durchschnittseinkommen liegt bei 750 Euro pro Monat – der wichtigste Standortvorteil der 3-Millionen-Einwohner-Gesellschaft am Rand der Europäischen Union.

Die Besucher, die aus Polen, Israel, Argentinien, den USA und Südafrika ins Archiv kommen, um mit eigenen Augen die wenigen schriftlichen Vermerke über ihre Vorfahren auf Polnisch, Russisch und Jiddisch zu sehen, erleben schon bei ihrer Ankunft, was für das Outsourcing von Dienstleistungen nach Wilna ein entscheidender Nachteil ist: die schlechte Anbindung des Flughafens. Alle Abflüge passen auf eine Anzeigetafel. Die

Stadtverwaltung hat 2012 eine eigene Fluggesellschaft gegründet, um Direktverbindungen in andere europäische Hauptstädte zu unterhalten. Air Lithuanica nennt sich nach dem Transatlantiktraum der amerikanischen Litauer Darius und Girėnas – ein schlechtes Omen. Der Lithuanica-Flug der beiden endete mit einem tödlichen Absturz. Nach nur zwei Jahren ist Air Lithuanica pleite. Das wirtschaftliche Potenzial reicht derzeit nicht für eine tägliche Direktverbindung in alle europäischen Hauptstädte. Stattdessen gehen Flüge ins schottische Glasgow, in die Umgebung von London und nach Doncaster im Norden Englands. Nicht weil es dort besonders schön ist, sondern weil dort besonders viele Litauer arbeiten: Junge, Alte, ohne Ausbildung und mit Hochschulabschluss. Der EU-Beitritt Litauens und eine unkomplizierte britische Migrationsregelung gaben ihnen dort, anders als in Deutschland, die Möglichkeit, unkompliziert ein neues Leben zu beginnen. Hunderttausende nutzten sie. Zurück blieb eine Stadt, in der sich die Gesellschaft aufteilt in Alte, in Werktätige mit zwei Arbeitsstellen und in Hipster, die jeden Morgen ihre französische Bulldogge ins Café ausführen, um die wichtige Wahl zwischen Kaffeesorten aus Ruanda und Kolumbien zu treffen.

Wie die Handwerker, Verkäuferinnen und Büroangestellten sind auch die Archivarinnen in der Innenstadt kaum zu sehen, weil sie von früh bis spät damit beschäftigt sind, für das Auskommen ihrer Familien zu sorgen. Für sie, für die Historiker und Genealogen, für uns alle ist das Archiv mit seinen reichen Beständen die Lebensgrundlage. Ohne Kirchenbücher und die Unterlagen der jüdischen Selbstverwaltung könnten die eindrucksvollen Stammbäume der Besucher aus dem Ausland nicht entstehen. Baugenehmigungen und Dokumente der Auswanderer enthalten gleichermaßen Hinweise auf die Geschichte einer kulturell reichen, multireligiösen Stadt und ihr wirtschaftliches Randdasein in einer globalisierten Welt. Das wurde bereits vor 150 Jahren deutlich, als Städte wie Lodz, Warschau und St. Petersburg zu Schauplätzen einer ungebremsten Industrialisierung wurden.

Trolleybusse für die Zukunft

Beim Durchsehen der Genehmigungen für das Errichten neuer Gebäude im letzten Drittel des 19. Jahrhunderts fällt mir auf, dass in den umliegenden Shteteln zunächst mehrere jüdische Religionsschulen entstanden waren, bevor die zahlreichen neuen Sägewerke, Flachsspinnereien, Ziegeleien, Zigarettenfabriken und Schnapsbrennereien eröffnen konnten. Setzt man die einzelnen Teile zusammen, entsteht eine Geschichte der Armut, der Perspektivlosigkeit und der Marginalisierung, die schon im 19. Jahrhundert begann und immer nur für wenige Jahrzehnte unterbrochen wurde. Die Erinnerungen von Wilnaer Juden bezeugen, dass auch das »Jerusalem des Nordens« tief gespalten war: hier die bürgerliche Welt von Menschen, die bequem am öffentlichen Leben teilnahmen, dort die unsichtbaren Massen von Arbeitern und Handwerkern, die sich ihre Rechte erst erstreiten mussten.

Die politischen Kämpfe des frühen 20. Jahrhunderts drehten sich um die Frage, wie eine Zukunft aussehen muss, damit man aus diesem Dilemma herausfindet. In Wilna konkurrierten die litauischen, polnischen, belarussischen und jüdischen nationalen Erweckungsprojekte. Während die zionistische Bewegung für die Rückkehr in das Gelobte Land eintrat, forderte der Allgemeine jüdische Arbeiterbund eine gerechtere Gesellschaft in Litauen. Der Kommunismus fand jüdische, polnische und belarussische Anhänger. Die politischen Suchbewegungen des alten Wilna wurden schon während des Ersten Weltkriegs und in den zwei Jahrzehnten danach bekämpft, als die Stadt zur Polnischen Republik gehörte. Die Gegner wurden im modernen Gefängniskomplex Lukiškės festgehalten – egal wer in Wilna herrschte. Die sowjetische und die deutsche Besatzung im Zweiten Weltkrieg machten den multiethnischen, den vielfältigen religiösen und politischen Bestrebungen ein Ende. Zu Beginn des 21. Jahrhunderts scheint es in Litauen einen Konsens für die Idee des ethnischen Nationalstaats zu geben. Die Forderung nach einer besseren Zukunft bleibt der Ausgangspunkt jeder politischen Aktivität.

Die Einwohner Wilnas sind sich nach wie vor einig, dass diese Zukunft nicht sowjetisch aussehen soll. Es gibt eine seit den 1990er Jahren konstant starke christlich-demokratische Vaterlandsunion und die ebenso konservative Arbeitspartei, ferner Parteien, die sich als liberal bezeichnen, aber ebenfalls konservative Vorstellungen von Politik, Familie und Wirtschaft hegen. Die Postkommunisten heißen hier Sozialdemokraten. Die Liberale Union versucht eine Alternative zur bisherigen Politik anzubieten. Sie alle verbindet die Hoffnung, durch eine konsequente Umsetzung des neoliberalen Postulats der Privatisierung des Glücks Litauen zu einem Musterknaben der Europäischen Union zu machen. Dass sich viele Litauer der Wertegemeinschaft des Westens nur wegen der Bedrohung aus Russland angeschlossen haben, dürfte eine Erklärung für den weitgehenden politischen Stillstand des Landes sein. Das tägliche öffentliche Aushandeln von entgegengesetzten Positionen, gesellschaftliches Engagement und politische Teilhabe, die über den Gang zur Wahlurne hinausgehen, sind eine noch unvertraute Praxis. Hinzu kommen Probleme, die in ganz Europa bekannt sind.

Vergleichbar der Agenda 2010 in Deutschland setzte auch in Litauen die sozialdemokratische Partei in den vergangenen Jahren schmerzhafte Reformen durch. Sehenden Auges bewegte sie sich in die eigene Bedeutungslosigkeit. Eine neue Linke existiert nur in den Salons der Hauptstadt und ist bei den Wahlen chancenlos. Die Parlamentswahl im Herbst 2016 gewann ein Bauernfänger: ein Oligarch aus der litauischen Landwirtschaft, der über Jahre seinen Einfluss vergrößert und mit viel Geschick die Partei »Bauern und Grüne« zum Wahlsieg geführt hatte. Was das für Litauen bedeutet, wird sich in den nächsten Jahren zeigen.

Bis dahin wird die litauische Zukunft in Wilna von den F-16 der NATO-Partner gesichert, die über dem baltischen Luftraum patrouillieren. Die meisten Politiker setzten auf den virtuellen Raum des Internets, denn nur dort, so die Hoffnung vieler, ist die Lage am Rand der Europäischen Union, zwischen Kaliningrader Gebiet und dem Kernland der Russischen Föderation, kein Standortnachteil. Alle warten auf ein litauisches Wunder, wie es estnischen Programmierern mit der Erfindung von Skype gelungen ist. Das weniger als halb so große Estland hat aus litauischer Sicht Anschluss an jene Zukunft gefunden, die nicht mehr mit dem Adjektiv postsowjetisch beschrieben werden muss.

Dabei geht es um nicht weniger als den Fortbestand eigener kultureller Formen, während eine Zukunft ohne Industrie anbricht. Sinnbild für die aktive Umdeutung der sowjetischen Vergangenheit der Zukunft sind nicht die gebrauchten Audis und Volkswagen, die auf dem großen Kreisverkehr unweit der Gerosios Vilities fahren, sondern die Trolleybusse der Linie 16, die am Prospekt der Freiwilligen halten. Die 1956 gegründeten Verkehrsbetriebe nutzten lange Zeit tschechische Oberleitungsbusse. Diese wurden 2004 durch polnische Solaris-Modelle ergänzt. Seit 2012 gibt es zum ersten Mal litauische Trolleybusse vom Typ Amber Vilnis, die aus belarussischen, tschechischen, polnischen und deutschen Einzelteilen in Litauen produziert werden. An einem normalen Wochentag legen die Trolleybusse der Stadt insgesamt über 50 000 Kilometer zurück und befördern 200 000 Passagiere. Sie verbinden das denkmalgeschützte Stadtzentrum und die gläsernen Bürotürme mit den sowjetischen Wohngebieten am rechten Ufer der Neris. Und in den Bussen

stehen in Stoßzeiten alle gleich eng beieinander. Nur die Busfah-
rer – unter ihnen viele Frauen – haben hinter dem großen
Steuer in der Fahrerkabine jederzeit Platz. Sie scheinen sich weniger Sorgen um die Zukunft des Landes zu machen als ihre
Fahrgäste, denn sie wissen, dass Wilna an den Oberleitungen
festhält. Sie haben eine zwar schlecht bezahlte, aber krisenfeste
Arbeit. Während immer mehr Busse aus der neuen litauischen
Produktionslinie stammen, sind die Fahrer oft älteren Datums.
Die meisten von ihnen sprechen neben Litauisch auch Russisch
und Polnisch. Und so gibt es im Alltag der litauischen Hauptstadt am Steuer der Oberleitungsbusse Bürger, die dreisprachig
sind und für die auch Russisch ganz selbstverständlich zur Europäischen Union gehört. Die frohe Kunde aus der Straße der guten Hoffnung, an der das Archiv liegt, lautet, dass es möglich ist,
hinter die unsanierte Hülle der sowjetischen Bauten aus weißem Silikat zu blicken und die Europäische Union nicht allein
als Gegensatz zu Russland zu denken.

Ecoservice

Nach dem Auspacken der Umzugskisten ist ein ansehnlicher
Stapel von Rohstoffen zusammengekommen: ausgediente Kartons, verbrauchte Folien, Unmengen Zeitungspapier. Wir füllen den Kombi bis unters Dach und fragen unsere litauischen
Nachbarn nach einem Recyclinghof. In Berlin erkannte man
ihn schon von weitem an der Schlange polnischer Technikaus-
schlachter. Doch unsere Nachbarn halten nicht viel von Mülltrennung, also kennen sie auch keinen Recyclinghof. Sie verweisen auf die grünen, gelben und blauen Tonnen in der Nachbarschaft. Doch die sind zu klein für unser deutsches Großunter-
fangen.

Der Waste Manager der Firma Ecoservice nennt am Telefon
auf Englisch die Firmenzentrale am Stadtrand. Wir machen uns

auf den Weg. Zwei schreiende Kinder im Auto. Elisabeth am Steuer – ich hatte die Fahrausbildung in Berlin vor unserer Abfahrt nicht mehr abgeschlossen. Das Navigationsgerät ohne Ladekabel. In der Luft ein Geruch nach alten Säcken mit Grünem Punkt, die wir vorsichtshalber noch in die letzten Kartonöffnungen gestopft hatten. Wir halten an unserem Plan fest. Unser Garten soll nicht mehr wie ein Recyclinghof aussehen, wenn in ein paar Stunden die Gäste kommen.

Am Stadtrand können wir einen Automarkt, eine Tankstelle und verschiedene Buden erkennen, aber keinen Recyclinghof. Es folgt ein Autobahnkreuz, und schon fahren wir durch einen Wald. Die Kinder sind eingeschlafen. Das Navigationsgerät zeigt in zehn Kilometern eine Wendemöglichkeit, doch ausgerechnet dort sind unter der Autobahn Bauarbeiten im Gange. Wir werden in eine Kleingartensiedlung geleitet, die sich am Fluss Neris entlangzieht. Je weiter wir fahren, desto schlechter die Straße. An der entscheidenden Abzweigung wird gebaut. Auf der Suche nach einer Ausfahrt lernen wir die litauischen Namen für Tulpen, Rosen und Narzissen kennen, nach denen die Straßen in der Siedlung benannt sind.

Plötzlich fällt von hinten eine der Kisten über die Kinder. Ein Riesengeschrei. Kurz danach gibt das Navigationsgerät den Geist auf. Wir fahren auf Sicht, versuchen den Weg zurück zur Autobahn zu finden. Da stehen auf einmal drei halbrunde Container vor uns. Gelb für Plastik, Grün für Glas und Blau für Papier. Unter Protest beginne ich die stinkenden Abfallsäcke durch die kleine runde Öffnung zu drücken. Weil ich dafür die Säcke aufreißen muss, rieseln kleine grüne Verpackungskugeln in die litauische Kleingartensiedlung. Die Kartons sind zu groß, sie passen nicht in den Container.

Da die Gäste in zwei Stunden vor der Tür stehen, brechen wir ab – wenigstens ein Teil des Mülls ist beseitigt. Dank der freundlichen Hilfe einer Kleingärtnerin finden wir zur Autobahn zurück, fahren weiter in Richtung Kaunas, bis nach weiteren zehn Kilometern eine Ausfahrt das Umkehren ermöglicht. Insgesamt sind wir 75 Kilometer gefahren, um unsere deutschen Vorstellungen von Mülltrennung in Litauen zu erproben und die Tulpenstraße mit kleinen grünen Plastikkugeln zu verwüsten. Zum Glück verspäten sich auch die Gäste. Sie erzählen uns von einer nahen Rohstoffannahmestelle, in der es sogar Geld gibt für Kartonagen, Glas und Plastik.

Bei Mir Bistu Shein

Emilia machte sich in Wilna fünf Wochen vor dem offiziellen Geburtstermin auf den Weg. Da in Litauen Absprachen immer erst kurz vor dem Termin per Telefon getroffen werden, lagen wir gut in der Zeit. Bis zu dem spontan angesetzten Kaiserschnitt waren es noch fünf, sechs Stunden. Elisabeth blieb gleich in der Klinik am Stadtrand, wo sie am Vormittag einen Termin hatte, um die Geburt zu besprechen. Der Gynäkologe rief sein OP-Team an. Ich buchte einen Flug für die Großeltern aus Berlin und brachte am Nachmittag den vorsorglich gepackten Koffer per Taxi zu Elisabeth.

Jedes Mal, wenn ein Mitarbeiter der privaten Klinik den Raum auf der Geburtsstation betritt, fragt er freundlich, welche Sprache: Englisch, Litauisch, Russisch, Polnisch – wie es der Kunde wünscht. Der Anästhesist bleibt bei Englisch: »Are you going to the theater with us tonight?« Bis zum Kaiserschnitt bleibt kaum noch Zeit, darüber nachzudenken, warum unsere Tochter in Litauen ausgerechnet in der Amerikanischen Klinik zur Welt kommen soll. Es ist das einzige Krankenhaus, das wir uns bisher angeschaut hatten. Elisabeth kennt bereits den Arzt und kann sich mit den Hebammen auf Polnisch verständigen. Die Narkose beginnt zu wirken. Elisabeth wird in den OP gerollt. Es sind überraschend viele Leute im Raum, vielleicht Studierende der Universität Wilna, die neugierig zuschauen. Nach dem Schnitt holt der Arzt ein rot-blau angelaufenes Wesen aus Elisabeths Bauch. Wir warten bang, bis wir Emilia in den Armen halten dürfen. Das dauert noch Stunden, für Elisabeth sogar Tage. Denn Emilias Lungen sind noch nicht ganz ausgereift. Am Abend entscheidet die Ärztin mit düsterer Miene: Emilia muss für einige Zeit in den Inkubator. Es folgt die dramatische Trennung von ihrer Mutter. Ein speziell umgebauter Krankenwagen fährt vor. Wir rasen mit Blaulicht ans andere Ende der Stadt, zum Nationalen Kinderkrankenhaus in Santariškės. Aus dem Radio dringt eine russische Discoversion von »Bei Mir Bistu Shein«.

Auf der Intensivstation sehe ich zum ersten Mal richtige Frühchen. Kinder, die anderthalb Pfund wiegen und rund um die Uhr beatmet werden. Emilia mit ihren vier Kilo ist hier eine Ausnahme. Ich gewöhnte mich nur langsam an den Anblick, die Kabel, Schläuche, das Ächzen meines Kindes und das Geräusch der Maschinen. Wie muss diese Szenerie auf Emilia wirken? Ein Mann in Krankenhauskittel und Atemmaske, der Glaskasten und das ununterbrochene Piepen der Messgeräte.

Nachts kommt die Großmutter an. Wir sitzen in der Küche. Längst fühle ich mich hier zu Hause. Wenige Stunden später geht der neue Alltag wieder los. Als ich Emilia am frühen Morgen auf der Intensivstation besuche, ist gerade Rundgang. Danach erklärt mir der Oberarzt, es gebe keinen Grund zur Sorge. Alles entwickle sich gut, er wolle aber eine Infektion ausschließen. So strecke ich meinen immer wieder neu desinfizierten Arm durch die runde Öffnung des Brutkastens und lege meine Hand auf Emilias Kopf. Ob sie hört, wie ich ihr von ihren stolzen Geschwistern erzähle?

Auf der Station herrscht reges Treiben. Schwestern wickeln die Kinder regelmäßig. Eine Putzkolonne säubert die Station nach einem festen Schema. Ich erwische mich bei dem Gedanken: Wie in einem richtigen Krankenhaus. Ich bin noch etwas ungläubig, aber durchweg begeistert, wie freundlich, konkret und direkt die Ärzte sind, sowohl in der Amerikanischen Klinik als auch hier im Kinderkrankenhaus in Santariškės. Ich habe viele Jahre in Russland, Polen und Belarus gelebt, aber eine solch zurückhaltende und verbindliche Freundlichkeit wie in den Wilnaer Krankenhäusern ist mir in öffentlichen Einrichtungen nirgends begegnet. Und bei genauem Hinhören werden die verschiedenen Sprachen nicht nur mit den besorgten Eltern gesprochen. Die Putzfrauen schalten auch in Santariškės je nach Situation zwischen Litauisch, Russisch und Polnisch hin und her. Die jungen Ärzte sprechen inzwischen besser englisch als russisch. Und in der Kantine kann man in all diesen Sprachen bestellen.

Emilia bekommt davon noch nicht viel mit. Aber die Sauerstoffwerte ihres Bluts stabilisieren sich. Ich freue mich auf die Zeit nach dem Krankenhaus und mache mir weniger Sorgen als am ersten Tag. Es bleibt das Gefühl, als Ausländer besser behandelt zu werden – in der Amerikanischen Klinik, weil wir zahlende Kunden sind, in Santariškės, weil nicht alle Tage das neugeborene Kind deutscher Eltern, die russisch und polnisch sprechen, aus der Amerikanischen Klinik vorbeigebracht wird. Warum auch immer: Ich empfinde tiefe Dankbarkeit dafür, dass Emilia in einer Gesellschaft zur Welt kommt, die uns mit Respekt behandelt – egal wer dafür bezahlt. Anders als in der Amerikanischen Klinik ist Santariškės keine private Einrichtung. Die Versorgung ist besser als in einem öffentlichen Krankenhaus in England, weil vor wenigen Jahren moderne Geräte aus der Schweiz gespendet wurden und die litauische Sozialversicherung Geld zur Verfügung stellt, das sie nicht hat. Ich bin überrascht, als sich herausstellt, dass das Krankenhaus für die Behandlung keine Rechnung stellt. Als Angestellter meiner belarussischen Exiluniversität führe ich litauische Sozialabgaben ab. Emilia erhält kurz nach der Geburt einen »asmens kodas«, einen Personencode. Damit ist auch meine Tochter vom ersten Tag an krankenversichert. So bleibt mir nur, eine riesige Pralinenschachtel und eine Packung Kaffee zu besorgen. Auf der Kinderstation kommen alle vorbei, um zu probieren. Nach zwei Tagen fährt wieder der Krankenwagen mit Blaulicht vor, um Emilia endlich zu ihrer Mutter zu bringen. Es läuft wieder Russkoje Radio. Diesmal das Lied »Nimm mich fort mit dir«.

2

Wilna – Nidden – Klaipėda

Das Gemüseorchester der Europäischen
Humanistischen Universität bei der Eröffnung des
Kunstprojekts *Mythos-Grill* am 30. Juni 2013.
Am Tag darauf übernimmt Litauen die
EU-Ratspräsidentschaft. Nachts wird das Graffiti von
der Stadtverwaltung übermalt.

Von Marx zu Heidegger

In Wilna werden die Tage bereits im frühen Herbst schnell kürzer. Die Dunkelheit ragt wie ein langer Schatten über die folgenden Monate und scheint sich auch auf die Gemüter vieler Einwohner zu legen, die auf dem Weg von der Arbeit mit versteinerter Miene im Trolleybus sitzen. Das dicht bebaute mittelalterliche Zentrum der litauischen Hauptstadt sieht völlig anders aus als die Architektur im belarussischen Minsk, das mit breiten, stets angestrahlten Prospekten für den Stalinismus wirbt. Doch die Sprachlosigkeit der Menschen im öffentlichen Verkehr ähnelt sich in diesen Monaten hier wie dort. Die Dunkelheit endet erst, wenn im Mai plötzlich der Frühling ausbricht und alle ihre Wohnungen verlassen, um ein neues Leben zu beginnen.

Mein erstes längeres Treffen mit Anatoli Michailow fällt in diese Phase des Wartens auf Licht. Ich laufe von der Trolleybus-Haltestelle durch den Gedimino prospektas, über den Kathedralplatz zur Pilies gatvė und bereite mich innerlich auf das Gespräch mit dem belarussischen Philosophen vor. Während ich durch die Gassen der Altstadt renne, um nicht zu spät zu kommen, wird Michailow in einem Dienstwagen vorgefahren. Der hochgewachsene Mann mit weißem Haar und Brille begrüßt mich fast überschwänglich mit einem kräftigen Händedruck am Eingang des Restaurants »Saint-Germain«. Nachdem wir ein Fischgericht ausgewählt haben, diskutieren wir über den politischen Kontext, in dem die Europäische Humanistische Universität in Wilna heute funktionieren muss. Ich stimme mit dem Rektor meiner neuen Hochschule überein, dass Russland im Westen unterschätzt wird – nicht nur wegen der militärischen Streitmacht, die es noch immer darstellt, sondern wegen der strategisch und taktisch gezielt durchdachten Aktivitäten im »nahen Ausland«, wie die ehemaligen Sowjetrepubliken, die seit 1991 souveräne Staaten sind, aus Moskauer Sicht immer noch heißen. Wir sind uns darin einig, dass die Politik der Östlichen Partnerschaft der Europäischen Union keine ausreichende Antwort auf diese Herausforderung darstellt. Sie lädt zwar zur Zusammenarbeit ein, aber sie bietet den ehemals sowjetischen Gesellschaften, die 2004 nicht Mitglied der Europäischen Union geworden sind, keine klare Perspektive. Aufgrund anderer Prioritäten und der inneren Krise der EU kommt die Östliche Partnerschaft auch in Belarus nur zögernd voran. Alexander Lukaschenko spielt die Vertreter des Westens regelmäßig gegeneinander aus. Je nach Situation sucht er den realen Schulterschluss mit Moskau oder eine symbolische Hinwendung in Richtung EU, um möglichst viel für sein eigenes Regime herauszuholen.

Anatoli Michailow ist vor allem von Deutschland enttäuscht, dem Land, das so große Philosophen wie Martin Heidegger hervorgebracht habe. Er deutet an, die Verantwortlichen in Berlin hätten in den neunziger Jahren rein gar nichts verstanden. Michailow hat 1967 in Jena über Martin Heideggers Begriff der Kehre promoviert und verfügt dank eines mehrjährigen Forschungsaufenthalts in der DDR über genügend Sprachgefühl, um im persönlichen Gespräch auf Deutsch nur Anspielungen zu machen. Sie klingen so, als ginge der beklagenswerte Zustand der belarussischen Demokratie eigentlich auf die Unentschlossenheit und die Inkompetenz deutscher Stellen im Umgang mit den Regimen in Minsk und Moskau zurück. Doch der Philosoph spricht seine Vorwürfe nie direkt aus.

Während wir französischen Weißwein trinken, klagt Michailow über den Zustand Europas. Er zitiert Hannah Arendt: »Der menschliche Verstand hat aus mysteriösen Gründen aufgehört, richtig zu funktionieren.« Mit den Worten der berühmten Heidegger-Schülerin erklärt er, der moderne Mensch lebe in einer Welt, in der seine Sinne und seine Denktraditionen nicht mehr in der Lage sind, die richtigen, bedeutsamen Fragen zu stellen, ganz zu schweigen von ihrer Beantwortung in der ihnen eigenen Komplexität. Michailow zitiert Heidegger, um auf die Gefahr hinzuweisen, »dass eine Denkweise dominiert, die durch abstrakte Prinzipien von der Lebenswelt des Einzelnen entfremdet« ist.

Diese Diagnose bildete den Ausgangspunkt für die Gründung einer neuen Universität. Der Entschluss, 1992 in Minsk die EHU auf den Weg zu bringen, war das Ergebnis einer geistigen Suchbewegung, die Jahrzehnte zurückreicht. Michailow hatte sich schon im Studium den Philosophen des Deutschen Idealismus zugewandt. Er und seine Kommilitonen waren in der Hegel-Lektüre geschult, kannten also die Herleitung der offiziellen Interpretation des Marxismus-Leninismus, der in der Sowjetunion als Grundlage der philosophischen Ausbildung diente. Michailows Verdienst war es, dass er über diese Lektüre hinaus sehr früh gemeinsam mit russischen und ukrainischen Philosophen die Schriften von Heidegger und Husserl in einem sowjetischen Kontext entdeckte. Das phänomenologische Versprechen der Besinnung auf das Sein hatte im Einparteienstaat eine besondere Relevanz. Es ging um die Suche nach Wahrheit in einer Umgebung, in der die Sprache zur Schablone verkommen war: Wahrhaftigkeit gab es nur jenseits der offiziellen Sprache, denn unter der Herrschaft der Bolschewiki hatte sich eine Gesellschaft entwickelt, in der die Wahrheit immer nur zwischen den Zeilen, in der Küche oder im Gedicht ausgesprochen werden konnte. In der Phänomenologie sahen die jungen Philosophen einen Ausweg aus dem Sprachgefängnis der Partei.

Gegen den Willen seiner Eltern verließ Michailow Minsk 1980 erneut in Richtung Westen. Sieben Jahre lang vertrat er Belarus an einem geisteswissenschaftlichen Forschungsinstitut der

Vereinten Nationen in New York und Wien. Die Belarussische und die Ukrainische Sozialistische Sowjetrepublik hatten neben der UdSSR schon seit der Gründung der Vereinten Nationen einen eigenen Sitz in der UN-Vollversammlung. Von Michailows Kontakten und Erfahrungen aus der New Yorker und der Wiener Zeit profitiert die Europäische Humanistische Universität bis heute. Ihr späterer Rektor hatte schon vor dem Ende der Sowjetunion etwas Wichtiges verstanden: Der Westen ist überlegen, aber schwach. Mit seinem hervorragenden Deutsch und Englisch sowie einer langen Reihe von philosophischen Zitaten überzeugte Michailow seither Diplomaten und Politiker aus ganz Europa und den USA, dass die EHU für die Zukunft der belarussischen Demokratie steht.

Das geschah zu einer Zeit, als auch in Litauen die politische Neugründung mit der Übersetzung philosophischer Texte begann. George Soros hatte in Wilna schon 1990 die Stiftung *Offenes Litauen* ins Leben gerufen. Sie ließ Dutzende geisteswissenschaftliche Bücher aus dem Englischen, Französischen und Deutschen übersetzen, um einen neuen Kanon zu etablieren, junge Verlage zu unterstützen und ein anderes Denken zu stimulieren. In Minsk und Wilna teilte man die Idee, dass sich das sowjetische System nur überwinden ließe, wenn der Einzelne sich von dessen geistigen Fesseln, den Schranken im Kopf befreit. Am Anfang stand das Wort. In den ersten Jahren der Euphorie, als die Übersetzung als Technik der Transformation entdeckt wurde, war es keineswegs ausgemacht, dass Litauen ein Jahrzehnt später der EU beitreten und Belarus zur »letzten Diktatur Europas« werden würde.

Anatoli Michailow trat 1992 in Minsk mit der Vision an, das Selbstverständnis der belarussischen Gesellschaft verändern zu können, indem eine ganze Generation von Studierenden sich auf die Texte von Martin Heidegger, Hannah Arendt und Hegel stürzte. Er gewann zwei einflussreiche Mitstreiter für die Gründung der EHU: den Physiker und damaligen Parlamentspräsidenten Stanislau Schuschkewitsch sowie Filaret, den Metropoliten der russisch-orthodoxen Kirche in Minsk und Sluzk. Noch war die EHU ohne Lehrgebäude. Schuschkewitsch schlug dem Metropoliten vor, im Gegenzug zur Gründung der ersten theologischen Fakultät in Belarus Räume des Konsistoriums zur Verfügung zu stellen. Dessen Gebäude war erst kürzlich vom Staat an die orthodoxe Kirche zurückgegeben worden. Gemeinsam mit einer Vielzahl von Wissenschaftlern errichteten Michailow, Filaret und Schuschkewitsch eine blühende Universität mit acht Fakultäten. Es gab an der Minsker EHU eine französischsprachige Politologie und einen aktiven Kreis von jungen, deutschsprechenden Philosophen.

Der 1939 geborene Michailow gesteht im Gespräch ganz offen, dass die Hoffnungen der frühen neunziger Jahre sich nicht erfüllten. Schon 1994 wurde Alexander Lukaschenko als Präsident der Republik Belarus gewählt. Er ist es bis heute. Lukaschenko gewann die Wahlen mit Korruptionsvorwürfen – unter anderem gegen Stanislau Schuschkewitsch, der umgehend seinen politischen Einfluss verlor. Die deutsche Sprache, für die Michailow eine besondere Rolle bei der Transformation von Belarus vorgesehen hatte, verlor ihre Bedeutung ebenso wie die Philosophie als Leitwissenschaft, von der zentrale Impulse für andere Disziplinen ausgehen sollten. Inzwischen ist der Philosoph mit seinem Glauben an die heilende Wirkung der Texte Heideggers fast allein. Er gehört zu den wenigen in Europa, die noch an die Möglichkeit glauben, mit Hilfe von Wahrnehmung, Beschreibung und Reduktion der Phänomene eine besondere Form des »Seins des Seienden« zu erlangen. Sowohl Belarus als auch Russland haben sich erneut zu autoritär regierten Staaten entwickelt, in denen ein kleiner Kreis von Personen die Macht privatisiert hat. Der Glaube an die Kraft des Wortes und der Sprache wirkte nur indirekt: Die Autokraten Lukaschenko und Putin empfinden akademische Freiheit bis heute als Bedrohung für die Stabilität ihrer vertikal ausgerichteten Staatsapparate. Deshalb wurde die EHU in Minsk 2004 geschlossen. Seither sind die Handlungsspielräume der Geisteswissenschaftler in Minsk und Moskau deutlich geringer geworden.

Am Ende unseres Gesprächs sitzt mir ein müder Anatoli Michailow gegenüber, der sein spitzes, in Falten gelegtes Gesicht mit der rechten Hand bedeckt. Der erzwungene Weggang aus Minsk und die folgenden Jahre haben ihn gezeichnet. Seit der Schließung der Europäischen Humanistischen Universität wähnte sich der Philosoph in Unsicherheit. Die Angst vor Verfolgung in seiner Heimat und der anhaltende Kampf um den Fortbestand der Hochschule im Exil haben seinen Alltag geprägt. Ein Kollege erklärte mir nach meiner Ankunft in Wilna, Alexander Lukaschenko persönlich habe die Entscheidung zur Schließung der Minsker Hochschule gefällt. Als sich die Anzeichen einer nahenden Abwicklung der EHU verdichteten, kehrte Michailow aus Vorsicht zunächst nicht von einer Reise in die USA zurück. Im Februar 2004 kam er ein letztes Mal aus dem amerikanischen Exil nach Minsk, um an einem Treffen mit dem Bildungsminister teilzunehmen. Dieser hatte der EHU informell angeboten, dass die Hochschule weiter bestehen könne, wenn sich Michailow aus der Leitung zurückziehe. Das Kollegium stellte sich im Frühjahr 2004 ohne Zögern geschlossen hinter seinen Rektor. Die Minsker Wissenschaftler verteidigten mit ihrer klaren Botschaft »Keine EHU ohne Michailow« sein Lebenswerk, aber auch ihre akademische Autonomie. Sie wollten um jeden Preis verhindern, dass die Hochschule zu einer von Lukaschenko persönlich kontrollierten Universität wird.

Michailow kann stolz sein auf die Neugründung in Litauen. Unter seiner Führung entstanden erneut vier funktionierende Fakultäten, ein Dutzend Studiengänge in Recht, Geschichte, Politik- und Kulturwissenschaften sowie ein Promotionskolleg in

Philosophie. Jedes Jahr überreicht er im Juli mehr als hundert Absolventen im Wilnaer Rathaus die Diplome. Die Mehrzahl von ihnen kehrt nach Belarus zurück.

Es irritiert mich, wie schlecht Michailow trotz des gemeinsam Erreichten über seine akademischen Kinder, meine neuen Kollegen, spricht. Abfällig äußert er sich über ihre wissenschaftlichen Texte. Er klagt darüber, dass die EHU ganz auf das Gutdünken der Förderer angewiesen sei. Doch diesmal scheint er keine Vision zu haben, wie es mit der Exilhochschule weitergehen soll. Er bedauert, dass ihn seine repräsentativen Funktionen davon abhalten, endlich sein Buch über die Unübersetzbarkeit philosophischer Texte zu verfassen, über das er seit mehreren Jahrzehnten nachdenke. Als er am Ende des Gesprächs nochmals Hannah Arendt zitiert, klingt es bereits wie Resignation: »Denken und Realität haben sich voneinander verabschiedet.«

Aldonas Lektionen

Bevor meine Familie nach Wilna zog, wohnte ich ein halbes Jahr zur Untermiete bei Aldona. Die 86-jährige Schauspielerin hatte das Eckzimmer ihrer Wohnung mit den Panoramafenstern zur historischen Grünen Brücke nur ungern geräumt. Doch Aldona war begeistert von meinem Wunsch, bei ihr im Alltag Litauisch zu lernen. Sie wollte ihr Deutsch verbessern, das im Gegensatz zu meinem Litauisch zumindest schon in Ansätzen vorhanden war. Mitten im Winter stand ich mit meinem großen Rucksack im Korridor. Aldona lachte, sagte etwas, was ich nicht verstand, und lotste mich in ihr Arbeitszimmer mit Klappsofa, einer Schrankwand voller Bücher und einem großen Schreibtisch mit Blick über den Fluss. An der Wand hingen Schwarzweiß-Porträts ihres Mannes Vytautas, der in den ersten Jahren nach Kriegsende ein großer Tänzer gewesen war.

Am Sockel des Hauses über dem Kino Skalvija hängt eine

Gedenktafel für den verdienten Künstler der litauischen sozialistischen Sowjetrepublik. In Aldonas Wohnzimmer, wo der Fernseher auf höchster Lautstärke lief, konnte ich ihn auf einem Gemälde in der Rolle Fausts bewundern.

Im Korridor standen zwei große Kühltruhen. Aldona kaufte Himbeeren, Erdbeeren, Heidelbeeren und Kräuter in großen Mengen, wenn sie nur wenige Cent kosteten, und fror sie unbearbeitet in kleinen Portionen ein. In der Küche war Platz für einen Tisch, an dem wir nun jeden Abend zusammensaßen und versuchten, uns miteinander zu unterhalten.

Ihr Deutsch hatte sie während des Krieges in Kaunas gelernt, wo sie aufwuchs. Die wenigen Sätze der damals Jugendlichen klingen 75 Jahre später etwas eingerostet: »Heute ist schöner Tag«, sagt sie fröhlich. Ich antworte so laut ich kann: »Ja, die Sonne scheint endlich wieder.« Aldona lacht. Doch worüber können wir uns weiter unterhalten? Ich will Aldona danach fragen, wie sie ihren Mann kennengelernt hat, wann sie in den prächtigen Stalinbau eingezogen sind, wer ihre Nachbarn sind und welche Rollen sie als Schauspielerin gespielt hat.

Auf Litauisch geht es nicht. Ich verstehe sie partout nicht und spreche selbst nur wenige Worte. Wir sitzen am Tisch, trinken grünen Tee und zeigen mit dem Finger auf einzelne Gegenstände in der Küche. Teller, Tasse, Topf. Stolz holt Aldona weitere Fotos von ihrem Mann. Ich zeige ihr die Fotos meiner Familie in Berlin. Aldona blättert im Album mit den Abzügen ihres Sohnes, eines Physikers und seiner beiden Kinder. Aldona macht lachend ihre Yogaübungen im Morgenmantel. Und ich telefoniere über den Laptop mit meiner Familie. Meine Kinder winken auf dem Bildschirm.

Aldona lachte viel. Das war so etwas wie eine Lebenseinstellung. Nur selten verdunkelte sich ihr Blick. Dann legte sie den Kopf zur Seite und sagte etwas, was ich nicht verstand. Nach einer Woche wollte Aldona mir mitteilen, worauf ich in der Toilette achten solle. Sie war aufgeregt und redete schnell. Wieder legte sie den Kopf zur Seite und hob ihren leicht gekrümmten Zeigefinger. Irgendetwas hatte ich falsch gemacht. Doch ich verstand fast nichts. Ich bat sie, es mir auf Deutsch zu erklären. Auch dieser Versuch scheiterte. Spontan versuchte ich es mit: »A moschet po russkij?« Aldona zog den Mund zusammen, legte die Stirn in Falten und sagte unwillig: »A jesli usche sowsem nado.« Wenn es wirklich sein müsse, lautete ihre Antwort. Sie hatte eine Woche lang so getan, als hätte sie ihr Russisch vergessen. Stets hatte sie mit dem Arm durch die Luft gewischt, wenn eine Bemerkung auf Russisch gefallen war. »Das ist Okkupantensprache«, sagte sie dann auf Deutsch. Konfrontiert mit unserem kleinen, aber scheinbar wichtigen WG-Problem, erinnerte sie sich an die Lingua franca der Sowjetunion, die ein amerikanischer Kollege als Vielvölker-WG beschrieben hatte. Und Aldona beherrschte Russisch nach einigen Sätzen Erinnerungsarbeit erstaunlich gut. »Sie müssen das Papier hier in diesen Eimer neben der Toilette werfen. Das darf auf keinen Fall mit hinuntergespült werden, sonst gibt es eine Verstopfung«, schärfte sie mir ein. Ich hatte gedacht, das strenge Papierwegwerfgebot gelte nur in der Altstadt, wo die Rohre dünner und noch älter sind. Und in den großen Plastikbehälter neben der Toilette hatte ich nie geguckt.

»Wirf das Papier in Litauen stets in den Behälter« ist eine dieser kleinen Lektionen, die ich nur lerne, weil ich bei Aldona wohne. Doch sie hat noch mehr mitzuteilen. Der sprachliche Damm der Russophobie ist gebrochen, wenngleich meine Wirtin auch weiterhin nur unwillig russisch spricht. Sogar ihr starker litauischer Akzent kommt mir gekünstelt vor. Ich vermute, dass Russisch wie eine Muttersprache war, die Aldona nach 1991 bewusst abgestoßen hat. Aber nach der schmerzhaften Wiederentdeckung können wir uns nun in der Küche stundenlang unterhalten, ohne mit dem Finger auf Alltagsgegenstände zu zeigen.

»Ich war gleich nach dem Krieg in Kaliningrad, mit einem Kulturkollektiv, um die litauischen Arbeiter dort zu unterhalten – das waren Zeiten«, erzählte Aldona in einer Mischung aus Schauer und Sehnsucht. Mit der russischen Sprache kehrten auch die Erinnerungen an das Leben in Holzbaracken, an die Schikanen, die strikten Regeln, die Verhöre des Geheimdienstes und die Deportationen von Kollegen nach Sibirien zurück. Aldona sitzt in der Küche am Tisch, hebt die Hände und ruft aus, wie schrecklich diese Zeiten waren: »Bylo straschno!« Schon im nächsten Moment schwärmt sie davon, wie sie ihren Mann während des Studiums in Moskau kennenlernte. Ihr brillantes Russisch, das sie inzwischen gänzlich aus der inneren Verbannung an den Küchentisch zurückgeholt hat, hatte sie in der Lunatscharski-Theaterschule gelernt, in den Zeiten der schärfsten Attacken gegen sowjetische Künstler.

Aldonas Mann Vytautas hatte seine Karriere als Solotänzer am Opern- und Balletttheater in der neuen Hauptstadt der litauischen sozialistischen Sowjetrepublik begonnen. 1947 kam er nach Moskau zum Choreographiestudium, während Aldona die Klassiker des russischen Theaters und die neuen Stücke stalinistischer Kulturproduktion einstudierte. Sie schwärmt von dieser Zeit. Zwei junge, schöne und begabte Litauer in Moskau. Ihren Sohn nennen sie Vytautas – der mächtige Großfürst, nach dem Eltern ihre Kinder schon in den frühen 1930er Jahren genannt hatten. Vytautas junior wuchs die ersten Jahre bei den Großeltern auf, damit Aldona ihr Studium in der sowjetischen Metropole abschließen konnte. Nach der Rückkehr war sie zunächst Schauspielerin, später unterrichtete sie an einer Theaterschule. Aldonas Mann Vytautas leitete zwanzig Jahre lang die Balletttruppe, 1971 wurde er zum Chefregisseur des Wilnaer Opern- und Balettheaters ernannt. Zur Krönung ihres gemeinsamen Berufslebens waren Aldona und ihr Mann 1983 am Opernhaus in Istanbul zu Gast, die Inszenierung von Johann

Strauß' »An der schönen blauen Donau« brauchte noch eine Choreographie.

Aldona kramte in Istanbul ihr Deutsch aus den Zeiten des Krieges aus: »Das war eine große Sache für uns!«, erzählt sie mir auf Russisch. Den erfolgreichen und linientreuen Kulturschaffenden stellte der sowjetische Staat eine Wohnung im Stalinbau an der Grünen Brücke im Zentrum der Republikshauptstadt zur Verfügung. Aldona schwärmt von der Gemeinschaft der Nachbarn. Die Sänger und Tänzer des nahen Theaters sowie Komponisten wohnten über dem Kino, das damals Planeta hieß. Stasys Vainiūnas zum Beispiel, der 1951 einen Stalin-Orden für seine Rhapsodie für Geige und Orchester erhielt. Oder Benjaminas Godulskis. In einer symphonischen Dichtung hatte er 1954 die sowjetischen Partisanen verherrlicht, wenige Jahre später begründete er mit Titeln wie »Traumgarten«, »Ach, Frauchen« und »Ein Barfüßiger bittet zum Tanz« die litauische Version der sowjetischen Estradenmusik. Aldona, Vytautas senior und junior zogen 1959 in das Haus – eine ganz besondere Auszeichnung. »Wir haben hier über Jahrzehnte zusammengehalten, Ordnung im Hausflur gemacht und Feste gefeiert«, erzählt Aldona lachend.

Als sie bei den achtziger Jahren ankommt, nimmt ihre Erzählung Fahrt auf. Die verdienten Künstler der Sowjetunion, die den sowjetisch-litauischen Neubeginn in Wilna mitgestaltet hatten, wurden zu begeisterten Anhängern der Sajūdis-Bewegung: Die Litauer nahmen Gorbatschows Politik der Glasnost beim Wort und sagten nun öffentlich, was sie dachten. Erst vorsichtig, dann immer deutlicher. Sie waren von ihrem eigenen Mut und ihrer Entschlossenheit überrascht. Und davon, dass keine Repressionen folgten, als sie im Hausflur laut darüber diskutierten, wann Litauen wieder unabhängig sein wird. Die Bewohner des Hauses an der Grünen Brücke, die eben noch ihren Jahrestag des Künstlerverbandes der litauischen sozialistischen Sowjetrepublik abgehalten hatten, die über Jahrzehnte sozialistische

Spruchbänder vorbereitet und die litauische Sprache, Musik und Literatur in sowjetischen Institutionen gepflegt hatten, träumten nun zusammen mit drei Millionen anderen Litauern den Tagtraum, wie sie ihrem Land auch ohne die Sowjetunion dienen könnten.

Der Gründungsakt von Sajūdis, die Unabhängigkeitserklärung des Obersten Sowjets im März 1990 und die Verteidigung von Radio- und Fernsehgebäuden am 13. Januar 1991 sind epochale Ereignisse, von denen Aldona stundenlang erzählen kann. Junge und alte Litauer verteidigten gemeinsam das Gebäude des sowjetischen Parlaments der Republik, das Litauen für souverän erklärt hatte. An den Tagen nach dem 13. Januar, als klar wurde, dass die Konterrevolution der Moskautreuen gescheitert war, strömten sie alle auf den Platz vor dem Parlament und berauschten sich an dem kurzen Moment des kollektiven Glücks. Die Beisetzung der vierzehn litauischen Opfer auf dem Friedhof in Antakalnis wurde ein Gründungsakt, ähnlich der Beisetzung der sowjetischen Partisanen, mit denen dort nach dem Ende des Zweiten Weltkriegs ein neues Gräberfeld erschlossen wurde. Nur der sowjetische Soldat, der am Fernsehturm ums Leben gekommen war, geriet in Vergessenheit.

Aldonas besonderer Liebling ist bis heute der Anführer der Sajūdis-Bewegung, Landsbergis, der natürlich auch Vytautas heißt. Wann immer er im Fernsehen auftritt, ruft sie mich aufgeregt ins Wohnzimmer: »Schnell, schnell, unser Landsbergis spricht!«

Durch die flächendeckende Privatisierung des Volkseigentums nach dem Untergang der Sowjetunion wurde auch im großzügigen Stalinbau jedem Künstler seine Wohnung übertragen. Ein spätes Geschenk der Sowjetunion. Doch die meisten Tänzer und Sänger waren bereits in Rente. Aldona erzählt mir, wie traurig die neunziger Jahre für sie verliefen. Ihr Mann starb früh. Und die Politik in einem unabhängigen Land stellte sich als weit schwieriger heraus als gedacht. Der neue russische Staat versüßte ihm den Neubeginn mit einem Energieembargo, das der Industrie Litauens kurzerhand den Garaus machte.

Nach und nach starben die verdienten Künstler der litauischen sozialistischen Sowjetrepublik im freien Litauen. Oft verkauften die Kinder die großen, lukrativen Wohnungen. Aldona ist in ihrem Aufgang die letzte alte Bewohnerin. Sie kann hier nur wohnen, weil ihr Sohn im Winter die Rechnungen für die Fernwärme bezahlt. Wenn die Temperatur im Februar für mehrere Wochen unter minus 15 Grad sinkt, sind die monatlichen Rechnungen höher als ihre Rente.

Nach dem frühen Tod ihres Mannes begann Aldona seinen Nachlass zu sichten und über ihn zu schreiben. Das Faust-Gemälde aus dem Wohnzimmer schmückt das Cover ihres ersten Buches. Nun arbeitet sie am nächsten Band über das Lebenswerk von Vytautas. Wer, wenn nicht sie, würde die Geschichte eines sowjetisch-litauischen Tänzers und Choreographen so genau nachzeichnen können? Nach einigen Monaten mit langen Gesprächen am Küchentisch teilte mir Aldona im Frühling unmissverständlich mit, dass sie an ihren Schreibtisch zurückkehren wolle. Nach einem halben Jahr zog ich aus. Wir vereinbarten, dass ich mit den Kindern einmal im Monat zum Teetrinken vorbeikommen würde. Ich habe zwar mit Aldona kaum Litauisch gelernt, aber dank unserer gemeinsamen Sprache, dem Russischen, viel über Litauen.

Marias Radio

Um nach der Zeit bei Aldona zumindest passiv Litauisch zu lernen, setze ich ganz auf das Radio. Nicht auf den öffentlichen Rundfunk oder die litauische Version von Diskopolo oder Russkoje Radio, sondern auf zwei litauische Privatsender, bei denen ich auch etwas über die litauische Gegenwart erfahre. Žinių Radijas, im Jahr 2000 gegründet, ist das erste litauische Inforadio, das vom frühen Morgen an Experten aus Politik, Wirtschaft, öffentlichen Verwaltungen und Wissenschaft zu Wort kommen lässt. Für litauische Pressesprecher scheint das Verlesen zuvor abgesprochener Interviews eine Pflichtübung zu sein. Doch der Gründer von Žinių Radijas hat sich mehr vorgenommen, als ihnen seinen Sender zur Verfügung zu stellen. Er will den Hörern ein Forum bieten; litauische Bürger sollen über ihr Land debattieren. In seinem Verständnis ist Politik ein Prozess und die Bürger sind mehr als nur Wähler, die alle vier Jahre ihre Stimme abgeben. Abends um 20 Uhr sendet Ewroradyjo aus dem nahegelegenen Białystok eine Stunde in belarussischer Sprache. Danach überträgt Žinių Radijas bis zum Morgen direkt aus Prag die Sendungen der russischen Redaktion von Radio Free Europe, das zu Zeiten des Kalten Krieges eine der wichtigsten Informationsquellen war. Ohne die Frequenz verstellen zu müssen, erfahre ich etwas über drei verschiedene Gesellschaften. Die belarussische Stunde hat in Wilna so wenige Hörer, dass die Übertragung nach einem Jahr eingestellt und durch Radio Swoboda auf Russisch ersetzt wird.

Eine andere Botschaft sendet mein zweiter Lieblingkanal: Marijos Radijas überträgt den lieben langen Tag Andachten, Predigten und Rosenkranzgebete. Ich bin weder Mitglied der römisch-katholischen Kirche, noch vertrete ich die politische Linie der Radiomacher, aber ich habe schon in Polen Radio Maryja gehört, so wie ich in Deutschland die *Bild*-Zeitung lese. Nicht jeden Tag, aber hin und wieder. Wer das Risiko des Ertapptwerdens eingeht, wird mit Einblicken in eine Welt belohnt, in der nun mal viele Menschen in Polen, Litauen und Deutschland leben. Das Gute am radiophonen Fundamentalkatholizismus ist, dass die Gebete sehr deutlich gesprochen werden und in allen Ländern fast identische Inhalte vermitteln. Radio Maryja und

Marijos Radijas sind sich so ähnlich, dass mir die Ausstrahlung in Litauen wie eine verlangsamte Synchronübersetzung des polnischen Schwesterkanals vorkommt. Zielgruppe sind vor allem ältere Menschen, die viel Zeit haben. Deshalb sprechen die Moderatoren besonders langsam. Marijos Radijas liest und interpretiert die Bibel abschnittsweise und ausländergerecht. Die Bibel ist mein persönlicher Klassiker, um eine neue Sprache durch regelmäßiges Zuhören zu lernen.

Aldona, die den Fernseher unerträglich laut stellte, um sich Glücksspiele, Gesangsshows und die offiziellen Abendnachrichten anzusehen, hielt nicht viel von meinen Vorlieben. Sie war Christin, doch die von Marijos Radijas verbreiteten Vorstellungen von Kirche, Gehorsam und Frömmigkeit waren ihr zutiefst fremd.

Garagensiedlung auf der Nehrung

Den ersten Sommerurlaub in Litauen verbrachten wir in Nidden auf der Kurischen Nehrung. Elisabeth fuhr, denn ich hatte noch keine Zeit gehabt, das Projekt litauischer Führerschein zu verfolgen. Ich habe mir Nidden immer wie ein litauisches Sylt vorgestellt: schmal, gepflegt, keine freien Zimmer, dicke Autos und das dazugehörige Gehabe. Aber wie alles in Litauen ist auch Nidden ruhiger, gelassener, dünner besiedelt und gediegener als das deutsche Äquivalent meiner Phantasie. Die Häuser in Nidden sind durchweg mit Holzfassaden versehen, die Farben im litauischen Teil der Halbinsel aufeinander abgestimmt. Sogar eine einheitliche Traufhöhe wird hier bei vielen Gebäuden eingehalten. Vom ehemaligen Fischerort am Kurischen Haff sind es zum Meer nur zwei Kilometer.

Die deutschen Touristen interessieren sich für Thomas Mann, färben ihre Haare nicht blond, tragen Outdoorjacken im Paarlook und unternehmen bevorzugt Tagesausflüge mit dem

Fahrrad. Viele kommen, weil die Kurische Nehrung lange zu Ostpreußen gehörte. Das Thomas-Mann-Festival ist eine der wenigen Institutionen, in denen die Verwobenheit litauischer, deutscher und jüdischer Kultur in der Gegenwart noch erkennbar ist. Doch auch Businessmeny aus Minsk, Kaliningrad und Moskau bevorzugen den litauischen Teil der Landzunge in der Ostsee, und von Wilna aus scheint es ohnehin naheliegend, den Urlaub hier zu verbringen. Außer der Nehrung gibt es keine anderen Inseln und selbst diese muss Litauen mit dem Kaliningrader Gebiet teilen. Wegen der Lage im Schatten der russischen Exklave und der geringen Einwohnerzahl Litauens ist der Ostseestrand dennoch nur selten überfüllt. Auf der Promenade wird neben Litauisch, Deutsch und Russisch auch Englisch und Französisch gesprochen. Sogar Italiener trauen sich schon so weit in den Osten. Vielleicht weil der Blick auf den Hafen an schönen Tagen die Utopie eines Mittelmeers im Norden heraufbeschwört.

Unverhofft stand Aldona vor uns – mitten in der Fußgängerzone zwischen Buden mit Räucherfisch und schicken Cafés: elegante Sonnenbrille, die Haare kastanienbraun gefärbt, ein breites Lächeln auf den Lippen. Aldona ist froh, jeden Sommer einige Wochen im Haus ihres Sohnes verbringen zu können. Die Kinder freuten sich, unsere selbstgewählte litauische Großmutter wiederzusehen, und wir verabredeten uns zu einem Antrittsbesuch in ihrem Feriendomizil. Es befand sich in einer ehemaligen städtischen Garagenanlage und stellte sich als kunstvoll ausgebaute Garage heraus. Die Fassaden der meisten Häuschen in der Straße am Rand von Nidden sind unverputzt.

Jeder stolze Eigentümer eines litauischen Townhouse hat sich etwas anderes einfallen lassen, um den Grundriss der Garage für den Ferienaufenthalt nutzbar zu machen. Den Titel des UNESCO-Weltkulturerbes, mit dem die gesamte Kulturlandschaft der Nehrung ausgezeichnet wurde, das selbstauferlegte Regelwerk, wie die Nehrung aussehen soll, um den Status zu behalten, scheint hier nicht zu greifen. Abseits von den Hauptrouten der Insel sind Geschäftsleute aus ganz Litauen dabei, eine andere Geschichte des Ortes zu schreiben: Hier werden Fakten geschaffen, indem das zweite Stockwerk zwei Meter höher geraten ist als zulässig. Dort wird das historische Mauerwerk unauffällig erweitert, um doch noch ein Einzelzimmer hinzuzufügen. Doch die Bauaufsicht ist streng, und so hat sich das litauische Unterbewusste einen anderen Ort gesucht, um den Traum vom eigenen Haus auf der Nehrung zu verwirklichen. Ganz im Norden, wo der Fuhrpark der Verkehrsbetriebe lag, wurden Dutzende sowjetische Garagen unter der Hand als Bauland verkauft. Nach und nach wachsen auf den schmalen Parzellen Ferienreihenhäuser. Hinter den Fassaden sind die Spuren langwieriger Improvisation, saisonalen Sparzwangs und liebevoller Handwerksarbeit zu sehen. Vorne sieht es aus wie auf einer ewigen Baustelle, der Eingang ist in der Regel mit zwei Autos zugeparkt, an schnelles Wegfahren ist nicht zu denken. Auf der Rückseite erstreckt sich eine heile Welt: Die stolzen Besitzer haben Gärten angelegt, Terrassen bepflanzt und Fahnenstangen in den Boden gesteckt, denn nach der Ankunft hisst jeder Urlauber eine litauische Flagge, damit die Nachbarn wissen, dass er da ist. Zur Wahl stehen die Trikolore aus Gelb, Grün und Rot sowie das Staatswappen, der Reiter Vytis mit dem Schild auf rotem Grund. Die Flagge verkündet in stolzem Trotz: Hier sind wir der Souverän.

Aldona strahlte uns an und sprach wieder konsequent litauisch, denn sie hatte verstanden, dass unsere Kinder die Sprache bereits beherrschten. Sie fragt Sophie und Leander aus, wie es im Kindergarten geht, wie ihre Erzieherinnen heißen, und sagt immer wieder: »Och, wie schön die Kinderchen litauisch sprechen, sehr, sehr schön!« Unsere Konversation kommt immer wieder ins Stocken, aber das Grundprinzip ist: Lernen wie die Kinder.

Die zweitschwerste Sprache der Welt

Ein Jahr lang sprach Sophie im Kindergarten kein Wort Litauisch. Zum Glück gab es Laura, eine Erzieherin, die mit den Kindern offiziell deutsch sprach. So hatte dann wenigstens unser Sohn die Möglichkeit, mit seinen neuen Freundinnen Ronja und Matilda, deren Eltern in Wilna für die Deutsche Botschaft und den DAAD arbeiteten, auf Deutsch zu spielen. Noch lange bildeten sie analog zu den Expat communities der Erwachsenen einen Kinder-Berlin-Stammtisch. Doch je länger wir in Wilna waren, desto häufiger knüpften die Kinder auch andere Kontakte. Leander spielte gerne mit Alex, dessen Großeltern russisch sprachen. Matilda mochte Lidija gern, deren Eltern unbedingt wollten, dass ihre Tochter schon vor Schulbeginn fließend Deutsch sprach. Und Ronja wechselte eines Tages an einen anderen Kindergarten.

Nachdem Sophie ein Jahr lang in der Vorschule die litauische Grammatik, Syntax und Lexik verinnerlicht hatte, ging sie zu einer Erzieherin und flüsterte ihr etwas ins Ohr. Niemand sollte hören, dass sie schon Litauisch sprach, weil sie hin und wieder Fehler machte. Unsere litauischen Gesprächspartner hatten ständig betont, ihre Sprache sei die schwierigste der Welt. Auf Nachfrage korrigierten sie: die zweitschwerste – nach Chinesisch. Und die älteste indoeuropäische Sprache – nach Sanskrit. Sophie wollte einfach nur so gut Litauisch können, dass sie nicht als Ausländerin auffiel. Nach einer kurzen Testphase mit ihrer Erzieherin traute sie sich, auch mit anderen die zweitschwerste Sprache der Welt zu sprechen. Begeistert berichteten uns andere Eltern: »Sie spricht Litauisch wie eine Litauerin aus der Suvalkija.« Wir reagierten zurückhaltend, weil das Zentrum der Region Suwałki ist und in Polen liegt. Zwischen Warschau und Wilna gab es seit Jahren Spannungen wegen der jeweiligen ethnischen Minderheit im Nachbarland.

Der Spracherwerb geht bei uns Erwachsenen nicht so schnell voran. Immer wieder stehen wir vor einer Verkäuferin oder einer Verwaltungsmitarbeiterin, die uns etwas Wichtiges mitteilen will. Wir schielen unsicher zu unserer großen Tochter: So etwa müssen sich in Berlin die Einwanderereltern fühlen, deren Kinder in Windeseile Wörter aufschnappen und die Struktur der neuen Sprache intus haben. Mit dem Unterschied, dass man in Berlin auch ganz gut mit Türkisch und Arabisch durchkommt.

In Wilna helfen Russisch und Polnisch. Wie in Berlin wurde auch in Litauen schon vor tausend Jahren ein slawischer Dialekt gesprochen. Die Deutschen haben die slawische Vorgeschichte ihrer Hauptstadt ebenso verdrängt wie die Litauer die Präsenz von russisch-orthodoxen Ureinwohnern in der Gegend rund um ihre Hauptstadt.

Sophie interessiert unser Vergleich mit den Migranten in Berlin nicht. Es ist ihr einfach peinlich, Eltern zu haben, die öffentlich auf Litauisch herumstümpern, während sie die Sprache schon beherrscht. Unsere Sätze voller Fehler bereiten ihr Schmerzen. Am liebsten möchte sie nicht dabei sein, wenn wir die Sprache sprechen, die sie bereits gelernt hat. Folgerichtig verweigert sie uns jegliche Hilfe in schweren Lebenslagen. Auch kleine Litauischeinheiten nach dem langen Tag in der Vorschule kommen für Sophie nicht in Frage. Sie will uns nicht ermuntern, noch häufiger in ihrer Anwesenheit krummes Litauisch zu sprechen.

Die Integration in die litauische Gesellschaft schreitet voran. Immer wenn der kleine Mülleimer an der Toilette mit Klopapier überquillt, wissen wir: Unsere Kinder lernen im Kindergarten und in der Vorschule mehr, als wir oft überhaupt mitbekommen. Für sie ist es nach einem Jahr selbstverständlich, dass das

Toilettenpapier nicht ins Abwasser gehört, während ich im entscheidenden Moment immer noch an die Diskussion mit Aldona denken muss, um mich an den hiesigen Kodex zu halten. Dabei funktioniert natürlich auch die Programmierung einer Kläranlage anders, wenn einige Hunderttausende Menschen nicht jede Woche rollenweise Papier im Abwasser aufweichen. So hat jede Facette nichtgesprochener Kultur auch eine materielle Dimension. Nicht nur auf der Toilette.

Unsere Nachbarn sortieren inzwischen den Müll. Wenn einmal im Monat die Altstoffe abgeholt werden, lachen wir, weil unsere Berge von dem, was wir aus Gewohnheit für Grünen Punkt halten, weitaus größer sind als die unserer Nachbarn. Dass wir auch im Winter mit unseren Kindern Fahrrad fahren, finden hingegen viele Litauer lustig. Hätte ich endlich den Führerschein, würde ich mich vielleicht auch in diesem Bereich anpassen. Dabei assoziieren die meisten Litauer Deutschland vor allem mit dem Auto. Die Innenstadt Wilnas ist voller VW, Audi und Porsche. Und wir kutschieren unseren Nachwuchs mit französischen und holländischen Fahrrädern durch die Gegend.

Memel liegt in Afrika

In unserem zweiten litauischen Sommer fahren wir erneut an die Ostsee in den Urlaub, diesmal mit dem Zug. Wir sind die Einzigen, die mit Fahrrädern nach Klaipėda reisen. In Litauen hat jede Familie ein Auto, eigentlich zwei. Denn insgeheim ist Litauen keine europäische, sondern eine amerikanische Gesellschaft. Seit mehr als hundert Jahren wandern besonders viele Litauer nach Nordamerika aus. Die Armut und Perspektivlosigkeit der Bauern hatten die ersten Migrationswellen ausgelöst. Nach dem Zweiten Weltkrieg flohen mehr als 50 000 Litauer vor den zurückkehrenden sowjetischen Truppen – zuerst in westdeutsche Flüchtlingslager für Displaced Persons, dann weiter in die USA und nach Kanada. Nur wenige von ihnen sind nach Litauen zurückgekehrt. Aber den amerikanischen Traum von der individuellen Freiheit und ihrem Symbol, dem eigenen Fahrzeug, träumen auch die Hiergebliebenen. Dazu gehört das Eigenheim, die Sodyba, möglichst von einem großen Grundstück umgeben und außerhalb der großen Städte. Inzwischen gibt es überall im Land Shoppingmalls. Und natürlich gehört das Recht auf Verteidigung mit der eigenen Waffe zum geheimen Amerikanisierungsprogramm des neuen EU-Mitglieds. Deshalb hat die litauischen Schützen-Union, deren Mitglieder 1941 bei der systematischen Ermordung aller litauischen Juden mitgewirkt hatten, die Regierung dazu bewegt, das Recht auf die häusliche Flinte wieder einzuführen. Zu den paramilitärischen Übungen fahren die Schützen im eigenen Auto. Da in vielen Familien das Zweitauto schon etwas älter ist und auch der Audi 80 von 1992 eine neue Kupplung braucht, muss der Wagen hin und wieder in die Werkstatt. Sonst gäbe es wohl überhaupt keine Bahnreisenden.

Der Schnellzug nach Klaipėda braucht für die Strecke zum 350 Kilometer entfernten Meer fünf Stunden, weil die Bahn einen großen Umweg über Norden nimmt. Wilna liegt im Südosten und war in der Zwischenkriegszeit vom Rest des Landes abgeschnitten. Der Marschall der Zweiten polnischen Republik, Józef Piłsudski, dessen Familie aus der Nähe von Wilna stammte, eroberte die Wileńszczyzna, das Wilnaer Umland, 1919 kurzerhand mit seinen Legionären, um die Ausdehnung Polens im Osten durchzusetzen. In Litauen gelten die zwanzig Jahre bis zum Hitler-Stalin-Pakt bis heute als polnische Okkupation der historischen Residenzstadt der litauischen Großfürsten. Litauen und Polen befanden sich wegen der Wilna-Frage formell bis 1939 im Kriegszustand. Sie unterhielten keine diplomatischen Beziehungen. Die Grenzen waren geschlossen. Fast achtzig Jahre später kauft Aldona immer noch keine Äpfel und kein Hühnerfleisch aus Polen, obwohl sie preiswerter sind als litauische Ware. »Polnische Äpfel sind giftig«, sagt sie entschlossen. Zwar beteiligt sich Polen zusammen mit Deutschland an den Airpolicing-Missionen, um den baltischen Luftraum zu schützen, aber die litauisch-polnischen Beziehungen sind immer noch angespannt. Die belastete Geschichte beider Länder ist der Grund dafür, dass Wilna bis heute an der Peripherie des Bahnnetzes liegt.

Der Einstieg in den sowjetischen Eisenbahnwaggon befindet sich etwa einen Meter über dem Bahnsteig. Vor jedem Eingang steht eine Frau mit einem gelben und einem schwarzen Fähnchen in der Hand. Sie wacht streng über die herabklappbare Metalltreppe. Die Uniform sitzt. Der Lippenstift auch. Ungläubig fragt mich die Führerin des Waggons No. 3, ob wir wirklich mit Fahrrädern reisen wollen. »Ja, wir haben auch Fahrkarten«, antworte ich freundlich. Ihr Blick verfinstert sich. Doch ein anderer Mitarbeiter der Litauischen Eisenbahn springt ihr bei. Er klappt die Treppe am Ende des Zugs nach unten und hievt jedes Fahrrad einzeln herauf. Dank seines persönlichen Einsatzes genießen wir auch die Fahrt im alten Waggon mit Sprelacartwänden, hölzernen Fensterrahmen und dem großen Kessel für heißes Wasser. Wären nicht die kreuz und quer mit farbigen Strichen gestalteten Sitzbezüge aus den 2000er Jahren, hätten wir uns einbilden können, mit diesem Zug in einer anderen Zeit zu reisen. Doch Litauen ist seit 2004 in der Europäischen Union, und alle anderen Wagen wurden mit Fördermitteln modernisiert. Sie haben nun eine Klimaanlage. Es gibt Tische mit Steckdosen. Displays informieren über die Reisegeschwindigkeit, und der strenge Blick der Schaffnerin wird dank einer Videokamera durch den ganzen Waggon hindurch verlängert. Die einzelnen Waggons wurden zwar mit viel Geld und Liebe zum Detail modernisiert, aber das sowjetische Prinzip der Diktatur des weiblichen Schaffners hat sich, zum Glück für die Bediensteten der Litauischen Staatsbahn, weiterhin erhalten. In jedem Waggon bleibt es der Schaffnerin vorbehalten, die Türen zu öffnen, die Metalltreppe herunterzuklappen, das schwarze und das gelbe Fähnchen auszurollen und die Fahrkarten zu kontrollieren. Gern stehen sie im Eingang, um zu verhindern, dass Menschen ohne Fahrkarte ihre Liebsten in den Zug begleiten. Das wurde schon zu Sowjetzeiten nicht gerne gesehen. Auch heute wird das Verbot notfalls mit symbolischer körperlicher Gewalt durchgesetzt.

Damit es auch nach Abfahrt des Zuges noch etwas zu tun gibt, ist die Schaffnerin für die Zubereitung von Heißgetränken und den Verkauf von Schokoriegeln und Waffeln aus heimischer Produktion zuständig. Doch nur wenige Reisende kaufen etwas. Die meisten wollen nur bis Šiauliai, eine unscheinbare Stadt zwei Stunden nördlich von Wilna. Oder soll ich für Šiauliai wie für Wilna den deutschen Namen verwenden? Doch welche Leserin, welcher Leser hat je von Schaulen gehört?

Ich kenne den deutschen Namen der Stadt aus einem Dokument des Judenrats im Ghetto Schaulen. Der Verfasser gibt zu Protokoll, dass die Mitglieder des Judenrats darüber beraten, wie das unter Androhung der Todesstrafe ausgesprochene Geburten-Verbot für die entrechteten Jüdinnen umgesetzt werden kann. Wenige Monate vor dem Tod aller Juden von Šiauliai diskutieren die Ältesten der jüdischen Gemeinde darüber, ob Abtreibungen unter diesen Umständen zulässig seien. Diese Assoziation ist ein Grund mehr, den Namen Schaulen nicht zu verwenden.

Aus demselben Grund verwende ich auch nicht den deutschen Namen Kauen für Kaunas. Auch er war vor dem Zweiten Weltkrieg kaum verbreitet und wurde erst von den deutschen Besatzern eingeführt. Ich sehe mich bestätigt, als auf der Wetterkarte eines deutschen Internetportals immer wieder »KZ Kauen« als Ortsname für Kaunas erscheint. Siebzig Jahre später erinnert ein Algorithmus an den Zug der Reichsbahn, der am 26. Juli 1944 Kinder und Frauen aus dem Konzentrationslager

Kauen und dem Außenlager Schaulen nach Auschwitz transportierte, nachdem sie zuvor bereits in das KZ Stutthof deportiert worden waren. Ich weiß nicht, wie »KZ Kauen« auf die Wetterkarte Litauens im 21. Jahrhundert geraten ist, aber dieser Fehler bestärkt mich in der Festlegung: Wilna hieß auf Deutsch lange vor der deutschen Besatzung Wilna, und Kaunas wurde zu Kauen erst unter deutscher Besatzung.

Doch gilt dieses Argument auch für die Hafenstadt Klaipėda, in die wir unterwegs sind? Jahrhundertelang hieß sie Memel, wie der Fluss, der unweit von hier ins Kurische Haff mündet. Kaufleute, Hafenarbeiter und Bauern aus der Umgebung sprachen hier über Generationen Deutsch. Alle Leser kennen den Namen Memel aus der Nationalhymne, auch wenn die erste Strophe nicht mehr gesungen wird. Nur wenige wissen, dass die Memel in Belarus entspringt und bei Kaunas mit dem Fluss zusammenfließt, den die deutschsprachigen Einwohner Wilnas lang die Wilde nannten. Doch was hat die Transformation des nationalen Erweckungsrufs »Deutschland, Deutschland über alles in der Welt« aus dem Vormärz mit dem Namen einer litauischen Hafenstadt zu tun?

Ich bestehe auf dem alten Namen Wilna für die Haupstadt, die auf Litauisch Vilnius heißt: Wilna klingt auf Deutsch nicht nur schöner, sondern lässt sich auch angenehmer deklinieren. Der litauische Großfürst Gediminas verwandte diesen Namen, als er vor fast 700 Jahren Kaufleute und Handwerker aus deutschsprachigen Landen einlud, nach Litauen zu kommen. Als historischer Stadtanthropologe betrachte ich Vilne, Wilno, Wilnia, Wilna und Vilnius als eine Stadt, deren Namen den unterschiedlichen Perspektiven ihrer Bewohner Rechnung tragen, aber stets die Summe dieser Sichtweisen ist.

Doch diese Argumente lasse ich für Klaipėda nicht gelten. Der Schatten der Shoah, die Ermordung von bis zu 200 000 Juden in Litauen, spricht gegen die Verwendung von Memel als

Stadtnamen im 21. Jahrhundert. Ein litauischer Kollege, der sich schon länger mit der Stadt beschäftigt, lacht über die deutsche Verklemmtheit und verweist darauf, dass es dieses Problem schon in den späten 1920er Jahren gab, nachdem der junge litauische Staat 1923 in einer Kommandoaktion das unter Aufsicht des Völkerbunds stehende Memelland mitsamt der Stadt Memel annektierte. Weil sich die deutschsprachigen Bewohner partout nicht an den litauischen Namen gewöhnen wollten, riefen ihnen die Litauer mit dem Verweis auf einen Ort in Südafrika zu: »Diese Stadt heißt Klaipėda, Memel liegt in Afrika.« Meine Kinder finden diesen Satz so lustig, dass er zum Refrain unseres Sommerurlaubs wird.

Sprich Litauisch mit mir!

Es ist ein Durchbruch auf Raten. Zwar schaffe ich es nicht jeden Monat zum vereinbarten Teetrinken, aber jedes Mal, wenn ich mit Aldona telefoniere, um ein Treffen oder einen gemeinsamen Theaterbesuch zu vereinbaren, merke ich, dass ich auch ohne Sprachkurs schon etwas mehr verstehe. Aldona ist völlig aus dem Häuschen, dass wir inzwischen telefonieren können, ohne auf Russisch auszuweichen: »Sehr schön, sehr, sehr schön sprechen Sie Litauisch. Wirklich sehr schön!« Dabei habe ich das Gefühl, dass es etwas schneller vorangehen würde, wenn sich außer Aldona noch andere Litauer dazu durchringen könnten, mit mir im Alltag ihre Sprache zu sprechen. Stattdessen schalten sie im Gespräch umgehend auf Englisch oder Russisch um. Eine Historikerin von der Universität Wilna erklärt mir das Phänomen eines Tages ganz direkt: »Wenn du versuchst Litauisch zu sprechen, dann weiß ich nie genau, was du meinst. Auf Russisch schon.« So gibt es für den langsamen Lernprozess eine einfache ökonomische Eklärung. Ich müsste mir mehr Zeit nehmen, um einen Kurs zu absolvieren. Doch die wissenschaftliche Arbeit, für die ich bezahlt werde, funktioniert auf Russisch, Belarussisch, Deutsch und Englisch. Zu Hause sprechen wir Deutsch.

Die Litauer, die ich in der verbleibenden Zeit treffe, müssten sich selbst etwas mehr Zeit nehmen, um sich mit meinem holprigen Litauisch zu plagen. Ich weiß, wie knapp die Ressource Zeit ist in einer Gesellschaft, in der fast alle zwei oder drei Jobs haben. Das litauische Arbeitsrecht sieht vor, dass man offiziell zwei Arbeitgeber mit insgesamt 60 Stunden pro Woche haben darf. Dennoch höre ich nicht auf, meinen Freunden und Kollegen ein Gespräch auf Litauisch aufzuzwingen, wenigstens ein kurzes pro Tag. Am schwierigsten ist es, sich gegen das konsequente Abdriften ins Englische und Russische zu stemmen, das schon nach wenigen Sekunden Gespräch auf Litauisch einsetzt. Ich grüße den Nachbarn »Labas rytas«, und er antwortet »Hello!«. Ich frage auf Litauisch, wie es ihm und seiner Familie geht, und er antwortet: »Fine and how are you?« Verbissen bleibe ich bei Litauisch und frage, wie es mit seiner neuen Firma läuft, in der er Ukrainer in Polen anstellt, um ihre Arbeitskraft als Handwerker an skandinavische Firmen zu vermieten: »Very good.« Zum Abschied lächelt er mich an und sagt auf Englisch: »Wir Litauer sind eher zurückhaltend, aber wenn wir jemanden mögen, dann lassen wir so schnell nicht mehr los.«

Nach diesem Erlebnis beschließe ich, einen Gang zuzulegen. Ich bitte mein Gegenüber freundlich, aber direkt, Litauisch mit mir zu sprechen: »Aš noriu kalbėti lietuviškai!« Ich gestalte am Rechner einen großen Sticker mit dem Spruch »Sprich Litauisch mit mir!«, damit mein Gegenüber nicht automatisch ins Englische fällt, wenn er oder sie hört, dass ich Ausländer bin. Doch während ich noch ein Angebot per E-Mail erhalte, produziert die Firma trotz meiner Bestätigung den Sticker nicht. Sie meldet sich auch nie wieder zurück. Wahrscheinlich war mein Litauisch doch nicht gut genug.

Inzwischen kann ich im Radio fast alle Sendungen verfolgen, verstehe zumindest, was gerade zur Debatte steht oder welcher Abschnitt der Bibel gelesen wird. Ich kenne nun einige Hundert Wörter. Auch wenn ich sie oft nicht direkt übersetzen kann, habe ich den Rhythmus der zweitschwersten Sprache der Welt, ihren Klang und selbst ihre Regeln im Ohr. Das heißt längst nicht, dass ich gut spreche, aber ich empfinde nun auf Litauisch, denn es ist das Medium, in dem die Gesellschaft, in der ich lebe, funktioniert. Auch wenn die Kommunikation in Litauen ganz anders organisiert ist, als ich es gewohnt bin, und ich mich bis heute noch nicht daran gewöhnt habe, gibt es auch hier keine gesellschaftliche Wirklichkeit außerhalb der Sprache, besser gesagt: außerhalb der Sprachen, denn noch immer sprechen Elisabeth und ich im Alltag mit Gästen, Kollegen und den Nachbarn in ihrer Sprache. Gerade mit den Litauern, deren Muttersprache Russisch ist, rede ich weiterhin Russisch. Es ist nicht nur vertrauter – spontan bilden wir eine Kurzzeitgemeinschaft, um eine Runde zu lästern. Es wäre effizienter gewesen, wenn ich mir ganz am Anfang Zeit für einen Sprachkurs genommen hätte. Noch immer stehe ich mit der Grammatik auf Kriegsfuß. Aber ich habe nicht das Gefühl, damit allein zu sein. Es gibt auf Litauisch so viele Möglichkeiten, Partizipien zu bilden, dass ich ganz auf das algorithmische Lernen vertraue, das ich bei meinen Kindern beobachte. Allmählich bilden sich das Gehör und das Verständnis dafür heraus, welche Formulierung in welcher Situation passt. Diese Art des Lernens braucht nur Zeit. In Litauen können wir fünf Jahre bleiben. Für das globale, akademische Nomadentum des frühen 21. Jahrhundert ist das eine kleine Ewigkeit.

3

Valakampiai – Garten Europa – Schengen-Grenze

Endstation Schengen: Für Reisende auf dem Weg
in die litauische Hauptstadt Wilna ist das
Toilettenhaus unweit der Grenze zur
Republik Belarus das erste Gebäude in der
Europäischen Union.

Kulturwissenschaften in der Polizeischule

Die von der Europäischen Union propagierte Idee des lebenslangen Lernens erhielt in Wilna eine neue, konkrete Bedeutung. Wir versuchten im Alltag weiterhin Litauisch zu lernen, um die Welt zu verstehen, in der unsere Kinder längst angekommen waren. Elisabeth fing als Deutschlehrerin im Europa-Garten an, einem litauischen Schul- und Kindergartenprojekt in der Nähe von Wilna. Ich organisierte an der alten Wilnaer Universität das Colloquium Vilnense, um gemeinsam mit meinen Kollegen zu diskutieren, wie angewandte Kulturwissenschaften funktionieren können. Zu den Themen gehörten Stadtforschung, jüdische Kulturgeschichte, die sozialen Folgen von Gewalt im 20. Jahrhundert, aber auch europäische Erinnerungspraktiken und der Nachhall deutschsprachiger Texte in diesem Teil Europas. Da Elisabeth und mir viele öffentliche Institutionen in Litauen entweder verkrustet oder instabil vorkamen, orientierten wir uns an Personen, die etwas auf die Beine stellten. Andreas ist ein Beispiel dafür: Der ehemalige Lektor der Robert-Bosch-Stiftung hatte in Litauen eine Familie gegründet und setzte sich fortan für die Verbreitung neuer Lernmethoden ein. Durch ihn trafen wir andere Wilnaer, die deutsche und litauische Kultur miteinander zu verbinden versuchten – und vor allem sahen wir: Auch Erwachsene können lernen, fließend Litauisch zu sprechen.

An der EHU beeindruckte mich besonders die Minsker Professorin Almira Ousmanova, die in Wilna eine kulturwissenschaftliche Fakultät aufgebaut hatte. Mehr als die Hälfte der belarussischen Studierenden ist dort eingeschrieben. Medientheorie, Geschlechterforschung und Stadtstudien, französische Theoriediskurse, amerikanische Fachdiskussionen und die kommunikationstheoretischen Ansätze in Deutschland verband Almira mit russischsprachigen Diskussionen verwandter Theorien. Und sie versammelte Kollegen, die in der Lage sind, einen Bezug zur Wirklichkeit der belarussischen Gesellschaft vis-à-vis der EU-Außengrenze herzustellen. So wie Andreas Mehrsprachigkeit lebt und unterrichtet, steht Almira für eine Lehre an der EHU, in der unterschiedliche Kontexte ineinander übersetzt werden, ohne dass ihre Bedeutung jeweils ganz im anderen aufginge. Ich lerne viel von meiner belarussischen Kollegin und habe das Gefühl, dass die Ungewissheit des Exils bei ihr und anderen Wissenschaftlern an der EHU eine größere Wachheit und Offenheit zur Folge hat.

Die Seminare finden im ehemaligen Gebäude der Wilnaer Filiale der Minsker Schule der sowjetischen Miliz statt. Hausherr ist die Romeris-Universität, die dem litauischen Patrioten Mykolas Römeris bei der Neugründung den Umlaut ö aus seinem baltendeutschen Nachnamen gestohlen und durch ein o ersetzt hat. Anstelle der Milizschule entstand 1991 im Stadtteil Valakampiai eine Hochschule des litauischen Innenministeriums zur Ausbildung von Polizisten und Verwaltungsbeamten. Immer wenn der Gründungsrektor nach zwei Amtszeiten hätte abgelöst werden müssen, änderte die Universität ihren Namen. Auf den Korridoren erzählen die Kollegen, wie die Romeris-Universität zu einer Privathochschule wurde. Der Innenminister sei angeblich mit den Noten seines an der juristischen Fakultät immatrikulierten Sohnes nicht zufrieden gewesen.

Bis heute gibt es in dem schmucklosen Gebäude auf jeder Etage nur eine Toilette, weil hier bis 1991 Männer ausgebildet wurden. Frauen müssen in den zweiten Stock gehen. Die Immatrikulationsbüros und die Dekanate der Exiluniversität sind über das gesamte Gebäude verstreut. Die Sprachlehrerinnen teilen sich ein winziges schlauchförmiges Büro, das man nur durch die Turnhalle erreicht, in der die litauischen Studierenden der Romeris-Universität Basketball spielen – diese Sportart hat im Litauen des 21. Jahrhunderts Religion und Nationalismus zugleich ersetzt.

Das Provisorium ist hier Alltag. Zwanzig Hochschullehrer müssen sich mit einem langsamen Kopiergerät begnügen. Ala und Irena, die beiden Deutschlehrerinnen, stehen morgens eine Stunde früher auf, um noch vor der ersten Stunde Kopien machen zu können. Die eineiigen Zwillinge haben in Jena Fremdsprachendidaktik studiert und zählen heute zu den besten Lehrerinnen in Wilna. Sie unterrichten die belarussischen Studierenden auf den Niveaus A1 bis B1. Ich übernehme ab B2 mit zwei kulturwissenschaftlichen Seminaren pro Semester, die ich auf Deutsch abhalte.

Für die Dozenten aus Belarus, die einmal im Monat für eine Woche anreisen, gibt es pro Fakultät ein Lehrerzimmer mit vier Schreibtischen – kein Wunder, dass sie es kaum nutzen. Nach Valakampiai kommen sie nur zum Unterrichten. Die hiesige Bibliothek ist klein und bietet den Studierenden gerade mal das Nötigste. Ich treffe meine neuen Kollegen im Foyer mit der sowjetischen Messingskulptur oder in der kleinen Mensa, die von 11.30 bis 12.00 Uhr den Lehrkräften vorbehalten ist. Nach einem kurzen Gespräch hasten sie zurück in ihre Seminare. Die Studierenden sind erst siebzehn Jahre alt, wenn sie nach Wilna kommen. Ihr verschulter Studienplan und ihr kollektives Rumstehen in langen schmucklosen Korridoren der einstigen Milizschule wecken eher Assoziationen an die Schule als an die Universität.

Da es aus Geldmangel keine anderen Arbeitsräume für Professoren, Dozenten und wissenschaftliche Mitarbeiter gibt, ist das kleine Hotel in der Nähe der Grünen Brücke die temporäre Zentrale der EHU. Im Ecotel wird gelesen, diskutiert, geschrieben, geskypt und gesurft. An der Universität im Exil werden die wichtigen Fragen per E-Mail geklärt, weil nie alle gemeinsam an einem Ort sind. Wegen der hohen Sozialabgaben innerhalb der EU haben neben zwei Dutzend litauischer Verwaltungsangestellter nur zehn belarussische Wissenschaftler in Wilna eine feste Stelle. Mehr als einhundert belarussische Kolleginnen und Kollegen arbeiten auf Basis von jährlich neu vergebenen Lehraufträgen. Dadurch ändert sich die Belegschaft im Ecotel von Woche zu Woche. Die einen reisen am Freitag ab und kehren zu ihren Familien in Minsk, Grodno und Witebsk zurück. Die anderen beziehen Ende der Woche die frei gewordenen Räume. Das Zimmer 208 wurde zur Küche umgebaut: Tisch, Wasserkocher, Kühlschrank und Mikrowelle standen den Wissenschaftlern im Exil zur Verfügung. Am Sonntagabend gibt es noch ein paar Tassen in der schmucklosen Kommunikationszentrale und wenige Gabeln. Doch schon am Montagabend sind keine Tassen mehr da, und eine verzweifelte Philosophin fragt: »Wo ist meine Gabel?«

Ein geschützter Ort?

Dank der Kontakte, die der Rektor Michailow und die anderen Professoren schon in Minsk gepflegt hatten, funktioniert die EHU auch in Wilna als Schnittstelle, an der Diskussionen aus unterschiedlichen wissenschaftlichen Feldern verknüpft werden. Der Dekan der politikwissenschaftlichen Fakultät erforschte in einem europäischen Konsortium das Nachwirken nuklearer Technologien im Ostseeraum. Seine Mitarbeiterin promovierte an der Universität Wilna mit einer Studie über die unterschiedlichen Vorstellungen sozialer Gerechtigkeit in belarussischen Oppositionsparteien und der Regierung. Ein Kollege von der historischen Fakultät verteidigte in Krakau eine Dissertation über die Formen der Selbstorganisation von Flüchtlingen aus Afghanistan in der Republik Belarus. Ein an der kulturwissenschaftlichen Fakultät lehrender Soziologe promovierte an der Akademie der Wissenschaften in Warschau mit einem Vergleich grenzüberschreitender Kooperationsformen in Görlitz und Luxemburg. Eine Minsker Anthropologin verteidigte an der historischen Fakultät der Universität Greifswald eine Studie über den Alltag von Frauen, die seit den frühen 1990er Jahren Waren zwischen Belarus und Litauen schmuggelten. Sie alle schlossen ihre Promotion in den vergangenen Jahren im Ausland ab, weil es in Belarus nicht mehr möglich ist, zu diesen Themen unbeschränkt zu forschen. Schon seit 2005 ließ die Zentrale Staatliche Verifikationskommission keine geisteswissenschaftlichen Qualifikationsarbeiten mehr zu, die das Selbstbild der Diktatur öffentlich in Frage stellen könnten. Selbst die Titelformulierung von Forschungsprojekten zum Zweiten Weltkrieg wird in Minsk zum Politikum.

Aus diesem Grund ist die EHU im 170 Kilometer entfernten Wilna nicht nur für die jungen Belarussen wichtig, die hier studieren können. Die Hochschule bietet auch ihren Dozenten einen geschützten Ort. Sie sind in die Lehre akkreditierter Bachelor- und Master-Programme eingebunden und können ohne Einschränkungen wissenschaftliche Probleme diskutieren. Der Austausch findet auf Russisch, Französisch, Englisch und Deutsch statt. Andere Kollegen betreiben an der EHU die konsequente Weiterentwicklung geisteswissenschaftlicher Begriffe auf Belarussisch, eine Sprache, deren erste moderne Grammatik erst während des Ersten Weltkriegs verfasst wurde. Der Politologie-Dozent Viktor Martinowitsch ist einer der erfolgreichsten belarussischen Schriftsteller, dessen Werke auch ins Deutsche übersetzt werden. Sein Kollege erarbeitet ein Wörterbuch weiblicher Substantivformen auf Belarussisch. Eine Historikerin schreibt in Wilna die Geschichte kleinerer Städte in Belarus – ein Großteil der relevanten Akten befindet sich im Archiv in der Gerosios Vilties gatvė, weil das Großfürstentum Litauen von Wilna aus noch im 18. Jahrhundert bis weit in den Süden der Region reichte. Ihr Kollege Henadz Sahanovich gibt an der EHU mit dem Belaruski Historytschny Ahljad eine wichtige Zeitschrift für Geschichte heraus. Kurzum: Wilna liegt zwar an der äußersten Peripherie der Europäischen Union, die EHU ist aber gerade durch die Neugründung in Litauen Mittelpunkt einer vielsprachigen Welt.

Während ein großer Teil meiner Kollegen das Pendeln zwischen Minsk und Wilna nutzt, um die eigenen Forschungen voranzutreiben, sind andere resigniert. Hannah klagt beim Kaffeetrinken, die Studenten seien nur mäßig an ihren Seminaren interessiert. Ein, zwei seien dabei, die mitmachen. Sie warnt mich: »Bloß nicht mit zu hohen Erwartungen herkommen! Wir haben hier noch das sowjetische System, da muss der Dozent alles selber machen, notfalls muss er auch die Studenten ersetzen. Selbständiges Arbeiten ist kaum vorgesehen, die Studenten erwarten, dass man ihnen alles aufbereitet und dass es nicht zu schwer ist.« An der EHU habe es eine Zeit lang mehr exzellente Studierende gegeben, aber ausgerechnet sie konnten die Gebühren von bis zu 1500 Euro pro Studienjahr nicht bezahlen. Und so seien es eben vor allem Kinder aus wohlhabenden Elternhäusern, die schon alles haben und nichts mehr brauchen.

Hannah fügt gleich eine Erklärung hinzu: Auch die Dozenten seien noch ein sowjetisches Produkt: »Wir haben doch früher den kurzen Kurs der Geschichte der Partei der Bolschewiki gehört – der Dozent las den Text aus dem Buch vor, und wir haben uns hinten in den letzten Reihen die schönsten Perlen aufgeschrieben und auswendig gelernt.« In Belarus werde dieses System einfach mit anderen Texten weitergeführt. Hier in Wilna sei das Zusammenspiel zwischen Dozenten und Studenten oft ganz ähnlich. Letztlich trage die Konkurrenz um die wenigen Stipendien dazu bei, dass sich dieses System reproduziert. Hannah ist sich sicher: »Nur wenige Dozenten haben Zeit, um neben ihrer Tätigkeit als akademische Lehrer noch zu forschen. Sie sind so absorbiert von den vielen Seminareinheiten, dass kaum Zeit bleibt.«

Ich widerspreche Hannah nicht, denn dank der Förderung durch den DAAD habe ich viel bessere Arbeitsbedingungen als sie. Sie gibt fast doppelt so viele Seminare pro Semester, um ein Auskommen zu haben. Ihr Pessimismus ist aber auch Ausdruck der eigenen Perspektivlosigkeit: Sie gehört zu jenen Kolleginnen, für die die Lehre an der EHU nur einer von mehreren Strohhalmen ist, um in Belarus ökonomisch zu überleben. Viele Pendler wie sie kommen kaum zum Nachdenken. So haben sie auch ihren Studierenden wenig mehr als Kopien von Texten zu bieten, die bereits in den neunziger Jahren erschienen sind. In meinen Seminaren sitzen hochmotivierte junge Belarussen, die bereit sind, einiges für ihr Fortkommen zu tun. Und ich lerne an der EHU außer der Dekanin Almira Ousmanova auch andere Wissenschaftler kennen, die trotz Krise, Pendeln und Exil ihr eigenes Programm weiterentwickeln, ihre Forschungsperspektive schärfen und immer wieder neue Projekte aus eigenem Antrieb auf den Weg bringen. Die Universitätsleitung verbietet niemandem, tätig zu werden. Im Gegenteil, der Rektor Anatoli Michailow fordert immer wieder alle in pathetischen Reden dazu auf, selbständig Forschungsgelder einzuwerben – ebenfalls eine Parallele zum Westen Europas.

Heteroglossia

Die sprachliche Wirklichkeit des Arbeitsalltags an der EHU spiegelt die Situation im Heimatland der Hochschule wider. Belarus ist heute eine russophone Gesellschaft, Belarussisch wird nur in ganz speziellen Situationen von bestimmten sozialen Gruppen gesprochen. Und so ist es auch an der EHU: Die große Mehrzahl meiner Studierenden spricht in Wilna Russisch. Nur wenige wählen aus politischen oder kulturellen Gründen Belarussisch, weil ihnen dieser Unterschied persönlich wichtig ist. Da ich bei meinen Forschungen in Grodno auch Belarussisch gelernt habe, finde ich schnell Kontakt zu ihnen und genieße es, die Sprache im Alltag sprechen zu können. Doch dann stehe ich wieder vor einer Seminargruppe mit 25 Personen aus ganz Belarus, und nur zwei Studierende antworten auf Belarussisch, während alle anderen Russisch sprechen. Ich würde gern mehr auf Belarussisch unterrichten, halte mich aber an das Prinzip: Sprich in der Sprache, die dein Gegenüber spricht.

Strenggenommen könnte man von belarussischen Staatsbürgern nach elf Jahren Belarussisch-Unterricht in der Schule erwarten, dass sie beide Amtssprachen fließend beherrschen. In der Praxis sieht es aber nicht anders aus als in Irland, wo ein Großteil der Schüler Irischkenntnisse nur simuliert und sonst auf Englisch gut zurechtkommt. Weil der Belarussisch-Unterricht zu den inhaltlich, didaktisch und personell am schlechtesten ausgestatteten Fächern im belarussischen Schulsystem gehört und die Sprache bis ins frühe 21. Jahrhundert ein dörfliches Image hatte, können die meisten Studierenden an der EHU weder fließend sprechen, noch verspüren sie besondere Lust, die Sprache zu lernen. Für viele ist Belarussisch nicht mehr als eine lästige Pflichtübung, weil der Staat nun mal Belarus heißt. Für andere ist die slawische Sprache Ausdruck der Opposition gegen die staatliche Politik, die ihrer Meinung nach erst zur marginalen Rolle von Belarussisch geführt hat. Inzwischen gibt es überall im Land eine Renaissance der Sprache als neue Ausdrucksform von Urbanität.

Typisch für die EHU wie für Belarus insgesamt ist die Schizophrenie einer symbolischen Abwertung von Belarussisch im Alltag bei gleichzeitig starker Präsenz auf Türschildern, Flaggen und in offiziellen Verlautbarungen. So ist es an der EHU auch normal, aktuelle soziologische, politologische und historiographische Fragen auf Belarussisch zu diskutieren. Zwar sind die Dozenten und Studierenden, die frei Belarussisch sprechen, wie in Minsk in der Minderheit, aber ihre Fähigkeit je nach Situation zwischen den beiden Staatssprachen hin- und herzuwechseln, bringt ihnen allein Vorteile. Nur Litauisch spielt hier trotz eines Pflichtkurses für alle Studierenden keine Rolle. Und Russisch dient noch immer als Lingua franca, auch im Austausch mit den litauischen Kollegen.

Um diese Erfahrung historisch zu kontextualisieren, bot ich an der Exiluniversität ein Heteroglossia-Seminar an. Wir lasen die Berichte von Wilhelm und Alexander von Humboldt über ihre Praxis der wortwörtlichen Erkenntnis durch Erfahrung auf ausgedehnten Forschungsreisen. Wir analysierten die entnervten Briefe des deutschen Naturforschers und Reiseschriftstellers Georg Forster und die begeisterten Schreiben des Wiener Arztes Joseph Frank, der in Wilna mehrere medizinische Institute gründete. Forster und Frank waren als deutschsprachige Gelehrte nach Wilna gekommen. Ihre Haltung beeinflusste die Wahrnehmung der Stadt. Forster war durch seine Teilnahme an der zweiten Expedition von James Cook und sein Buch über die Weltreise ein berühmter Mann im Europa des späten 18. Jahrhundert. Doch sah er seine Vorurteile gegenüber dem östlichen Teil Europas in Wilna durchweg bestätigt. Entmutigt schrieb er von seinen Bemühungen um einen Neubeginn des Botanischen Gartens der Universität. Er verließ die Stadt, um sich vergeblich an den Revolutionen in Mainz und Paris zu beteiligen. Frank hingegen fand Gefallen an Wilna und blieb. Die litauischen Übersetzungen seiner Briefe verkaufen sich heute gut, weil sie ein helleres Bild der Stadt zeichnen als die verbitterten Berichte Forsters. Dass es in Wilna noch im frühen 19. Jahrhundert eine deutschsprachige medizinische Fakultät gab und die Stadt damals in europäische Gelehrtenkreise eingebunden war, ist dennoch weitgehend unbekannt.

Wir studierten die Texte des russischen Literaturtheoretikers Michail Bachtin, der als Kind eines russischen Beamten in Wilna aufgewachsen war. Seine kulturwissenschaftlichen Schriften über die innere Mehrsprachigkeit von Romanfiguren sind vermutlich auch von seiner Erfahrung in Wilna geprägt. Die Suche nach einer belarussischen Verbindung führte unser Seminar in die Stadt Witebsk zu Zeiten des russischen Bürgerkrieges. Der Maler Marc Chagall und andere Avantgardisten aus ganz Europa hatten dort Zuflucht und ein bescheidenes Auskommen als Dozenten an der Kunstakademie oder als Lehrer in den umliegenden Städten gefunden. In den Straßen der Provinzstadt entwickelten sie mit Malereien und Massenaufzügen ein eigenes Antlitz der Moderne. Sie trafen sich regelmäßig in Witebsk und der nahen Kleinstadt Newel und diskutierten deutsche philosophische Texte. Jahre später entwickelt Bachtin in der sowjetischen Verbannung in der kasachischen Stadt Qostanai die Grundzüge seiner Heteroglossia-Theorie.

Ein drittes Thema im Seminar war die Nähe von Germanistik und Jiddistik. Einer der Begründer des legendären Wilnaer YIVO Instituts, Max Weinreich, hatte in Marburg in Germanistik promoviert. Ähnlich wie Bachtin und Chagall in Witebsk harrte Weinreich mit Gleichgesinnten nach der Oktoberrevolution in Berlin aus. Sie wollten das als unreine Sprache der einfachen Leute geltende Jiddisch zu einer modernen Sprache formen. Das *Jiddischer Wisnschaftlecher Institut* sollte eine Grammatik erarbeiten, die Lexik systematisch erfassen, Dialekte bestimmen sowie die Orthographie vereinheitlichen. Weinreich und seine Mitstreiter entschieden sich 1925 für Wilna als Standort des YIVO. Was aus westlicher Perspektive an der Peripherie zur Sowjetunion lag, war damals Zentrum einer Welt, die erst in der Shoah unterging. Die Stadt lag näher am Jiddischland, jenem Übergangsgebiet, in dem mehrere Millionen Juden neben Russisch, Polnisch, Ukrainisch oder Belarussisch im Alltag Jiddisch sprachen.

Das YIVO wurde innerhalb von wenigen Jahren ein Motor bei der säkularen Modernisierung des jüdischen Selbstverständnisses Jiddisch sprechender Menschen weltweit – auch weil Weinreich und seine Mitstreiter dabei von Tausenden Einwohnern der umliegenden Shtetl finanziell, logistisch und empirisch unterstützt wurden. Davon zeugen die vielen Einsendungen von Briefen und Liedern in den Archiven des YIVO. Diese blieben nach der physischen Zerstörung des Jiddischlands durch das Deutsche Reich nur erhalten, weil die deutschen Besatzer ein Teil des YIVO-Materials für die Sammlungen eines zukünftigen Jüdischen Museums in Frankfurt/Main aufbewahrt hatten. Diese gelangten durch die Teilung Deutschlands nach Amerika und befinden sich heute in New York. Einen kleineren Teil von Büchern und Dokumenten auf Jiddisch rettete nach Kriegsende der litauische Bibliothekar Antanas Ulpis. In einem ehemaligen katholischen Kloster mitten in Wilna, in einer Sammlung verstaatlichter Bücherbestände, versteckte er sie eigenhändig hinter polnischen, russischen und litauischen Bänden vor der Zerstörungswut der Bolschewiki, die ab 1947 die letzten noch verbliebenen Spuren jüdischen Lebens in Litauen auslöschten.

Die Diskussion der Lebenswege der mit Wilna verbundenen Wissenschaftler zeigte, dass die Mehrsprachigkeit an der belarussischen Exiluniversität und der Versuch, dort auch unter Einbeziehung deutscher Aspekte etwas Neues zu schaffen, gar nicht neu sind. Der Status von Belarussisch ähnelt in vielem Jiddisch. Mehr noch treffen die Analogien auf den Soziolekt der polnischen Minderheit im Süden Wilnas zu, deren Sprache bis heute als unrein gilt. Die deutsche Gesellschaft hat im Zuge des Zweiten Weltkriegs einen großen Teil der Verbindungslinien zu diesem Teil Europas zerstört. Doch die Gesellschaften in Belarus und Litauen sind noch immer geprägt von einer inneren Mehrstimmigkeit.

Sprachenschule Straße

Meistens nehme ich das Rad, um zur Europäischen Humanistischen Universität zu kommen. Den Trolleybus No. 10, der von der Innenstadt nach Valakampiai fährt, meide ich, weil er im Winter kalt und zugig ist. Die Fahrt dauert dann doppelt so lange wie mit dem Rad. Bei besonders schlechtem Wetter bin ich aufs Taxi angewiesen, weil ich immer noch keinen Führerschein habe. Das Taxifahren habe ich mir bei meinen belarussischen Kollegen im litauischen Exil abgeguckt, für die es normal ist, von A nach B ein Taxi zu nehmen, um Zeit für die Arbeit zu sparen. Ein Kilometer Fahrt kostet nur 49 Cent. Und es gibt zwei Sorten Taxifahrer: Wilnaer und Litauer, die gerade aus England zurückgekehrt sind, um ihr Glück in Wilna zu suchen.

Vytautas gehört zu Letzteren. Der junge Mann aus der litauischen Provinz hat acht Jahre in einer Druckerei im Norden von London gearbeitet. An seiner englischen Offset-Maschine leitete er fünf Leute an. Doch in Litauen findet er keine Arbeit. »Die Druckereien hier sind längst nicht so groß wie in England. Und jeder will nur Bekannte von Bekannten einstellen. Außerdem: Die Gehälter sind lächerlich.« Deshalb hat Vytautas große orangefarbene Aufkleber mit der Telefonnummer 1424 auf dem zwanzig Jahre alten Auto platziert und macht mit seinem Audi 80 dem amerikanischen Marktneuling Uber Konkurrenz. Das Geschäftsmodell von Uber ist eine Bedrohung für die Wilnaer Taxifahrer, weil der Konzern einen großen Teil der Umsätze einbehält. 1424 wappnet sich mit einer Vielzahl von neuen Fahrern. Mit einem Großaufgebot an neuen Taxis versucht das lokale Unternehmen, den Amerikanern das Wasser abzugraben. Für Vytautas ist es heute sein erster Tag im Taxi. Das merkt man auch.

Er kennt Wilna kaum und verfolgt jede Biegung am Mobiltelefon. Auf Litauen ist er nicht gut zu sprechen. »Hier wartet niemand auf uns. Es gibt einfach kein Geld. Und von den normalen Gehältern kann man weder leben noch sterben. Ich will mit meiner Freundin zusammenziehen. Deshalb habe ich mich hinters Steuer gesetzt. Irgendwie muss es ja gehen.«

Das Irgendwie gilt auch für seinen Fahrstil. Anders als er kennen die Wilnaer Taxifahrer, die vor 1991 geboren wurden, jede Straße in ihrer Stadt und sprechen alle Sprachen der Gegend. Das Jahr 1991 war eine Zeitenwende: Davor kam man mit Russisch weiter, seither scheint nur noch Englisch zu zählen.

Auf den ersten Blick schien das rein politisch motiviert zu sein: Die Litauer richteten ihren Blick stur nach Westen und wandten sich ab von der Sprache der langjährigen Besatzer. Doch von den älteren Wilnaer Taxifahrern höre ich eine andere, einfachere Erklärung. »Die meisten Leute hier wohnen in den Neubauvierteln am anderen Ufer des Flusses«, erklärt mir der polnische Fahrer Andrzej auf Russisch. »In den weiten Höfen dieser Siedlungen haben wir unsere ganze Kindheit verbracht. Die Eltern waren auf Arbeit, und wir haben draußen rumgetobt. Bei uns hat jedes Schlüsselkind spielend alle Sprachen gelernt. Ich war in einer russischen Schule, aber Litauisch habe ich auf dem Hof gelernt. Und andere, die zu Hause und in der Schule Litauisch sprachen, haben eins, zwei, fix Russisch auf dem Hof gelernt.« Ein Wilnaer Taxifahrer aus der Zeit vor Uber spricht selbstverständlich auch Polnisch.

Es scheint verhältnismäßig viele polnische Taxifahrer zu geben, gemessen am statistischen Anteil dieser Minderheit in Wilna, der etwa bei 20 Prozent liegt. Nach dem Abschluss an polnisch- und russischsprachigen Schulen haben sie wahrscheinlich schlechtere Chancen in anderen Berufen. Zwar ist es ein sehr eigenwilliges Polnisch, das von belarussischer Grammatik und Syntax durchdrungen ist und bei Warschauer Bildungsbürgern eher für Rührung als für Begeisterung sorgt. Doch die

Kumpels von Andrzej haben bis in die frühen neunziger Jahre eben nicht nur Litauisch und Russisch auf dem Hof gelernt, sondern auch Polnisch – wenigstens ein paar Brocken. Nichts ist ausdrucksstärker, als die russischen und polnischen Kraftausdrücke in längeren Ketten von Verwünschungen aneinanderzureihen. Vor allem, wenn man Taxifahrer ist und am späten Nachmittag im Stau steht.

Die Sprachenschule der Zeit vor 1991 war die Straße. Und der Schlüssel zur sowjetischen Mehrsprachigkeit waren weniger die Schulen, die offiziell in der Muttersprache der Schüler und auf Russisch unterrichteten, als der Freiraum, den die Kinder hatten, weil ihre Eltern tagsüber industrieller Arbeit nachgingen. Viele von ihnen hatten weder Zeit noch Ambitionen, die Kinder am Nachmittag zu betreuen oder sie von Zirkel zu Zirkel zu eskortieren, die es auch damals gab. Natürlich sprach nicht jedes Kind alle drei Sprachen gleich gut. Die Jugendlichen vermischten Litauisch und Russisch miteinander – sehr zum Leidwesen der litauischen Sprachaufsichtsbehörden. Das Nebeneinander und Durcheinander von Polnisch, Russisch und Litauisch war bis 1991 etwas ganz Normales, besonders für die Hauptstadt dieser Sowjetrepublik, weil hier die polnische Minderheit aus dem Umland, russischsprachige Migranten aus der gesamten Sowjetunion und Litauer aus ganz Litauen zusammenkamen.

Diese Konstellation veränderte sich nach dem Ende der Sowjetunion kaum, doch die meisten Eltern versuchten nun, ihre Kinder vom vermeintlich schlechten Einfluss des mehrsprachigen Hinterhofs fernzuhalten. Seit Mitte der neunziger Jahre nahm der Autoverkehr rasant zu. Die Höfe, die noch vor wenigen Jahren die Spielstube ganzer Generationen waren, galten nun als gefährlich, und Schlüsselkinder wurden zu Schmuddelkindern. Der systematische, von den eigenen Eltern organisierte Diebstahl einer Kindheit, die noch frei gewesen war von Sport-, Kreativ- und Nachhilfestunden, zeigte schon eine Generation später Wirkung. Die neuen Taxifahrer sind heute oft nicht mehr dreisprachig. Die integrative Wirkung des Hinterhofs gilt nur noch für diejenigen, deren Eltern nicht am Wettlauf um die durchorganisierte Zukunft der Kinder teilnehmen können.

Der erste September

Nach einem Jahr in der Vorschule wird Sophie im Europa-Garten eingeschult. Alle Gäste sind besonders festlich angezogen, nur die Eltern aus Deutschland fallen durch fehlende Absatzschuhe und Krawatte auf. Der Schulgründer strahlt. Sein Projekt ist fertig geworden. Das erste Passivschulgebäude im Baltikum – aus Lehm und Stroh, mit Lichtschächten und neuen LED-Panelen. Der Europa-Garten wächst von Jahr zu Jahr. Nun bietet er genügend Platz für Kindergarten, Vorschule und vier Klassenstufen. Weitere sollen folgen.

Die Eltern und Großeltern finden noch Platz in der kleinen Turnhalle. Die Zeremonie beginnt mit der litauischen Hymne. Alle stehen auf. Eglė, die große Direktorin mit der schwarzen Brille, hält eine festliche Ansprache: »Ich danke unseren Schülern, Lehrern und auch den Eltern dafür, dass wir den Europa-Garten gemeinsam zu einer besseren Schule machen können.«

Die Schüler treten einzeln nach vorne und erhalten einen vom Staat herausgegebenen litauischen Schülerpass und einen kräftigen Händedruck von Eglė. Im Pass finden sie den Text der Hymne, die Ahnentafeln der Großfürsten Gediminas und Vytautas sowie eine Übersicht der vier ethnischen Regionen Litauens – darunter auch die Suvalkija, deren Dialekt sich unsere Tochter angeblich nach einem Jahr in der Vorschule angeeignet hat.

Nun bin ich an der Reihe. »Bei uns in Deutschland ist es üblich, den Kindern zum Schulanfang eine Zuckertüte zu schenken, deshalb bekommt Sophie heute eine große von uns. Für alle neuen Mitschüler haben wir kleine Zuckertüten vorbereitet.« Besondere Rührung ruft nicht nur mein gebrochenes Litauisch hervor, sondern ein Beweisfoto, das meine Großmutter Ursula 1933 bei der Einschulung in Görlitz mit Zuckertüte zeigt. Die Begeisterung über die Tüten hält sich hingegen in Grenzen.

Sophie verschwindet mit ihrer neuen Lehrerin Dalia im Klassenraum aus Lehm. In der ersten Unterrichtsstunde gestaltet sie mit ihrer Klasse ein bunt geschmücktes Netz. Zusammen mit dem Gewebe anderer Klassen wird es Teil einer großen Textilinstallation. Der Europa-Garten legt Wert auf gemeinsame Projekte, in denen eine Gemeinschaft zwischen den vier Klassenstufen entsteht. Währenddessen stehen die Eltern unentschlossen auf dem Korridor herum.

Vorsichtig versuche ich mit ihnen ins Gespräch zu kommen, aber selbst die kontaktfreudigsten Eltern wirken noch schüchtern. Immerhin finde ich heraus, dass ein litauisches Paar sich auf Direktmarketing spezialisiert hat. Sie finanzieren die Schulgebühren im Europa-Garten mit dem Verkauf von Lebensmittelzusätzen mit Omega-3-Fettsäuren in Slowenien und Serbien. Ein anderes Paar betreibt einen englischsprachigen Newsletter-Dienst, der ihnen erlaubt, zwei bis drei Monate im Jahr in einem Land ihrer Wahl zu leben. Zuletzt war es Kolumbien. Ein Mexikaner beantwortet in einem Call-Center Kundenanfragen aus der ganzen Welt auf Englisch und Spanisch, seine Frau ist Zahnärztin.

Die Kindergarten- und Schulgebühr ist pro Kind so hoch wie mein Ortsgehalt an der belarussischen Exiluniversität. Wir können unsere Kinder in den Europa-Garten geben, weil wir vom DAAD mit Mitteln des Auswärtigen Amts unterstützt werden. Die Regelungen orientieren sich an den Kinderbetreuungskosten in Berlin-Mitte. Um die Kinder aus Migrantenfamilien möglichst früh zu betreuen, sind dort die letzten Jahre im Kindergarten gebührenfrei. Als Migrantenfamilie in Litauen schicken wir unsere Kinder in den Europa-Garten, damit wenigstens sie fließend Litauisch lernen.

Unter den anderen Eltern sind Geschäftsleute, Rechtsanwälte und Angestellte internationaler Berater- und Steuerprüfergesellschaften. Besonders viele Frauen sind erfolgreiche Unternehmerinnen, die ihre Kinder in den Europa-Garten geben, damit sie gut auf das Gymnasium vorbereitet werden. Viele Eltern träumen davon, dass ihr Nachwuchs einst die Aufnahmeprüfungen im Jesuitengymnasium besteht. Notfalls geht auch das Vilniaus Licėjus. Die erfolgreichen Eltern haben klare Vorstellungen davon, wie es auch ihre Kinder schaffen werden. Es muss schon ein Studienplatz an der Universität Wilna sein. Doch diese sind begehrt. Deshalb gilt es, die Kinder optimal vorzubereiten. Die Direktorin Eglė sagt: »Bei uns steht das Kind im Mittelpunkt.«

Das ausgefeilte pädagogische Konzept richtet sich gegen die Bevormundung und die strenge Hierarchisierung des Lernens an den staatlichen Schulen. Im Europa-Garten zählen Schule und Kindergarten zusammen 150 Kinder; sie werden von 45 Erwachsenen betreut. Eigentlich ein Grund zur Gelassenheit. Doch die Anspruchshaltung der Eltern ist schon bei der Einschulungsfeier mit Händen zu greifen. Der Europa-Garten ist für viele von ihnen eine Nahkampfzone um die Zukunft ihrer Kinder. Und so sieht auch der Stundenplan von 8.30 bis 16.30 aus: Litauisch, Sachkunde, Mathematik, Tanzen und Musik auf Englisch, Deutsch als Fremdsprache, Schach, Theater, Keramik, japanische Kampfkunst statt Sport. Robotics wird wenig später auf Druck der Eltern eingeführt – das Programmieren von bunten Legoraupen gilt ihnen als Sinnbild der Zukunft.

»Das Niveau des Angebots ist hoch, und die Anforderungen an unsere Kinder im 21. Jahrhundert sind heute noch höher«, er-

klärt Eglė. »Es geht darum, alles Mögliche auszuprobieren, anzu-
fassen und selbst zu programmieren. Deshalb sind wir dankbar,
wenn Sie uns 2 % Ihrer Einkommenssteuer zur Verfügung stellen. Wir werden im Laufe des Jahres einen neuen Sportplatz an-
legen, auf dem man Basketball und Fußball spielen kann.«

Eltern und Schulleitung sind sich einig, dass die Kinder sich
an einer öffentlichen Schule nicht voll entfalten können. Vielleicht zu einem späteren Zeitpunkt. Doch für die Kinder im
Europa-Garten hat die Zukunft schon begonnen. Ihre Eltern haben keine Zeit, auf Veränderungen im staatlichen Schulsystem
zu warten. Deshalb investieren sie jeden Monat Hunderte von
Euro in ihr Kind. Nicht alle Familien im Europa-Garten können sich das leisten. Sie machen nur Urlaub bei den Großeltern,
weil alles frei verfügbare Geld in die alternative Bildung fließt.
Wer die Zukunft schon heute erleben will, muss Prioritäten setzen.

Wenn die Direktorin Eglė nachdenklich mit den Eltern über
die Zukunft spricht, klingt sie besonders solidarisch: »Wir be-
nötigen Ihre Hilfe, weil wir neu sind, aber wir lieben unsere Arbeit sehr. In der Regel gibt es in jeder Gruppe ein bis zwei Kinder,
die die Aufmerksamkeit auf sich ziehen, aber man muss die Kinder als Gesamtheit betrachten, sie sind immer auch Teil der
Gruppe.« Die Direktorin will im neuen Litauen Gemeinschaft
erlebbar machen, aber die Eltern sehen nur ihr eigenes Kind
und seine Zukunft. Die Gruppe als Kollektiv – dieser Gedanke
ist kontaminiert von der sowjetischen Erfahrung erzwungener
Gemeinsamkeit. Der Wettlauf im Litauen des 21. Jahrhundert
ist das Wettrennen Einzelner, die im Streit um die knappen Ressourcen gegeneinander antreten. Die Ironie: Programmieren
funktioniert heute vor allem im Kollektiv.

Sophie lernt im Europa-Garten beides kennen: ein freundliches Kollektiv von Lehrern, die jedes Kind kennen und auf seine Bedürfnisse einzugehen versuchen, und den Wettbewerb der

Einzelnen. Er ist auch im Europa-Garten in Form von Olympi-
aden organisiert, die mich sehr an meine Kindheit in der DDR
erinnern. Statt der Russisch-Olympiade der Jungen Pioniere
gibt es nun die Känguru-Olympiade in Englisch. Ganz wichtig:
Es gibt Urkunden für alle Teilnehmer. Und Urkunden kann
man sich eingerahmt an die Wand hängen. Sie sind die Währung, in der gesellschaftliche Anerkennung in Litauen zum Ausdruck gebracht wird – vor 1991 und danach.

Am Freitag dürfen die Kinder mitbringen, wonach ihnen der
Sinn steht. Dass die Schüler die alten iPads und iPhones ihrer
Eltern »erben«, ist im Europa-Garten völlig normal. Die Schüler,
die sich gut benommen haben, dürfen zur Goldenen Stunde mit
dem iPad spielen. Sophie ist sehr unglücklich, weil sie nach zwei
Jahren für den Schulweg nur ein ausrangiertes Nokia-Telefon
bekommt, auf dem Viber nicht läuft. Ihre Freundinnen chatten
über dieses Programm nach der Schule. Weil immer wieder einzelne Schüler ausgeschlossen werden, weist die Direktorin nochmals darauf hin: »Es müssen immer alle Kinder aus der Klasse
zu Geburtstagsfeiern eingeladen werden, damit sich keine Cli-
quen bilden.« Die Ansage sorgt für Unruhe bei den Eltern.

Was den ehrgeizigen Eltern an den Prinzipien des Europa-
Gartens missfällt, ist das Fehlen des strengen Regimes, wie es
an den meisten anderen Einrichtungen in Wilna herrscht. Immer wieder fragen sie nach: »Warum werden meinem Kind keine Grenzen gesetzt?«

Die Kinder kommen im Europa-Garten gut zurecht, denn er
funktioniert wie eine Oase, in der es nicht nur das binäre sowjetische Erziehungssystem gibt. Dort gibt es keine Abstufungen
zwischen *Šaunuolė* für Prachtkerlchen oder *Negalima* für Verbote. Die Probleme tauchen zu Hause auf – am Ende der langen
Schultage. Trotz der Entscheidung für den Europa-Garten erwarten die Eltern Gehorsam von ihren Kindern. Sie sollen
Prachtkerle sein, halten sich aber an keinerlei Verbote mehr.

Dass die Eltern viel Geld dafür bezahlen, dass ihre Kinder nicht mehr spuren, wollen manche einfach nicht verstehen. Denn ohne Disziplin kein Jesuitengymnasium. Ohne Jesuitengymnasium keine Zukunft.

Das Gute am Europa-Garten ist, dass Eltern mit dieser Haltung meist nach kurzer Zeit die Schule wechseln.

Markt der Nationen

Überall im Garten flattern kleine Flaggen. Japan, USA, Mexiko, Australien, Spanien, Ukraine, Großbritannien, Russland, Deutschland. Die Welt ist im Europa-Garten: Fast alle europäischen Flaggen sind dabei. Nur die belarussische fehlt. Deutsche, ukrainische, japanische und mexikanische Eltern werden aufgefordert, typische Nationalgerichte vorzubereiten. Auch polnische und russische Großeltern gestalten den Markt der Nationen mit Liedern und Tänzen. Vom Europa-Garten sind es 22 Kilometer bis zur belarussischen Grenze. Doch das Land jenseits der EU-Außengrenze scheint weiter weg zu sein als Großbritannien.

Während im Kindergarten offiziell weder Polnisch noch Russisch gesprochen wird, sind Russland und Polen beim Markt der Nationen mit eigenen Ständen und Beiträgen vertreten. Es ist leichter, sie sich als externe Kulturen auf einer Ebene mit Deutschland, Japan und Mexiko vorzustellen. Entsprechend ist die jüdische Kultur gänzlich nach Israel ausgelagert, als gäbe es in Wilna keine litauisch-jüdische Vergangenheit. Das Verfahren hilft, vermeintlich fremde Kulturen nicht als Teil der eigenen litauischen Gesellschaft, Kultur und Geschichte verstehen zu müssen.

Vordergründig ist der Markt der Nationen ein Fest der Toleranz und der Völkerfreundschaft. Die Präsentation wird als bunte Reise durch die Länder dieser Welt angekündigt: Es gibt

selbstgemachte Donuts von einer amerikanischen Diplomaten-
familie, Piroschki von der russischen Großmutter, mexikani-
sches Tapas-Fingerfood, eine andere deutsche Familie ringt
sich zu einem Kartoffelsalat durch, wir bringen Buletten mit.
Eine Familie, die für Italien zuständig ist, kommt auf die pfif-
fige Idee, per Telefon Pizzen zu bestellen, eine Mutter trägt ein
ukrainisches Kleid mit rotem Stickmuster, die Kinder aus einer
litauisch-japanischen Ehe sind in japanischer Tracht gekommen. Obwohl im Alltag von Kindergarten und Schule das Hy-
bride, Gemischte und Widersprüchliche präsent ist, wird heute
im Europa-Garten eine Welt der säuberlich getrennten Natio-
nalkulturen zelebriert.

Höhepunkt ist eine musikalische Aufführung, in der jede
Gruppe aus dem Kindergarten für zwei Nationen zuständig ist.
Leanders Kastanien-Gruppe hat Deutschland und Israel übernommen – ein Kastanien-Mädchen hat einen jüdischen Urgroß-
vater. Damit es eine überzeugende Einlage wird, basteln die Kinder Kippot und Deutschlandflaggen aus Papier. Beim Einüben
der Musikbeiträge erlaubt sich Elisabeth als Deutschlehrerin
einen Spaß: Das israelische Regenlied singen die Kastanien-Kin-
der auf Deutsch – nach einer CD der Kinder von der Berliner
Kita am Kleistpark. Damit aber beide Nationen repräsentiert
sind, wird das Lied erst gesungen und dann noch mal gesondert
getanzt.

Die Ahorn-Gruppe, zu der die Tochter unserer amerikanischen Nachbarn gehört, soll die USA und Mexiko darstellen.
Zum Glück hat Juozas einen mexikanischen Vater, der die
Gruppe mit Sombreros und anderen authentischen Utensilien
ausstattet. Aber wie die USA glaubhaft darstellen? Die Erzieherinnen kommen auf eine brillante Idee: Alle Kinder werden mit
Federn und Kriegsbemalung als Indianer geschminkt und singen das Lied vom kleinen Indianer. Unsere amerikanische Nachbarin versinkt vor Scham im Boden. In den USA steht das Lied

längst auf dem Index der Political Correctness. Auf dem Markt der Nationen wird laut geklatscht.

Besonderen Spaß bereitet den Kindern, das russische Lied »Denn Geburtstag hat man leider nur einmal im Jahr« zu trällern. Mein Sohn intoniert es noch Monate später mit Freude. Doch die meisten Eltern finden die russische Einlage gar nicht lustig. Die Eltern verweigern geschlossen die Fröhlichkeit, obwohl sie das Lied noch in guter Erinnerung haben.

Kampf dem Mischmasch

Dass die Lehrer durchgehend entweder Litauisch, Englisch oder Deutsch sprechen, obwohl hier fast alle Litauer sind, gehört zum Konzept des Europa-Gartens. Der Historiker Saulius spricht den ganzen Tag Englisch – auch mit den Eltern am Schulbus. Er unterrichtet in der Schule Sachkunde und Geschichte. Malina Schiller, eine aus Kasachstan stammende Russlanddeutsche, die aus Braunschweig zu ihrem litauischen Mann gezogen ist, spricht konsequent Deutsch – im Alltag der Kindergartengruppe, beim Kinderyoga und beim Musizieren. Sophies Lehrerin Dalia hat zuvor an einer Grundschule in England unterrichtet. Nun lernen ihre litauischen Schüler ein lebendiges British English. Das Konzept des Europa-Gartens geht auf: Unsere Kinder lernen schnell, mit wem sie welche Sprache sprechen, und der Schulalltag bietet genügend Situationen, um Litauisch, Englisch und Deutsch aktiv anzuwenden. Selbst wenn die Sprachen nicht von Muttersprachlern gesprochen werden, kommen Sophie, Leander und Emilia mit dem alltäglichen Litauisch und Englisch der Lehrerinnen und Lehrer viel besser zurecht als mit einem traditionellen Sprachunterricht, der sie mit Wortschatz, Grammatik und Syntax quälen würde. Das Konzept geht auch deshalb auf, weil genügend junge und gut ausgebildete Litauer in den 2000er Jahren nach England gegangen sind und nun mit gutem Englisch nach einem Job in Wilna suchen. Für viele von ihnen ist der Europa-Garten eine Alternative zum Taxifahren und zur Arbeit an staatlichen Schulen. Damit werden die Ressourcen Migration und Remigration am Europa-Garten sinnvoll eingesetzt, aber auch zum Wohle weniger privatisiert. Unsere Kinder sind in Litauen privilegiert, weil sie zu diesen wenigen gehören.

Russisch und Polnisch hören die Kinder nur, wenn Kollegen zu Besuch kommen. Im Europa-Garten werden diese Sprachen weitgehend von ihnen ferngehalten. Die Frauen in der Küche wechseln zwischen drei Sprachen hin und her. Dabei kommt die typische Mischung zustande, die vielen hier als unzulänglich gilt. Die Direktorin hat ihnen unmissverständlich signalisiert: Mit den Kindern soll nur Litauisch gesprochen werden.

Eines Tages – die russische Annexion der Krim liegt einige Monate zurück – kommt ein sechsjähriger Junge in die Küche. Er ist so schockiert, dass die Frauen untereinander das slawische Mischmasch der Gegend sprechen, dass er ihnen laut zuruft: »Ihr dürft nicht die Sprache unserer Feinde sprechen!« Die Frauen sind schockiert. Sie leben im Nachbardorf, wo schon immer so gesprochen wird. Doch sie schweigen, weil sie sich für ihre eigene Sprache schämen.

Als Leander in die Vorschule kommt, nehme ich mir fest vor zu fragen, warum die Küchenfrauen während der Essenausgabe nicht einfach Russisch mit den Kindern reden, wenn es gleichzeitig auch Kinderyoga auf Deutsch und Robotics auf Englisch gibt. Eglė stellt auf dem Elternabend das neue Team vor. Eine Lehrerin wird Englisch sprechen und eine Litauisch. Am Ende frage ich vorsichtig: »Würden Sie in Zukunft Russisch und Polnisch in das Sprachenkonzept der Schule aufnehmen?« Die Direktorin fühlt sich angegriffen, straft mich mit einem strengen Blick und holt aus: »Der Rahmenlehrplan des Bildungsministeriums sieht eine zweite Fremdsprache erst ab der

5. Klasse vor, und das, was wir hier probieren, läuft schon konträr zu dieser Linie. Deshalb können wir nicht noch eine weitere Fremdsprache einführen. Außerdem möchte ich ganz ehrlich sagen, dass wir über Russisch nachgedacht haben, aber davor zurückschrecken, weil wir keine neuen Russen im Europa-Garten haben wollen. Uns hat das Beispiel der International School abgeschreckt, die, seit so viele Russen da sind, einen ganz schlechten Ruf hat wegen der vielen verwöhnten Kinder und Eltern. Für uns ist wichtig, dass wir grundlegende Werte mit den Eltern unserer Schüler teilen.«

Kleinlaut verzichte ich darauf, ihr zu sagen, dass ich das für eine Beleidigung all derer im Europa-Garten halte, die im Alltag Russisch sprechen. Ich frage auch nicht, wo die Eltern sind, die heute fehlen, weil sie entweder arbeiten oder es nicht wichtig genug finden, die neuen Lehrerinnen ihres Kindes kennenzulernen.

»Ja, ich verstehe, dass es nicht so einfach ist, Russisch als neue Gruppensprache einzuführen«, sage ich stattdessen. »Aber ich habe mich gefragt, ob nicht diejenigen, die im Alltag ohnehin Russisch, Polnisch und Litauisch sprechen, ob sie nicht eine dieser Sprachen sprechen könnten. Mein Sohn wurde ja mit drei, vier Jahren im Bus auch auf Englisch angesprochen, obwohl er zu diesem Zeitpunkt in einer deutsch-litauischen Gruppe war.«

Die Direktorin fühlt sich frontal angegriffen. Sie wendet sich ab und spricht nur noch zu den anderen Eltern: »Also wer Russisch haben will, kann ja in Vilnius auf eine andere Schule gehen, da gibt es viele Einrichtungen, die das anbieten, das Gleiche gilt für Polnisch, da haben wir extra Schulen. Wir wollten mit unserem Konzept für Zweisprachigkeit die Sprachen einbinden, die neu sind bei uns, deshalb bieten wir Englisch und Deutsch an. Und wissen Sie, unsere Frauen in der Küche mischen die Sprachen so fürchterlich, dass eine Halbsprache herauskommt, der Slang der Underdogs aus der Umgebung von Vilnius. Und das können wir unseren Kindern wirklich nicht zumuten.«

Ich kapituliere. Es dürfte noch Jahre, wenn nicht Jahrzehnte dauern, bis Russisch zu einer Sprache wird, die auch in der Europäischen Union für Zukunft steht. Die Direktorin verabschiedet sich nur im Vorbeigehen von mir. Die anderen Eltern gehen, ohne sich zu verabschieden. Auch die Eltern von Sascha, dessen Großeltern Russisch sprechen. Natürlich hat jeder eine Meinung zu diesem Thema, aber sie wird nicht in der Schule diskutiert. Schon gar nicht mit anderen Eltern. Doch wie früher die Taxifahrer auf dem Hinterhof lernen auch die Kinder auf dem Hof des Europa-Gartens das kleine Einmaleins des Fluchens auf Russisch und Polnisch. Zu Hause posaunt Leander freudestrahlend die stärksten Schimpfworte in beiden Sprachen heraus: »Niechuja sebie, Kurwa!«

Die Hinrichtung

Immer wieder erzählen Eltern, dass am Ende des Weges die Überreste einer historischen Erschießungsstelle liegen. Folgt man der Chaussee, kommt man zur grünen, aber gut gesicherten Grenze zwischen Europäischer Union und der Republik Belarus. Als wir vom Kindergarten nach Hause fahren, ist schon von weitem ein großes schwarzes Auto mit belarussischem Nummernschild zu sehen. Drei Männer stehen, einer kniet.

Der erste Gedanke: Eine Hinrichtung! Mehr als zweihundert von sowjetischen Gerichten zu Tode verurteilte Litauer wurden bis 1991 in Belarus hingerichtet. Zunächst außerhalb von Minsk an einem geheimen Ort, später in einem Gefängnis in der belarussischen Hauptstadt. Die Gesetzgeber der freien Republik Litauen behielten bis 1998 die Todesstrafe bei. In den fünf Jahren, in denen sie ausgeführt wurde, vollstreckten Mitarbeiter des Lukiškės-Gefängnisses die Todesstrafe siebenmal. Die juristische Prozedur schrieben litauische Strafvollzugsexperten 1991 einfach bei ihren Minsker Kollegen ab. »Warum das Rad immer wieder neu erfinden«, erklärte ein Verantwortlicher später. So wurden in Litauen noch Jahre nach dem Ende der Sowjetunion Menschen hingerichtet. Heute ist das Land zum Glück in der Europäischen Union, sonst würde im Wahlkampf sicher auch die Wiedereinführung der Todesstrafe diskutiert werden, um das Sicherheitsbedürfnis der Bürger in Anbetracht der Anschläge im Westen Europas zu stimulieren. Und nun haben drei Männer diese Schotterpiste gewählt, um ihren Geschäftspartner hinzurichten. Oder ist es ein politischer Gegner?

Hinter uns folgen weitere Autos. Da wir nicht allein sind, fahren wir langsam weiter. Je näher wir kommen, desto dichter rücken die drei Männer zusammen. Es gibt keinen Hinzurichtenden. Ihr Kompagnon hat beschlossen, am Feldweg direkt hinter der belarussisch-litauischen Grenze zu scheißen. Unsere Fahrzeugkolonne heißt ihn erleichtert mit einem Hupkonzert in der Europäischen Union willkommen.

4

Wilna – Alytus – Utena – Mažeikiai

Die Fahrschule »Turboschildkröte« kämpft mit der Autoakademija um die Fahrschüler der litauischen Hauptstadt. Die Grundausbildung kostet 315 Euro. Die Gebühren für die theoretische Prüfung betragen 10,14 €, für die praktische 31 €.

Das verlorene Telefon

Gintautas holte mich mit seinem alten Opel vom Flughafen ab. Sein Händedruck fühlte sich an wie das Einsinken in ein Stück Butter. Gintautas schwitzte vor Aufregung. Er und ich würden das Zentrum für Deutschlandstudien an der belarussischen Exiluniversität in Wilna aufbauen. Seine Qualifikation: ein Studium der evangelischen Theologie und eine nicht abgeschlossene Promotion über Peter Sloterdijk. Meine Qualifikation: eine Kindheit in der DDR und eine Promotion über die Folgen der zweifachen deutschen Besatzung der litauisch-polnisch-jüdischen Stadt Grodno. Ich freute mich, einen Mitstreiter für das aberwitzige Unterfangen gefunden zu haben. Es schien mir dennoch etwas verwegen, zu große Erwartung an Deutschlandstudien an der Exiluniversität zu haben. Gintautas war ähnlich wie der Rektor Michailow ein bekennender Anhänger der deutschen Geistesgeschichte. Deshalb vereinbarten wir eine klare Arbeitsteilung. Ich konzentrierte mich auf inhaltliche Verbindungen zwischen Deutschland, Litauen und Belarus und die Entwicklung von didaktischen Methoden, wie man in einem fünfsprachigen Umfeld auf Deutsch sinnvolle Seminare gestalten kann. Und Gintautas übernahm den Kontakt zu Anatoli Michailow und damit die breite Flanke der deutschen Philosophiegeschichte, oder wie Gintautas sagt: des deutschen Denkens.

Tagelang saßen wir in einem zwanzig Quadratmeter großen Raum, der das Zentrum für Deutschlandstudien werden sollte, und tauschten Ideen aus. Große Ideen. Gintautas' älterer Bruder ist der größte Theaterregisseur Litauens. Er selbst sitzt zwar noch an seiner Dissertation über den ebenso großen Sloterdijk, aber die Sehnsucht, selbst etwas Überragendes zu schaffen, war nicht zu übersehen. In unseren Gesprächen entstanden Ideen für abendfüllende Theaterprojekte mit deutschen Originaltexten, eine große Sloterdijk-Konferenz und einen neuen russisch-sprachigen Studiengang Kritische Theaterwissenschaften. Die großen Themen der deutschen Geistesgeschichte und die kleinen Probleme des litauischen Alltags lagen in den nie enden wollenden Kaffeepausen erstaunlich nah beieinander. Immer mehr Kolleginnen aus der Verwaltung der Universität begleiteten uns aus Solidarität auf dem langen Weg vom Wort zur Tat. Die Qualität des Kaffees – ich hatte aus Deutschland eine Kaffeemaschine mitgebracht – sprach sich schnell herum. Meine bisher wichtigste Tat für diese Universität war, einen Ort zu schaffen, an dem die Kolleginnen sich gerne trafen, um miteinander zu reden. Doch wie beginnt man den Kampf um die Zukunft der deutschen Sprache im Baltikum? Die blendend aussehende Qualitätsmanagerin der Universität und die strenge, aber stets kokettierende Aufseherin des wissenschaftlichen Sektors harrten für eine gefühlte Ewigkeit im Zentrum für Deutschlandstudien aus. Auf Russisch plauderten sie mit Gintautas über den richtigen Brühvorgang von in Italien gerösteten afrikanischen Kaffeebohnen und andere Nebensächlichkeiten des Lebens.

Immer wenn es ernst wurde und das Verfassen einer E-Mail kurz bevorstand, wurde Gintautas unruhig, schob seinen Bürostuhl hin und her. Zur Sicherheit fragte er noch mal nach, wie er sie verfassen soll. Dann griff er zum Telefon und rief einen seiner vielen Hundert Kontakte an, um sich nach dem neusten Stand der Dinge zu erkunden. Ich lernte dank Gintautas innerhalb von wenigen Wochen, dass man hier die wirklich wichtigen Fragen des Lebens stets persönlich oder zumindest mündlich klärt. Das ging so lange gut, bis Gintautas sein Handy verlor. Eine Kopie des Telefonbuchs gab es nicht. Ohne Telefonbuch ging gar nichts mehr. Die Folgen waren gewaltig. Seine Freunde konnten keinen Rat mehr bei ihm suchen. Gintautas konnte sich bei den Kollegen nicht nach dem neuesten Theaterstück erkundigen. Und auch sonst passierte wenig.

Auch außerhalb des Zentrums für Deutschlandstudien läuft im litauischen Alltag nichts ohne Mobiltelefon. Die Sprechstundenhilfe im Krankenhaus nimmt einen Anruf ihrer Freundin entgegen, während Patienten im Arztzimmer sitzen. Immerhin geht sie zum Telefonieren in den Flur. Der Fahrer im Marschrutka-Bus klärt im dichtesten Nachmittagsverkehr am Handy mit seinem Kompagnon die Arbeitszeiten der kommenden Tage. Und meine Studentin findet es ganz selbstverständlich, dass sie während des Seminars ans Telefon geht, um ihre Mutter laut darüber zu informieren, dass sie jetzt Unterricht hat.

Jeden Tag kam ich erneut ins Staunen, wenn Gintautas eine Fülle privater Anrufe während der Arbeitszeit annahm. Ich dachte dann: Gut, dass ich noch nicht genug Litauisch kann, um genau zu verstehen, worum es gerade geht. Es klang meistens wie eine Mischung aus Informationsaustausch über anstehende Veranstaltungen und Beratungsgespräche in persönlichen Lebenskrisen, durchzogen von Beschwerden über die Folgen der spätkapitalistischen Wirtschaftsordnung für das Individuum. Alle konnten meinen Kollegen jederzeit erreichen, und er hörte stets bereitwillig zu. Klar, dass auf diese Art der telefonische Bekanntenkreis immer weiter wuchs. Und ich akzeptierte, dass es in Litauen scheinbar kein Problem ist, ausgedehnte persönliche Gespräche in der Arbeitszeit zu führen. Das lag sicher auch an der geringen Bezahlung. Aber wie konnte es sich mein Kollege leisten, selbst Dutzende Gespräche zu führen? Diese Frage beschäftigte mich, bis ich zum ersten Mal selbst einen litauischen Mobilfunkvertrag abschloss: Eine Flatrate für alle litauischen Gespräche kostete nur ein Viertel eines ähnlichen deutschen Angebots. Eine Kollegin erklärte mir den Unterschied mit der großen Konkurrenz skandinavischer Anbieter im Baltikum. Es muss aber auch ein Anzeichen dafür sein, dass die Preise in Deutschland viel zu hoch sind. Immerhin verstand ich nun das omnipräsente Mobilfunkgespräch ganz anders: Man bespricht alles am Telefon, weil es nichts kostet. Und wer zwei oder drei Jobs gleichzeitig hat, muss irgendwann zwischendurch auch die privaten Angelegenheiten klären.

Ich fand es angenehm, für einen scheinbar kulturellen Unterschied einen so handfesten Grund wie die Kosten eines Mobilfunkvertrages zu finden. Doch ich machte noch eine Beobachtung: Die litauische Gesellschaft lebt heute in Städten mit Glasfaserkabeln, die schnellere Internetverbindungen ermöglichen als in vielen deutschen Gemeinden. Die meisten Litauer sind erst in dritter, oft erst in zweiter Generation Großstadtbewohner. Dort wo ihre Großeltern herkommen, wurde stets alles Wichtige nur mündlich weitergegeben. Es gibt heute Hunderte Verlage in Wilna, und die Buchmesse ist das beeindruckende Massenfest einer gebildeten, modernen Gesellschaft, in der gedruckte Texte relevant sind. Zehntausende Menschen kommen aus dem ganzen Land nach Wilna, um sich auf der Messe mit Lektüre für das ganze Jahr einzudecken und ihre Lieblingsautoren zu treffen. Und doch blieb das Hauptmedium der Kommunikation das vertrauliche Gespräch: in der Kaffeerunde morgens zu Arbeitsbeginn, im engsten Kreis der Familie und am Mobiltelefon. Der sichtbarste Beleg, dass auch Wilna eine Stadt der Migranten vom Dorf ist, sind die langen Wochenenden, an denen die Hauptstadt wie leergefegt ist, weil sich fast alle auf den Weg zu den Häusern ihrer Vorfahren gemacht haben.

Sloterdijks Absage

Trotz dieser Einsichten in die Auswirkungen der neuesten litauischen Migrationsgeschichte auf das Arbeitstempo meines Mitstreiters endete die Phase der Freude über den geselligen Start des Zentrums für Deutschlandstudien genau in dem Moment, als ich begriff, dass ich mit sehr großer Wahrscheinlichkeit bei der Organisation der Seminare, Kolloquien und Workshops an der belarussischen Exiluniversität auf mich allein gestellt sein würde. Gintautas sammelte Kraft für zwei letzte Anläufe, um doch noch etwas zu tun: Im Winter lud er die Kollegen aus der Verwaltung ein, die in der Schule Deutsch gelernt hatten. Ein rührendes Bild: Litauer und Belarussen saßen in unserem Zentrum für Deutschlandstudien um den langen Konferenztisch und sprachen in ihrer Arbeitszeit laut die Wortgruppen nach, die Gintautas herausgesucht hatte. Darunter Sätze wie: »Das Mädchen ging in den Wald« und »Ich wünsche mir ein neues Auto.« Bereits zum zweiten Treffen fanden sich nicht mehr alle ein. Nach dem dritten Mal gab Gintautas das Arbeitsziel Endsieg der deutschen Sprache an der belarussischen Exiluniversität in Litauen weitgehend auf. Der Deutschzirkel schlief ein.

Da Gintautas immer erst länger über alles reden wollte und ich dafür weniger Zeit hatte, weil ich vier Seminare pro Semester gab und in ihm keine Unterstützung hatte, besann er sich darauf, was er studiert hatte. Im Frühling fand ich eines Tages an der Wandzeitung im Korridor ein Plakat mit Kirschblüten-motiv und dem Aufdruck auf Russisch: »Willst Du die Bibel lesen? Gesell Dich zu uns!« Zwei russisch-orthodoxe Kollegen aus Belarus, einige Katholiken aus Litauen und ihr evangelischer Schriftgelehrter Gintautas lasen nun jede Woche auf Russisch die Bibel und sprachen offen über den Sinn des Lebens im Lichte des Evangeliums. Das Zentrum für Deutschlandstudien wurde ganz ohne mein Zutun über Nacht zu einem ökumenischen Zentrum. Gintautas sei Dank – auch diese Initiative verlief sich nach wenigen Wochen.

Ich unternahm noch einen letzten Versuch, um Gintautas herauszufordern und etwas mehr deutsche Philosophie des 21. Jahrhunderts an die Universität zu bringen, und überredete meinen Mitstreiter, Peter Sloterdijk einzuladen. Vielleicht findet es der Philosoph rührend oder interessant, sein persönliches Gedankengebäude zu verlassen, um die Einladung eines litauischen Theologen an einer belarussischen Exiluniversität anzunehmen? Es gibt im Westen Europas Menschen, die sich ohne Honorar aus Neugierde auf den Weg an die diskursiven Peripherien der deutschen Philosophie machen. Der Bochumer Philosoph Bernhard Waldenfels hielt zuvor an der EHU einen Vortrag über die Philosophie der Aufmerksamkeit. Der Phänomenologe kam aus Verbundenheit mit den belarussischen Kollegen, die er noch in den 1990er Jahren in Minsk kennengelernt hatte. In Wilna war Waldenfels ein Star, weil seine Bücher hier gelesen werden. Peter Sloterdijk kannte in Litauen nur Gintautas. Obwohl er sich als Anhänger und Doktorand offenbarte, antwortete der deutsche Philosoph nicht auf seine Schreiben. Ich empfahl Gintautas: »Wenn du wirklich deinen leibhaftigen Forschungsgegenstand kennenlernen willst, setz alles auf eine Karte und versuch ihn persönlich zu überzeugen!« Gesagt, getan. Ryanair betrieb die Flugroute Wilna–Baden-Baden, und Gintautas schaffte es dank der christlichen Nächstenliebe der Kolleginnen in der Universitätsverwaltung und der Förderung vonseiten der Europäischen Kommission ein Flugticket für einen schönen Tag im Mai zu buchen. Der philosophische Handlungsreisende mit den großen Ideen fuhr entschlossen vom Flughafen nach Karlsruhe, wo Sloterdijk mit dem Ausbau seines großen Gedankengebäudes beschäftigt ist. Doch leider irrte sich Gintautas im Datum. Sloterdijk hatte am Tag zuvor auf ihn gewartet. Dem Schweißausbruch folgte eine angeregte Unterhaltung mit dem Assistenten des Philosophen über die deutsche Geistesgeschichte, ihre Stärken und ihre Zukunft. Kaffee heilt alle Wunden und so kehrte die personifizierte Zuversicht des deutschen Denkens in Litauen zwar unverrichteter, aber guter Dinge nach Litauen zurück.

Der Assistent hatte Gintautas Hoffnungen gemacht, dass Sloterdijk sich vielleicht doch noch auf den Weg an die kleine

Universität machen würde. Und Gintautas konnte nun ohne Druck zur Planung der nächsten Abenteuer übergehen. Er hatte in der Zwischenzeit der litauischen lutherischen Kirche den Rücken gekehrt und sich den Quäkern angeschlossen. Diese sind strukturell und personell nicht stärker als das Zentrum für Deutschlandstudien an der Exiluniversität. Also gab es immer etwas zu besprechen, am besten telefonisch. Bis die Absage von Sloterdijk kam. Seither promoviert Gintautas weiter über die geistige Architektur des großen deutschen Denkers. Dessen damaliger Assistent wird nur wenige Jahre später zum offiziellen Parteiphilosophen der Alternative für Deutschland. Ryanair strich die Verbindung Wilna–Baden-Baden. Und Gintautas wurde Geschäftsführer der Litauischen Gesellschaft für Zukunft e. V.

Die Trennung von Gintautas hatte einen ungeplanten Nebeneffekt. Ohne seine treuen Fahrdienste merkte ich schnell, dass auch ich mich emanzipieren musste. Längst hatte ich verstanden, dass es in einer Familie mit drei Kindern in einer autofixierten Gesellschaft auch für Geisteswissenschaftler aus dem nahen Ausland hilfreich ist, den Führerschein zu erwerben. Ich hielt es mit der Fahrausbildung so wie Gintautas mit der Arbeit im Zentrum für Deutschlandstudien. Statt mich in einer Fahrschule anzumelden und loszulegen, dachte ich mir immer wieder neue Fragen aus, denen man alternativ nachgehen könnte. Besonders brennend interessierte mich, warum der formelle Nachweis des Abschlusses der Fahrausbildung nur auf Deutsch Führerschein heißt. Dabei ist der Führer ja bekanntlich – dank der siegreichen Roten Armee – seit sieben Jahrzehnten tot. Aber der Führerschein gehört auch nach der gründlichen Selbstzerstörung Deutschlands und der Verwüstung weiter Teile Europas im 21. Jahrhundert noch immer zur bürgerlichen Grundausstattung der deutschen Gesellschaft. Freie Bürger, freie Fahrt! In allen anderen mir geläufigen Sprachen der Region heißt der

Schein einfach nur Recht aufs Fahren. Merkwürdig: In Deutschland der Führer, im östlichen Europa das Recht? Ich beschloss, statt diesen albernen Gedankenspielen nachzugehen, die verbliebenen Jahre in Litauen zu nutzen, um das Recht auf das Fahren eines PKWs mit manueller Schaltung zu erwerben. Auch um meiner Frau und meinen Kindern zu signalisieren, dass sich nicht alles in meinem Leben um die Geschichte eines Gefängnisses, die Erinnerung an den Zweiten Weltkrieg und die Gegenwart einer belarussischen Exilhochschule drehen würde.

Berliner Luft

Kurz vor dem Umzug von Berlin nach Wilna hatte ich den Versuch aufgegeben, die Fahrausbildung bei Herrn Tittich zu einem guten Ende zu bringen. Dabei brausten wir schon mit achtzig Sachen durch Hohenschönhausen, und ich lernte dank der Gesprächigkeit meines Fahrlehrers viel über Deutschland. Herr Tittich hatte im Prinzip zwei Sorgen: dass ich seinen Golf Ecoline 2.0 Bluetec Extra Spezial nicht zu Schrott fahre, und dass bei ihm zu Hause in Rangsdorf immer wieder die Alarmanlage seines Eigenheims anging. Mehrmals nahm er während der Fahrstunde einen Anruf von der Polizei entgegen. Herr Tittich war davon überzeugt, dass sie ihn beraten könnte, ob seine Alarmanlage ausreichend schützt. In seiner Nachbarschaft grassierten »rumänische Banden«. Während einer doppelten Fahrstunde klingelte mehrmals die Alarmanlage. Es handelte sich jedes Mal um einen Fehlalarm, und Herr Tittich wusste das auch schon. Umso wichtiger war es, endlich den Termin für das Beratungsgespräch bei der Polizei zu bekommen.

Wenn wir mehr Zeit hatten, kam Herr Tittich erst richtig in Fahrt: »Die Ausländer, das sind schon so Leute. Die sagen ja Fahrstunden einfach nicht ab. Und wie sich da manche benehmen.« Ich dachte an meinen Freund Alex, der in Kasachstan geboren wurde. Auch so ein Ausländer. Wir hatten beide bei einem Schnäppchenportal die Grundausbildung bei Herrn Tittich für 490 statt 650 Euro erstanden, ohne uns mit den weiteren Kosten vertraut zu machen. Wir waren nicht die Einzigen. Da die Fahrschule Tittich nur aus Herrn Tittich, einer sehr unfreundlichen Telefonfrau und einem freien Fahrlehrer bestand, dauerte es Monate, bis alle Schnäppchenjäger durch die theoretische Ausbildung geschleust wurden. Und was hatte ich in den ersten Fahrstunden bei Herrn Tittich gelernt? Dass man immer in die Spiegel blickt – auch wenn man in einer ruhigen Gegend unterwegs ist. Und dass es keine Fahrprüfung ohne Schulterblick gibt. Außerdem lernte ich viel über Rangsdorf und seine Bewohner. Sie waren aus der Stadt geflüchtet, die ihnen fremd geworden war, aber das Fremde verfolgte sie nun in Form von fremdländischen Banden. Herr Tittich wusste, wie man anständig über Ausländer spricht, deshalb verwendete er nie das Wort »Zigeuner«; er sagte immer »Rumänen«. Mein Ostberliner Fahrlehrer besaß mehrere solide Westautos, hatte alles, was es zum Leben braucht, aber wie ein reicher Mann wirkte er nicht. Die Schnäppchenaktion hatte ihn an den Rand des Ruins gebracht, weil sein Geschäftsmodell eine Einmann-Show war. Trotz des Stresses mit den Fahrschülern und den Einbrechern interessierte er sich für meine Pläne, fragte immer wieder nach dem Baltikum und verstand, als ich ihm eines Tages erklärte, dass es nun wichtiger sei, die Sachen für Litauen zu packen, als den Führerschein unbedingt in Deutschland zu machen.

Die Prüfungsfragen der Regitra

In Wilna suchte ich die nächstgelegene Fahrschule, bezahlte 300 Euro für die gesamte Ausbildung und begann mich auf die theoretische Prüfung vorzubereiten. An den Abenden auf dem Gedimino prospektas lernte ich viel über Litauen. Am Anfang behauptete die Direktorin, Frau Asta, ich müsse einen Kurs besuchen. Doch der Kurs bestand ausschließlich darin, dass sie Lernvideos aus dem Holland der 1980er Jahre mit litauischen Sprechern einspielte. Dabei saßen alle Teilnehmer – zumeist Schülerinnen mit glatten, langen Haaren und glitzernden Telefonhüllen – hinter Computern, die auch wie aus den 1980er Jahren aussahen. Sie waren bereits aus den 1990er Jahren, ächzten unter Windows 2000, waren aber noch schnell genug, um ein Computerspiel mit den Prüfungsfragen der Regitra, der litauischen Prüfbehörde, laufen zu lassen. Schnell merkte ich, dass mein Litauisch nicht genügte, um auch nur das Thema einer Frage zu verstehen. Asta erklärte mir, ich könne mich auf Russisch oder Englisch auf die Prüfung vorbereiten. Dafür müsse ich als Ausländer aber nachweisen, dass ich einen Hochschulabschluss habe. Ich lachte und erklärte ihr, dass ich an der Universität als Dozent arbeite. Das sei so in Litauen, lautete die Antwort. Von nun an ging ich in die Fahrschule, um die englischen Tests zu üben, die aussahen, als hätten die Holländer sie gleich mit den Lehrfilmen verkauft: Comodore64-Graphik vom Feinsten. Parallel sammelte ich meine Unterlagen zusammen, um nachzuweisen, dass ich einen Hochschulabschluss habe. Danke EU. Danke Litauen. In der zuständigen Behörde kannte man den Vorgang, schüttelte den Kopf, bestand aber darauf, eine vollständige Anerkennung meiner Hochschulleistungen vorzunehmen. Eine Urkunde meines Masters of Sciences der London School of Economics genügte nicht. Jedes Mal wurde ein neues Dokument verlangt. Dann fehlte eine Übersetzung. Und am Ende sah ich ein: Ich musste alles auf eine Karte setzen.

Ich fahre zur Regitra und werfe all meine Kenntnisse im Umgang mit postsowjetischen Gesellschaften in die Waagschale. Kernstück des entscheidenden Versuchs: Ich nehme meine drei Monate alte Tochter mit und erzähle die ganze lange Geschichte ihrer frühen Geburt im fremden Land. Ich weine ein wenig und berichte von den großen Problemen in einer Familie mit drei Kindern im Autofahrerland Litauen, wenn der Vati keinen Führerschein hat. Am Ende wirkt die Nummer mit dem Kind und ich darf den Test ablegen. Nur habe ich vor Aufregung vergessen, die 1000 verschiedenen Testfragen mitsamt Antworten auswendig zu lernen. Und so falle ich durch – trotz Englisch als Testsprache.

Einige Monate später habe ich diese Schmach überwunden. Ich kann nun etwas mehr Litauisch und denke: Ich werde es den Litauern zeigen und bereite mich noch mal auf die Prüfung auf Litauisch vor. Immerhin wurde inzwischen das Gesetz gekippt, dass Ausländer nur mit nach litauischem Recht anerkanntem Hochschulabschluss die theoretische Führerscheinprüfung ablegen dürfen. Doch egal, wie oft ich in der Fahrschule an den Windows-2000-Rechnern die Bildchen mit den 1980er-Jahre-Graphiken aus Holland anklicke – ich komme nie unter 30 Prozent Fehlerquote. Langsam begreife ich: Eventuell dauert das Litauischlernen länger als mein Aufenthalt in diesem schönen Land. Englisch hat auch nicht geklappt, also muss nun Russisch her. Immerhin habe ich zwei Jahre in Russland gelebt, und die wichtigste Umgangssprache an meiner belarussischen Universität ist ebenfalls Russisch.

Im Laufe der Abende vor dem Rechner in der Fahrschule bemerke ich etwas Merkwürdiges: Die Direktorin, Frau Asta, ist immer da. Sie hat Freundinnen in ihrem Büro, schminkt sich im Korridor, während ich noch eine kniffflige Runde am Alt-PC bestreite. Und sie geht nie nach Hause. Nach anderthalb Jahren Vorbereitung auf das theoretische Examen ist es dann so weit: Ich beginne zu begreifen, was genau an meiner Ausbildung zur theoretischen Prüfung merkwürdig ist. Frau Asta wohnt in der Fahrschule. Das erklärt auch, warum im Klassenraum stets ein unbenutztes Fahrrad, mehrere nicht aufgehängte Gemälde und manchmal ein Trockner mit frisch gewaschener Kleidung stehen. Und jetzt verstehe ich auch, warum Frau Asta so verschlafen wirkt, wenn ich morgens in die Fahrschule komme, und warum es nie ein Problem ist, hier auch um 21 Uhr noch eine Runde »Trial and Error«-Videospiel der litauischen TÜV-Behörde Regitra zu spielen.

Mein persönlicher Höhepunkt litauischer Gegenwartslernkultur ist der Erste-Hilfe-Kurs. In Berlin hatte das ein gutaussehender Rettungssanitäter übernommen, der alle duzte und uns dann zwang, selbst Hand anzulegen – auch bei der Reanimation. Der Kurs dauerte ein ganzes Wochenende, und ich lernte eine Menge. Der Abschluss der Berliner Ausbildung wird in Litauen natürlich nicht anerkannt. So freue ich mich auf den direkten Vergleich: Eine füllige Frau zeigt etwa 75 PowerPoint-Folien innerhalb von anderthalb Stunden, beantwortet ihre Fragen stets selbst und spricht so schnell Litauisch, dass ich nichts verstehe. Das ist aber kein Problem, denn am Ende wird ein symbolischer Test geschrieben, bei dem ich einfach alle Antworten von meiner Banknachbarin abschreiben kann. Dass ich außer dem Wort Herz auf Litauisch nichts verstehe und auch sonst nichts gelernt habe, spielt keine Rolle. Es ist ein symbolischer Akt. Und am Ende weiß ich auch warum: Ich muss für den zweistündigen Kurs eine Gebühr von fünfzehn Euro zahlen. Ich finde das Angebot attraktiv und nehme es gerne in Anspruch – jeder Schritt in Richtung Führerschein ist eine Erleichterung. Ebenso erfreulich verläuft für alle Beteiligten der sogenannte medizinische Test. Ein etwas ungepflegt wirkender Mann schaut mir tief in die Augen und fragt mich auf Russisch: Waren Sie mal ernsthaft krank? Haben Sie Allergien? Und trinken Sie? Einige überzeugte »Njet« reichen aus, um einen Gesundheitsscheck zu bekommen. Kostenpunkt 20 Euro.

Ausflug nach Alytus

Wenige Monate später ist es langsam so weit, den nächsten Versuch zu wagen. Meine kleinere Tochter ist inzwischen schon anderthalb Jahre alt, und der familiäre Druck zum Führerscheinerwerb steigt. Deshalb versuche ich, mich bei der Regitra erneut für eine Prüfung anzumelden. Doch in Wilna sind alle Termine in den kommenden zwei Monaten ausgebucht. Deshalb melde ich mich spontan für das Prüfungszentrum in der Kleinstadt Alytus an – auf Russisch.

Der Bus dorthin fährt zwei Stunden durch eine sanft hüglige Gegend jenseits von Trakai. Ich bestaune die Bushaltestellen aus den 1980er Jahren – sie sehen viel schöner aus als die Rechner, an denen ich für die Prüfung gelernt habe. In Alytus fahre ich direkt zur Regitra außerhalb des Zentrums. Die Frau an der Anmeldung verweigert mir den Zutritt zum Prüfungsraum – ein deutscher Personalausweis genüge nicht, um mich auszuweisen. Ich verlange nach ihrem Vorgesetzten und erkläre ihm, dass ich als EU-Bürger hier gleich zu behandeln sei. Er verlangt eine Meldebestätigung. Ich zeige sie ihm auf dem Bildschirm meines Handys. »Das ist ein Telefon«, erwidert er. Auf meine Bitte, das Dokument auszudrucken, reagiert er barsch: »Eine solche Dienstleistung bieten wir hier nicht an.« Ich erkläre ihm, dass alle Dokumente mit meiner persönlichen ID-Nummer im System der Regitra hinterlegt seien und ich bereits einmal einen Prüfungsversuch unternommen hatte. Der Beamte beharrte darauf: »Wir können Sie hier nicht anmelden – Sie können sich nicht ausweisen.« Geübt in postsowjetischen Verhandlungstaktiken, verlange ich nach seinem Vorgesetzten. Er telefoniert mit der Zentrale in Wilna. Nebenbei ruft er mein Profil auf dem Regitra-Server auf. Dort ist alles abgespeichert – meine Anmeldebestätigung, eine Kopie meines Gesundheitstests und der

Erste-Hilfe-Kurs, sogar mein nicht anerkannter Hochschulabschluss aus London sind dort als Scan hinterlegt. Es stellt sich heraus, dass sich EU-Bürger auch in Litauen bei öffentlichen Stellen mit ihrem Personalausweis ausweisen können. Und ich versuche es auf Russisch. Nach einer Viertelstunde ist klar: Die Theorieprüfung ist bestanden.

Als Belohnung habe ich zwei Stunden zur freien Verfügung in Alytus. Ich fahre mit dem Mikroautobus durch das Industriegebiet Nord und alle Neubauviertel, bestaune das olympische Zentrum aus Sowjetzeiten und steige dann in der Nähe des Stadtparks aus. Nun wächst die Spannung: Wo ist hier das Stadtzentrum? Ich laufe durch den Park mit einer Unabhängigkeitsstatue, bestaune Holzhäuser aus den 1920er Jahren, folge meinem inneren Kompass und kann keinen Marktplatz, kein Rathaus finden. Nur ein Ispolkom-Klotz des sowjetischen Exekutivkomitees steht zwischen verschiedenen Häuserzeilen. Hier könnte mal so etwas wie ein Zentrum gewesen sein. Doch es sieht nicht gut aus in diesem Zentrum. Im schönsten Haus am Platze – einem Warenhaus aus den 1960er Jahren – sind die Fensterreihen mit Baumaterialien zugestellt. Dort, wo einst ein Restaurant mit Blick auf das Kino Sonnenaufgang einlud, stehen jetzt Kühlschränke. Die Verkäuferinnen finden mein Interesse für sowjetische Architekturgeschichte verdächtig, und so erhalte ich ungewollte Unterstützung beim Besteigen des langgezogenen runden Balkons. Im gänzlich neu sanierten und zu drei Viertel leeren Heimatmuseum lerne ich, was an Alytus anders ist: Vor dem Krieg lebten hier weniger als 10 000 Menschen in zwei Städten auf beiden Seiten der Memel. Die eine lag einst in Preußen, die andere in Russland. Zu sowjetischen Zeiten wurde die Stadt für über 70 000 Einwohner ausgebaut.

Labai blogai

Seit sechs Wochen warte ich nun schon auf die erste Fahrstunde. Das Kommunikationsverhalten der Direktorin, Frau Asta, fand ich von Anfang an merkwürdig: Sie geht selten ans Telefon. E-Mails werden grundsätzlich nicht bearbeitet. Und wenn sie dran ist, sagt sie immer: Ich rufe Sie Anfang nächster Woche zurück. Ich lerne schnell, dass ich persönlich vorbeigehen muss. Vor mir steht nun im inoffiziellen Wohnzimmer von Frau Asta ein anderer Fahrschüler, dem es bereits reicht. Er wurde ebenfalls seit Wochen nicht zurückgerufen und will nun den Raum nicht verlassen, bevor Frau Asta die nächsten Fahrtermine festgelegt hat. Diese erwidert: »Ja, ich rufe Sie dann am Montag zurück – ganz sicher.« Der Fahrschüler erwidert: »Sie haben mich noch nie zurückgerufen, und ich will nicht länger warten.« In der Diskussion stellt sich heraus, warum alles so kompliziert ist: Der Fahrlehrer – scheinbar der einzige – hat eine andere Arbeitsstelle und erfährt selbst immer erst am Sonntagabend die Arbeitszeiten für die neue Woche. Die Stunden in der Fahrschule sind nur sein zweites Einkommen. Deshalb kann Frau Asta keine Absprachen treffen. Der Schüler beschwert sich lauthals und sagt, er wolle jetzt aber dennoch einen Termin haben. Da ruft Frau Asta kurzum zurück: »Nun reden Sie aber wirklich wie ein Jude.« Wie immer auf Litauisch kommt bei mir die Bedeutung dieser Bemerkung erst mit einer Verzögerung von einigen Sekunden an. Erst entschlüssle ich die einzelnen Wörter, dann denke ich nach – hat sie das wirklich so gemeint? Und nun grüble ich: Muss ich jetzt als Deutscher protestieren? Doch gleichzeitig kommt die Meldung: Ich will endlich mit den Fahrstunden beginnen. Und so wende ich die sowjetische Methode »Weghören und Ausharren« an: Ich setzte mich an ihren Computer und warte so lange, bis sie mich in eine provisorische Liste eingetragen hat. Am Sonntagabend erhalte ich die endgültige Variante, und es kann losgehen.

Arnoldas sitzt grinsend im Auto. Er findet schnell heraus, dass ich immer noch rechts und links auf Litauisch verwechsle. Schlechte Voraussetzungen für den praktischen Fahrunterricht. Doch es geht erst mal zum Übungsplatz außerhalb von Wilna. Eigentlich eine schöne Erfindung, denke ich. Schnell lerne ich, dass es ein Parcours zur seelischen Peinigung von Fahrschülern ist. Arnoldas schreit mich stets an. Er brüllt: »Alter, wo fährst du hin, pennst du, oder was?« Ich muss über Tonfall und Wortwahl immer wieder lachen: »Bei Ihnen kann ich nicht nur Fahren, sondern auch Litauisch lernen – das ist wunderbar.« Auf Ironie reagiert Arnoldas zum Glück entspannt, sonst hätten wir es wohl gleich lassen können. Aber Brüllen ist trotzdem der Kern seines pädagogischen Programms. Bei der kleinsten Verfehlung greift er ins Lenkrad, schreit und setzt nach: »Wir sind hier nicht zum Pilzesuchen, du alter Hurensohn.« Ich lache wieder lauthals und sage ihm in meinem gebrochenen Litauisch, dass ich wirklich viel bei ihm lernen kann. Niemand sonst in Litauen spricht mit mir in dieser Klarheit und Direktheit. Alles wird stets indirekt kommuniziert, vor allem Kritik. Und das pädagogisch Wertvolle für mich als Litauischlerner ist: Arnoldas wiederholt sich in jeder Fahrstunde mehrmals. Ständig wachsen verbale Pilze aus dem Boden, Huren werden gefickt, Schwänze herausgeschrien, und immer wieder brüllt mich Arnoldas von der Seite an: »Du sollst nicht pennen!« Ich lächle dann und erwidere ganz ruhig: »Ich habe heute Nacht zu Hause geschlafen. Und im Übrigen ist das erst unsere zweite Fahrstunde. Ich bin zum Lernen hergekommen, deshalb lasse ich mir von Ihnen nicht ständig erzählen, wie schlimm alles sei.« Doch das ist der Kern der Philosophie von Arnoldas: »Viskas yra labai blogai. Alles ist sehr schlimm.« Und so wird es zum Ritual. Arnoldas lehnt sich gelangweilt zurück, schüttelt den Kopf und ruft entnervt: »Labai blogai.« Ich antworte ihm jedes Mal: »Ne labai blogai.«

Am Ende der dritten Fahrstunde sagt Arnoldas plötzlich: »Und jetzt runter vom Übungsplatz!« Meine Fahrten mit Herrn Tittich durch Hohenschönhausen liegen fast drei Jahre zurück. Ich habe in Wilna weder in den dritten Gang geschaltet, noch haben wir irgendetwas über die Fahrt durch die Stadt besprochen. Fußgänger kommen in der Welt von Arnoldas nicht vor. Für ihn ist es selbstverständlich, den Spiegel zu benutzen, mir aber zu erklären, wie, ist nicht Teil seines Lehrprogramms. Arnoldas kennt nur einen Modus: Einfach drauflos, und wenn etwas nicht so läuft – lospöbeln. Ich erinnere mich voller Wehmut an Herrn Tittich und seine besonnene Art. Selbst seine Alarmanlagengeschichten kommen mir jetzt gänzlich harmlos vor. Und er hat mir den Schulterblick beigebracht!

»Was für ein Schulterblick?«, mustert mich Arnoldas nur, als ich ihm davon erzähle. Noch bevor wir durch die Stadt fahren, begreife ich, dass litauische Fahrer wie in einer eigenen Kapsel unterwegs sind. Sie nehmen kaum Notiz von dem, was nicht direkt vor ihnen geschieht. Doch nun soll ich schon eine große Straße überqueren, der Motor säuft gleich beim ersten Versuch ab und was macht Arnoldas – er brüllt: »Labai blogai!« Und schimpft in einer kruden Mischung aus Litauisch und Russisch: »Du schwanzlutschender Hurensohn, wirst du wohl den Motor anstellen und gefälligst vom ersten in den zweiten Gang schalten. Die Kupplung, zum verfickten Schwanz. Und wehe, du bremst!«

Ich lache, versuche irgendwie die Ruhe zu bewahren und mich auf die Straße zu konzentrieren. Nach ein paar Hundert Metern grinse ich zu Arnoldas hinüber und sage mit leicht zitternder Stimme: »Yra labai ne blogai. Es ist gar nicht so schlimm.« Und Arnoldas antwortet: »Yra labai blogai. Es ist sehr schlimm.«

Ich hingegen bin mit meinen Fortschritten ganz zufrieden.

Natürlich ist es etwas anderes, durch Wilna zu rauschen als durch Hohenschönhausen. Aber Arnoldas hat Zusammenstöße bisher erfolgreich verhindert, und ich fühle mich hinter dem Steuer nicht so unwohl, wie ich gedacht hätte. Das Einzige, was mir Sorgen bereitet, sind Situationen, in denen Arnoldas mir eine Ansage macht, die ich nicht gleich verstehe, weil ein, zwei neue Wörter auf Litauisch dabei sind. Ich brauche immer ein bis zwei Sekunden, um im Kopf ihre Bedeutung zu überprüfen. In dieser Zeit geht schon das Arnoldas-Donnerwetter über mich her: »Labai blogai. Hurensohn. Zum Kotzen.« Und so weiter. Ich erkläre ihm, dass ich nicht alle Wörter kenne, die er verwendet und deshalb einen Moment länger brauche. Doch ich bin mir sicher, dass er das nicht versteht. Er sagt nur: »Labai blogai.«

Gender Studies mit Arnoldas

Die nächste Fahrstunde mit Arnoldas ist den Frauen gewidmet. Für ihn ist es sehr wichtig, ob ein »Mädchen«, eine »Tante« oder eine richtige »Dame« am Steuer eines anderen Autos sitzt. Er blickt immer wieder zu den Fahrschülerinnen auf dem Übungsplatz und sagt mir: »Guck mal, die ist ein Mädchen, aber sie parkt besser ein als du.« Ich finde diese Lernmethode sehr motivierend, weil ich so auf Litauisch einige neue Wörter lernen kann. Und das Gute an Arnoldas ist ja, dass er alles so oft wiederholt. Außerdem betreiben wir an der Europäischen Humanistischen Universität auch interdisziplinäre Geschlechterstudien. Und einen Fahrlehrer in Aktion zu erleben ist so etwas wie ein Grundkurs in Gender Studies. Heute sagte Arnoldas zu mir: »Du fährst wie ein jüngliches Mädchen!« Ich habe durch die vorherigen Lektionen genug verstanden, um zu wissen, dass das nicht gerade ein Kompliment ist. Schlimmer in der Genderhierachie eines Arnoldas sind nur »Gay« oder »Jude«. Aber so wie Herr Tittich wusste, dass man zu Roma nicht mehr Zigeuner sagt, hat Arnoldas auch so viel Anstand, mir gegenüber nicht über Juden herzuziehen. Das liegt eventuell daran, dass er mich selbst für einen Juden hält. »Ackermann klingt doch jüdisch«, sagt er.

Anders als bei Herrn Tittich, finde ich in all den Fahrstunden kaum etwas über meinen Lehrer heraus. Dafür, dass er mich jede Fahrstunde anschreit und immer wieder behauptet, ich würde »scheiße fahren«, haben wir ein entspanntes Verhältnis. Aber er gibt dennoch fast nichts von sich preis. So viel habe ich in zwei Monaten intensiver Zusammenarbeit herausgefunden: Seine Kinder sind schon aus dem Haus. Mein Universitätsgebäude kennt er, weil er in der benachbarten Romeris-Universität vor Jahren Jura studierte. Er sagt es so, dass klar ist, dass er das Studium nie abgeschlossen hat. »Labai blogai.« Doch wenn ich ihn direkt danach fragen würde, erhielte ich keine Antwort. Lange finde ich nicht heraus, was sein zweiter Job oder, genauer gesagt, sein erster Job ist. Und das liegt nicht daran, dass Arnoldas Fahrlehrer ist. Das Jonglieren von zwei oder drei Arbeitsstellen ist in Litauen ein ganz normales Phänomen. Es gibt viele Menschen, mit denen ich hier Zeit verbringe, über die ich kaum etwas weiß. In Deutschland teilt man schneller und mehr Privates mit, auch wenn es sich nicht um einen engen Freund handelt.

Nach mehreren Stadtfahrten habe ich einen ganz neuen Blick auf Wilna: Die Stadt wirkt menschenleer. Durch die Regelung, dass Fußgänger erst über den Zebrastreifen gehen dürfen, wenn das Auto angehalten hat, kann man praktisch ohne Rücksicht auf Fußgänger fahren. So zumindest lerne ich es bei Arnoldas. Das Gesetz sieht zwar vor, beim Rechtsabbiegen an Kreuzungen vor dem Fußgängerüberweg anzuhalten, aber ich sehe in der Praxis, dass sich niemand daran hält. Alle versuchen, noch vor den Fußgängern abzubiegen. Was ich als Fußgänger

gefährlich finde, verstehe ich dank meiner Fahrstunden: Für Arnoldas existieren Fußgänger nicht. Wenn ich ihn darauf hinweise, hält er mir eine Standpauke, dass diese selbst verantwortlich
seien, wenn sie die Straße überqueren. Das finde ich schon be-
denklich genug und lasse meine Kinder seither nur noch mit
Warnweste durch die Stadt laufen. Ich selbst gehe jetzt auch vor-
sichtiger über Ampeln als zuvor. Doch ein echtes Reizthema
kommt mit Fahrradfahrern auf. Arnoldas sieht, dass ich oft
mit dem Rad zum Unterricht komme. Während dieser Fahrstunden schreit er mich an: »Das ist hier kein Fahrrad, bei
dem du lenken und abbiegen kannst, wie du willst!« Ich widerspreche ihm und erkläre ganz ruhig, dass Fahrräder normale
Verkehrsteilnehmer seien und dass es wichtig wäre, dass er seinen Schülern den Schulterblick beibringt, weil rechtsabbiegen-
de Autofahrer ohne diesen lebensgefährlich sind. Da geht wieder das Donnerwetter los: »Ihr Fahrradfahrer seid doch selbst
schuld, wenn ihr auf der Straße fahrt, ihr habt da nichts verloren, Hurensöhne.« Und überhaupt: »Yra labai blogai.«

Einige Wochen später – Arnoldas schätzt, dass es noch etwa
zwei Jahrhunderte dauern werde, bis ich zur praktischen Prüfung antreten könne – organisiert ein litauischer Kollege eine
wissenschaftliche Diskussion über den Homo sovieticus, den
sowjetischen Menschen. Ich berichte von meinen Fahrstunden,
um zu zeigen, wie schwierig es ist, mit solchen Begriffen zu arbeiten. Dass Arnoldas mich ständig anschreit, sei kein persönlicher Tick, sondern ein schlichtes Nachahmen dessen, wie er
in der Schule und vor allem zu Hause behandelt worden sei. Dabei ginge es im Grunde genommen um zwei Dinge: das unab-
lässige Wiederherstellen einer strengen Hierarchie, aber mehr
noch um das Verbreiten von Angst. Denn erst die Hierarchie ermöglicht, den symbolisch Untergebenen in Unsicherheit und
Schrecken zu versetzen. Das ist auch ein wichtiges Merkmal
der sowjetischen Gesellschaft – und nicht nur dieser.

Durch mein Fahrschulbeispiel nimmt die Diskussion einen unerwarteten Verlauf: Eine litauische Soziologin geht sofort darauf ein und behauptet, Litauen sei eine Post-GULag-Gesellschaft, in der die Normen des sowjetischen Arbeitslagers in die Zeit nach 1991 überführt worden seien. Das ließe sich wunderbar vereinbaren mit der litauischen Selbsteinschätzung, man sei Opfer der Geschichte. Als ich anmerke, dass sich mein Fahrlehrer aber nicht gerade wie ein Opfer politischer Repressionen aufführt, wird die Diskussion noch lebhafter. Litauen sei eine postsozialistische Gesellschaft, in der man entweder der Religion, dem Konsum oder der Gewalt verfalle, um sich neu zu orientieren. Und es folgt eine Debatte über den sprachlichen Code der litauischen kriminellen Kultur, die längst Teil der Mehrheitsgesellschaft geworden ist.

Mir war schon zuvor aufgefallen, dass all die Schimpfworte, die aus Arnoldas' Mund auf mich einprasseln, stets russische waren und er kein Wort Polnisch verstand. Ich hatte sogar angefangen, ihm die einschlägigen Schimpfwörter beizubringen, um den Fahrunterricht etwas abwechslungsreicher zu gestalten. Dank Arnoldas lerne ich aber auch Litauisch schimpfen, brüllen und hetzen. Da sonst kaum jemand mit mir so ausdauernd in seiner Muttersprache spricht, beginnt sich mein Litauisch dem seinen anzunähern. Wenn ich zu Hause erzähle, wie die Fahrstunde war, kommt es schon mal vor, dass meine älteste Tochter mich fragt: »Papa, was bedeutet ›Du verdammter Hurensohn‹?« Ich hatte zwar die Wörter gelernt, aber nicht die Regel, dass es sich bei russischen Schimpfwörtern auch auf Litauisch um eine Männersprache handelt, die in der Familie nichts zu suchen hat. Wenn ich ein wenig zu lange von der Fahrstunde berichte, werden meine Kinder danach aggressiv, beginnen sich gegenseitig als Pilze zu beschimpfen und werden handgreiflich.

Autoakademija

Leicht traumatisiert verdränge ich das Projekt Führerschein für Monate. Es mangelt im litauischen Alltag auch sonst nicht an Herausforderungen. Doch die Gültigkeit der bestandenen Theorieprüfung läuft nach einem Jahr ab. Als ich das feststelle, bleiben mir nur noch zwei Wochen. Ich reserviere den einzigen zu diesem Zeitpunkt noch freien Termin für die Fahrprüfung in Utena im Nordosten Litauens. Da die Zeit knapp ist, beschließe ich trotz innerer Widerstände, noch einen Versuch mit Arnoldas zu unternehmen. Ich freue mich schon darauf, wie mein Fahrlehrer reagieren wird, wenn ich ihn informiere, dass es bereits in zwei Wochen so weit ist. Doch die Fahrschule ist verschwunden. Der alte Sitz am Gedimino prospektas ist geschlossen. Erst nach einer aufwendigen Recherche finde ich das neue Büro der Autoakademija. Asta öffnet die Tür zu einem großzügig sanierten Altbau in der Pylimo gatvė. Es stehen nur noch wenige Computer in einem kleinen Vorraum. In dem großen Büroraum sehe ich ein improvisiert wirkendes Sofa, einen Schreibtisch und zwei Garderobenständer mit bunten Kleidern.

Asta lächelt mich an. Sie scheint eines dieser Kleider anzuhaben. »Sie, Felix, waren aber auch schon einige Monate nicht mehr hier. Ja, wir haben mehr Lehrer, aber zurzeit arbeitet nur der eine – unser Arnoldas. Aber bei den Bullen sind gerade auch viele im Urlaub. Deshalb weiß er immer erst am Abend, wann er fahren kann. Aber für den Anfang kann ich auch mit Ihnen zum Übungsplatz fahren und gucken, wo es bei Ihnen klemmt, Felix«, erklärt sie mir mit großen Augen. So erfahre ich beiläufig, dass Arnoldas im Hauptberuf Polizist ist. Diese Information hat mein Vertrauen in den litauischen Staat nicht gestärkt, aber meine prinzipielle Zuneigung zum Land auch nicht gänzlich zerstört. Da es nur noch wenige Tage bis zur praktischen Fahrprüfung sind, willige ich ein. Asta fragt mich auf dem Weg zum Übungsplatz, was ich an der Universität unterrichte. »Kulturwissenschaften und Stadtanthropologie. Wenn ich den Führerschein gemacht habe, will ich unbedingt über Ihre Fahrschule schreiben.«

»Dann wird es die Autoakademija bereits nicht mehr geben«, sagt Asta und lacht. »Sie stirbt, so wie Litauen stirbt.« Ich antworte aus vollem Herzen: »Ja, wenn Arnoldas Ihr einziger Lehrer ist, dann muss die Schule wirklich untergehen.« »Nein«, erwidert sie. »Sie stirbt, weil die jungen Leute nicht in Litauen bleiben wollen. Hier geht alles den Bach runter.« »Na gucken wir mal«, erwidere ich. »Erst mal die Führerscheinprüfung in Utena bestehen und danach die Sintflut. Und was sind das für Kleider?« Asta präsentiert ein Verkäuferinnenlächeln mit Wimpernaufschlag und sagt: »Die verkaufen wir hier. Ein An- und Verkauf für gebrauchte Ballkleider. Eine Freundin ist Model in Los Angeles. Sie hat die Klamotten mitgebracht. Vielleicht brauchen Sie noch ein Geschenk für Ihre Frau?« Ich bedanke mich und antworte: »Ich schenke meiner Frau zum Geburtstag lieber die gute Nachricht vom Führerscheinerwerb.«

Die Fahrstunde mit der Direktorin eröffnet ganz neue Perspektiven. Asta ist heute sportlicher angezogen. Jeans und ein knappes Oberteil. Das sollte eigentlich keine Rolle spielen, aber meine neue Fahrlehrerin gibt sich auf dem Parkplatz einer befreundeten Autowerkstatt allergrößte Mühe, mir alles ganz genau zu erklären. Die Einzelstunde kostet 20 Euro und sie muss diese Summe nicht mit Arnoldas teilen. Immer wieder nimmt sie ihr Handy, um mir die Richtung des Einparkens zu zeigen. Asta stellt sich nach einer Weile etwas abseits und ruft: »So, und jetzt mal ohne meine Hilfe. Gut gemacht!« Und dann lehnt sie sich ins Auto hinein, um mir mitzuteilen: »Du fährst gar nicht so schlecht. Wir müssen nur noch etwas üben.« Meine Beschwerden über den pädagogischen Stil ihres einzigen Fahrers sind nicht ohne Folgen geblieben.

Auf dem Rückweg erklärt mir Asta, wie egoistisch die litauische Gesellschaft im Laufe der vergangenen Jahre geworden sei. »Vor allem die Menschen mit Bürojobs sitzen den ganzen Tag herum und tun nichts.« Ich muss in diesem Moment an Gintautas denken. Vielleicht war ich ungerecht zu ihm und hätte etwas mehr interkulturelle Kompetenz zeigen müssen? Ich erinnere mich aber auch an Astas Arbeitsmethode des systematischen Nichtstuns und stimme ihr innerlich ein wenig zu. Ja, es gibt in Litauen Menschen, die am Rechner sitzen, und man hat den Eindruck, sie tun nichts, außer bei *Facebook*, *YouTube* und *Delfi.lt* vorbeizusurfen.

Plötzlich erhält Asta einen Anruf, den sie selbstverständlich am Steuer annimmt. Ihr Sohn ruft an. Er ist Student an der Mathematikfakultät und gibt Nachhilfestunden in ihrem neuen E-Learningcenter. Eine Nachfrage reicht, um zu klären, dass Asta nie in der Fahrschule gelebt hat. Dort hatte sie nur ihre belarussische Freundin untergebracht, die auf eine Aufenthaltsgenehmigung von der Ausländerbehörde in der Naugarduko gatvė 100 wartete. Und sie bestätigt: Arnoldas ist Polizist, der nicht bei jedem Großeinsatz abkömmlich ist. Deshalb fällt auch schon die nächste, mit ihm vereinbarte Fahrstunde aus. Damit ist mein Aufwärmversuch mit der Autoakademija beendet. Ich teile Asta freundlich mit, dass ihre Fahrstunde sehr erhellend war, und kündige meinen Vertrag.

Auf Wiedersehen in Utena

Mein neuer Fahrlehrer heißt Oleg. Er kommt von hier und strahlt eine gewisse Zuversicht aus. »Dass Sie nicht fahren können, ist doch klar. Sonst würden wir jetzt nicht in diesem Auto sitzen, richtig?« Er zeigt mir schon in der ersten Fahrstunde, wo

das Testgelände der Regitra liegt und wo von hier aus die Prü-
fungsstrecke langgeht. Immer wieder weist er mich auf Fallstri-
cke der Prüfung hin. Oleg behält selbst dann die Ruhe, wenn ich
beim Gedanken an den Führerschein ein wenig ins Träumen ge-
rate. So verschwindet meine Panik, und es ist auf einmal eine
Freude zu fahren. Ein besonderer Höhepunkt ist für mich das
wortwörtliche Kurven durch Lazdynai, ein Neubauviertel, über
das ich gemeinsam mit meinen Kollegen vom Laboratory of
Critical Urbanism forsche, wenn ich nicht gerade mit dem Führerschein beschäftigt bin. Die Anlage von Straßen und Plattenbauten unweit des Fernsehturms wird noch heute von seinen
Einwohnern und den Kunsthistorikern des Landes gepriesen.
Sie sind besonders stolz auf den Moskauer Leninpreis, den die
Architekten dafür erhielten. Und nun kann ich endlich einmal
mit fünfzig Sachen durch die Architektenstraße brausen und
meinen Favoriten als motorisierter Verkehrsteilnehmer erleben:
die Erfurter Straße, die an die DDR-Städtepartnerschaft erinnert und an »Erfurtas«, den einst besten Nachtklub der Stadt,
der mitten im Neubauviertel lag. Auf einem Ausflug in den Wilnaer Vorort Naujoji Vilnia zeigt mir Oleg, wo er als Ingenieur
im Kombinat Žalgiris arbeitete. Der Name erinnert an die
Schlacht bei Tannenberg. Das passt gut zum bisherigen Verlauf
meiner Fahrstunden. Nur dass Oleg keinen Ehrgeiz hat, mir zu
zeigen, wie schlecht es um meine Fahrkünste steht. Sein Betrieb
hatte bis zum Ende der Sowjetunion 3000 Mitarbeiter, die Industrieanlagen für Maschinenbau herstellten. Die Werkstätten
sind über ein großes Gelände verstreut. Gemeinsam mit einigen
ehemaligen Kollegen, die ebenfalls Fahrlehrer geworden sind,
hatte Oleg einen Übungsplatz angelegt. Der ist heute der ge-
pflegteste Winkel der Industrieanlage. Fast alle anderen Teile
sind ungenutzt.

Die Taxizentrale in Utena heißt »Iki Pasimatymo« – Litauisch für »Auf Wiedersehen«. Ich habe den Verdacht, dass das

ernst gemeint ist. Kein gutes Omen. Vor der Regitra am Stadtrand stehen drei Halbstarke aus der Umgebung herum. Die Frau an der Kasse verzieht keine Miene. Schon eine Stunde vor dem Termin werde ich aufgerufen und drehe mit dem neuen Ford einige Runden, bevor es offiziell losgeht. Auf dem Übungsplatz habe ich gleich Probleme mit dem Einparken. Die Hilfsmarkierungen haben andere Farben als auf dem Platz in Wilna. Außerdem fehlt auf der einen Seite die Linie, an der ich mich bisher orientiert hatte. Der Prüfer von der Regitra versucht mir indirekt ein paar Tipps zu geben, kann mir aber nicht offen helfen. Unser anthropologisches Experiment wird auf Video aufgezeichnet. Während zwanzig Minuten Stadtfahrt mache ich 23 Fehler. Acht sind erlaubt. Dafür, dass es meine erste praktische und eher kurzfristig vorbereitete Prüfung ist, bin ich ganz zufrieden. Der Prüfer guckt mich streng an, erklärt eindringlich jeden einzelnen Fehler und fragt immer wieder laut nach: »Haben Sie das verstanden? Sie haben das falsch gemacht. Haben Sie das verstanden? Sie fahren gar nicht schlecht, aber Sie machen zu viele dumme Fehler.« Ich stimme kleinlaut zu. »Hören Sie auf mich und machen Sie jetzt gleich weiter, und Sie werden das Examen bestehen.« Ich rufe betrübt bei der Taxizentrale an und werde von einer weiblichen Stimme begrüßt: »Iki pasimatymo!«

Zurück in Wilna, melde ich mich umgehend zur Wiederholung der Theorieprüfung an. Drei Tage hintereinander stehe ich morgens um fünf Uhr auf und gehe systematisch die litauische Straßenverkehrsordnung durch. Ich löse Schritt für Schritt die KET-1000-Aufgaben, die in dem dicken gelben Heft für die Prüfung aufgelistet sind. Kelių eismo taisyklės – Straßenverkehrsordnung. Ich lerne auswendig: PKW im Sommer 130, PKW im Herbst 110, LKW 90, PKW mit Anhänger 100, Schulbusse 80 Kilometer pro Stunde. Zur Abwechslung lerne ich auch einige neue Regeln, von denen ich vorher noch nichts gehört hatte.

Die Rückstrahler eines Pferdefuhrwerks müssen vorne weiß, hinten rot und an der Seite orange sein. Und ganz wichtig: Das Pferdefuhrwerk muss sich auf der Straße rechts halten, darf aber nicht auf dem Fußweg fahren. Das wurde in der litauischen StVO so festgelegt. In Litauen darf man auch nicht in einer Spielstraße mit dem Fahrschulauto unterwegs sein. *Negalima* heißt Verboten. Auf dem Weg zur Regitra gehe ich die Regeln noch einmal in Eile durch. Der Taxifahrer erklärt mir die wichtigsten Regeln zum Bestehen einer Regitra-Prüfung: »1. Die Ruhe bewahren. 2. Nicht Beeilen beim Beantworten der Fragen. Und 3. Stupide im Internet üben.« Den dritten Punkt hatte ich aber dieses Mal nicht berücksichtigt, weil zu wenig Zeit blieb. So sitze ich in der Regitra wie ein Häschen vor dem russischsprachigen Multiple-Choice-Test am Computer. Ich bin froh, dass ich überhaupt die Grundstruktur vieler Fragen wiedererkenne. Nur bei einer habe ich einen vollständigen sprachlichen Aussetzer und verstehe partout nicht, worum es geht. Von 30 Fragen beantworte ich elf falsch. Zu viele. Ich hätte doch auswendig lernen müssen. Und nun ist die Luft ganz raus. Ich fühle mich wie ein Luftballon, auf dem ganz groß »Happy Regitra« steht und der gerade mutwillig vom Prüfer zerpikst wurde.

Beim nächsten Versuch guckt mich die Frau in der Regitra am Stadtrand von Wilna mitfühlend an: »Litauisch?« Ja, heute will ich die Theorieprüfung auf Litauisch bestehen. Zuvor habe ich mehrmals alle Fragen auf Litauisch im Internet durchgespielt, wie mir der Taxifahrer geraten hatte. Und ich weiß jetzt auch schon, dass ein Traktor in Litauen nicht schneller als 70 Kilometer pro Stunde fahren darf. Im Prüfungsraum sitze ich zufällig neben einer Frau, die aus den über 5000 verschiedenen Fragesets dasselbe wie ich abbekommen hat. Bei den Aufgaben, bei denen ich die feinen Abstufungen der Antworten nicht verstehe, ist ein Blick zur Nachbarin hilfreich. Nach der Hälfte der Zeit zischelt sie zu mir rüber und zeigt mir mit einem Blick, ich möge doch bei einer Frage andere Kästchen ankreuzen. Ich fühle mich an meine frühe Schulzeit erinnert. Wer abschreibt, hat auch die Fehler des Nachbarn im Gepäck. Dennoch verändere ich einige Antworten und schließe den Test früh ab. Bestanden. Auf Litauisch! Nun heißt es, die Ruhe bewahren und meiner Nachbarin einen Einblick in meine falschen Antworten zu gewähren. Erneut genügt ein Blick, um mich mit ihr zu verständigen. Sie besteht ebenfalls. Wäre doch alles so einfach in Litauen! Unser kleines deutsch-litauisches Gipfeltreffen im Auswendiglernen der Straßenverkehrsordnung endet mit einem Augenzwinkern und einem leisen: »Ačiū. Danke schön!«

Am selben Tag ist in Utena noch ein Prüfungstermin frei. Am Busbahnhof wartet schon mein neuer Kurzzeit-Fahrlehrer Vytautas in seinem Audi 6, Baujahr 1994, 4,2 Liter Hubraum, Bäumchen mit der Duftnote »Action«, um mich zu einem Sportklub zu bringen. Dort liegt eine Fahrschule, die so aussieht wie diese Stadt: rührend und unglaublich hässlich. Der Fahrlehrer legt sich richtig ins Zeug. In schönstem Duzrussisch zeigt er mir in zwei Fahrstunden die entscheidenden Kniffe und gibt Ratschläge für den Ernstfall: »Wenn du das so machst, dann läuft es richtig rund!« Er setzt mich direkt beim Prüfungszentrum ab – so schaffe ich es dieses Mal, nicht die Taxizentrale anzurufen. Ich glaube, den Auf-Wiedersehen-Fluch von Utena überwunden zu haben.

In der Regitra begrüßt mich der Prüfer vom letzten Versuch überschwänglich: »Denken Sie an den Spiegel! Und wenn Sie vom Ersten in den Zweiten hochschalten, warten Sie nicht!« Die Prüfung verläuft routiniert – zum Glück ist Utena so klein, dass ich alle gefährlichen Kreuzungen und merkwürdigen Ampelschaltungen bereits kenne. Spiegel. Hochschalten. Und die Ruhe bewahren. Der Prüfer macht sich kaum Notizen – das heißt wahrscheinlich, dass ich einen groben Fehler am Anfang gemacht habe, und er nicht mehr mitschreiben muss. Er redet mir nicht rein und sagt immer nur an: »Nach rechts abbiegen. Nach links abbiegen. Links. Rechts.« Ich fahre auf den Hof der Regitra und parke ein. Da ich mit etwas zu viel Schwung in die Lücke rolle, bremse ich. Statt dem Bremspedal erwische ich das Gaspedal. Und das Prüfungsauto steht mit einem Ruck plötzlich mitten auf dem Gehsteig. Direkt vor dem Eingang zur Regitra. Der Prüfer guckt mich an, schüttelt den Kopf und sagt: »Felix, Sie sind fehlerfrei durch die Stadt gefahren und nun so etwas. Wegen diesem Aufsetzer haben Sie nicht bestanden. Das war ein kritischer Fehler.« Ich bestelle ein Taxi zum Busbahnhof und eine Frauenstimme begrüßt mich am Telefon: »Auf Wiedersehen!«

Der letzte Versuch

Wenige Wochen später unternehme ich noch einen Versuch in Mažeikiai, der Stadt ganz im Norden an der Grenze zu Lettland, wo russisches Erdöl in einer Raffinerie zu Heizöl und Benzin verarbeitet wird. Im letzten Moment bekomme ich in Wilna den Zug. Die Konkurrenz mit den Busunternehmen scheint zu funktionieren, denn die Zugführerin bringt Wasser, Tee und kleine Schokoladenstückchen. Der Bahnhof in Mažeikiai wird gerade mit EU-Geldern saniert. Ein schönes, schlichtes, elegantes Gebäude mit einer neoklassizistischen Fassade und verspielten Holzbalkonen. Ich laufe in die Stadt und suche. Aber ich bin schon da: Die Allee der Freiheit, dieser halbe Kilometer sowjetischer Langeweile, ist das Zentrum der Altstadt. Das schönste Gebäude hier ist ein Verwaltungshaus aus den 1950er Jahren. Das Kino Darbė dient als Altkleiderladen, so wie viele andere Läden im Erdgeschoss der Freiheitsallee. Das hat sie nun gebracht, die Freiheit: Altkleider aus dem Westen statt Mangelware aus dem Osten. Neben dem Gymnasium im Stalinstil liegt ein etwas zu groß geratenes Denkmal. Diese Errungenschaften ließen die Stadtherren von Mažeikiai in den Findling meißeln: die großen Männer der Stadt, die Bahnverbindung, die litauische Unabhängigkeit und die Erwähnung in einer livländischen Chronik im 13. Jahrhundert.

Mein sechster Fahrlehrer, Gediminas, ist so alt wie ich. Er ist gerade aus Deutschland zurückgekommen, wo er für 9000 Euro einen kleinen Ford gekauft hat – genau das Modell, das die Regitra für Prüfungen verwendet. Das Fahrschulgeschäft brummt. Gediminas hat erst vor einem Jahr angefangen und verwaltet schon acht Autos. Nun sind es neun. Und er zeigt mir die wichtigsten Attraktionen von Mažeikiai: die neue katholische Kirche, eine Can-Can-Pizzeria und einige Wohngebiete, in denen 20 Kilometer pro Stunde gilt. Die schwierigste Passage in der Stadt ist eine 70er-Strecke, die plötzlich in eine deutlich schmalere, normale Straße übergeht. Mein Fahrlehrer erklärt seinen Erfolg mit der wirtschaftlichen Situation der Raffinerie, die vom polnischen Staatskonzern Orlen übernommen wurde. Mehr als 2000 Arbeitsplätze blieben erhalten. Doch am Stadtrand von Mažeikiai sind alle anderen Betriebe geschlossen. In der Gamyklos gatvė 36 liegt die Regitra. Sie heißt Fabrikstraße, obwohl hier nichts mehr produziert wird, was früher vom Fließband lief: keine Schuhe, keine Motoren und keine Kompressoren.

Ich bin längst reif für die Regitra und laufe in die Gamyklos gatvė. Bei der Anmeldung akzeptiert die freundliche Angestellte anstandslos eine elektronische Version meiner Aufenthaltserlaubnis. Auf dem Prüfungsplatz klappt das Einparken, und auch in der Stadt fühle ich mich sicherer als bei den bisherigen Versuchen. Auf der 70er-Strecke unterläuft mir gleich am Anfang ein grober Fehler. Ich hätte auf die linke Spur wechseln müssen. Dadurch überfahre ich eine durchgezogene Linie. Der Prüfer lässt mich weiterfahren. Ich bin so aufgeregt, dass mir drei Mal der Motor ausgeht. Im Kopf läuft die Fehleruhr mit. Vielleicht komme ich doch durch und fahre bis zum Ende konzentriert. Der Prüfer erklärt mir kurzerhand, dass die überfahrene Linie am Anfang ein kritischer Fehler gewesen sei. Ich bin gefasst und unterschreibe das Protokoll. Immerhin habe ich etwas Neues von Litauen gesehen. Warum nicht ein Land durch immer neue Fahrschulprüfungen kennenlernen? Dagegen spricht nicht nur die Gebühr für die praktische Prüfung in Höhe von 30 Euro. Autofahren scheint vor allem etwas mit Gewohnheit zu tun zu haben, mit der Kombination aus unterbewussten Abläufen und einem intuitiven Wissen über die Umgebung. Ich beschließe, den nächsten Versuch wieder in Utena zu unternehmen und nicht jedes Mal eine neue Stadt während der Fahrprüfung zu erkunden. Ein deutscher Baumarkt fasst die Situation so zusammen: »Mach es fertig, bevor es dich fertigmacht!«

Utena ist immer noch so hässlich wie zum Beginn meines Führerscheinprojekts. Nur die Sonne scheint heute nicht. Das macht die Sache nicht leichter. Ich halte mich an die innere Absprache: vor der Prüfung keinen Besuch im Museum, auf dem Friedhof oder in einer Massenerschießungsstätte. Einfach nur Utena, wie es heute ist. Klein, grau und mit ziemlich vielen Stoppschildern. Die Fahrlehrer in Utena sind an diesem Vormittag alle ausgebucht. Das bedeutet, dass die Brauerei und das Trikotagenwerk genügend Arbeit für diejenigen bieten, die hiergeblieben sind. Ich sitze im Baumarkt und starre auf die Kreuzung mit der scharfen Linkskurve. Zweiter Gang, runter von der Kupplung und immer schön in den Rückspiegel gucken. Der Prüfer hat es immer wieder gesagt: »Felix, gucken Sie in den Rückspiegel, halten Sie sich daran.«

Und ganz wichtig: nicht die Taxifirma »Iki pasimatymo« anrufen. Denn was passiert, wenn ich mit deren Fahrern unterwegs bin, weiß ich ja schon. Heute lautet das Tagesmotto: Auf Nimmerwiedersehen. Ich habe acht Stunden geschlafen. In der Tasche das gelbe KET-Heftchen mit den Verkehrsregeln. Und noch mal die theoretischen Fragen: Wie erkennt man, dass die Servolenkung funktionsfähig ist? Man startet den Motor, und die Lenkung wird leichter. Ich beherrsche das jetzt auf Russisch und Litauisch. Die Frau an der Rezeption verliert kein Lächeln. Sie hat offensichtlich nichts zu lachen. Die Frau in der Kasse lächelt aus Prinzip nicht. Der Fahrlehrer begrüßt mich freundlich. Er hat volles Verständnis dafür, dass ich die Prüfung für alle Fälle doch lieber auf Russisch ablegen will. Beim Einparken ist der Abstand vom Bordstein zu groß. Ein Fehlpunkt. In der Stadt geht zweimal der Motor aus. Einmal biege ich rechts ab, ohne zu blinken. Einmal schalte ich zu holprig. Das ist schon Fehlpunkt No. 5. Beim Abbiegen komme ich zu weit von der Spur ab. Fehler No. 6. Einmal nicht in den Rückspiegel geguckt. Noch genau einen Fehler kann ich machen. Dann heißt es: Auf Wiedersehen Utena! Ich halte an einem Vorfahrt-Gewähren-Schild an, blinke, warte und biege 80 Meter vor einem von links kommenden Auto vorsichtig rechts ab. Jetzt müsste ich schnell Gas geben. Aber was, wenn der Motor ausgeht? Also fahre ich erst mal ruhig im zweiten Gang um die Ecke und schalte in den dritten. Das Auto hinter mir beschleunigt plötzlich und überholt mit Lichthupe. Der Fahrer hat sicher nicht das Regitra-Schild am Auto gesehen, sonst hätte er tiefes Mitgefühl mit mir empfunden und wäre langsamer gefahren. Kurze Zeit später erreichen wir die Prüfbehörde. Jetzt nur nicht auf den Bordstein aufsetzen. Der Prüfer dreht sich zu mir um und schüttelt den Kopf: »Was soll ich bloß mit Ihnen machen?« Ich erinnere mich intuitiv an die alte sowjetische Überlebensstrategie, die ich bei den Kindern von vermeintlichen Volksfeinden während des Zivildienstes in Sankt Petersburg gelernt hatte: in kritischen Momenten einfach mal die Schnauze halten. Der Prüfer guckt mich skeptisch an und grübelt laut. »Haben Sie das Auto von links gesehen? Wie groß war der Abstand? Und wie schnell war das Auto?« Ich antworte ganz ruhig. »Hmm.« Ohne die Miene zu verziehen, füllt er das Protokoll aus. Ich halte still. Dann sagt er: »Sie gehen jetzt da rein und bestellen Ihren Führerschein. Herzlichen Glückwunsch. Ich möchte Sie dann aber hier nie wiedersehen!« Die Frau in der Regitra teilt meine Freude, und sie tut etwas, was ich vor der Prüfung in Utena nicht mehr erwartet habe: Sie lächelt. Ein Foto, eine Unterschrift und ein letztes Mal Taxifahren.

5

Šnipiškės – Užupis – Neustadt – Schirwindt

Wilnaer Bürger verlesen die Namen der ermordeten
jüdischen Kinder und Jugendlichen ihrer Stadt.
Die Lesung findet jedes Jahr am 23. September,
einem Holocaust-Gedenktag, auf dem
ehemaligen Gelände des Großen Ghettos unweit
der Deutschen Straße statt.

Deutsche Straße

Am rechten Ufer der Neris erstreckt sich das Panorama der neuen Stadt. Die Litauische Nationalgalerie, einst das Museum der Oktoberrevolution, die Weiße Brücke für Fußgänger, das Hotel Lietuva, die Grüne Brücke und das erste Kraftwerk der Stadt mit der Skulptur der Elektra über dem Giebel. Auf diesem Ufer sollte nach dem Zweiten Weltkrieg gegenüber dem mittelalterlichen Burgberg und der barocken Altstadt von Wilna ein neues Stadtzentrum entstehen. Diese Vision wurde erst nach dem Ende der Sowjetunion Wirklichkeit. In Šnipiškės bilden die Bürotürme zusammen mit dem neuen Rathaus aus Glas eine formidable Skyline der Ära vor der Finanzkrise, in der bis 2008 noch alles möglich schien. Im Laboratory of Critical Urbanism an der belarussischen Exiluniversität entwickle ich mit meinen Mitstreitern Ideen, wie die Bürger stärker in die Diskussion über urbane Zukunftsvisionen einbezogen werden können.

Studierende aus Deutschland, Belarus und Litauen, die an unserer Winterschule teilnehmen, schwärmen aus, um den Einfluss des neuen Verwaltungs- und Finanzzentrums der litauischen Hauptstadt auf den Alltag der bisherigen Einwohner des Stadtteils Šnipiškės zu untersuchen. Als historischer Stadtanthropologe übe ich mit den Studierenden, die heutigen Stadträume als Orte gesellschaftlicher Veränderung zu lesen. Während viele der vor dem Zweiten Weltkrieg errichteten Holzhäuser erhalten geblieben sind, fehlt von ihren einstigen Bewohnern und Architekten fast jede Spur. Im Litauen der Gegenwart ist die Abwesenheit der Angehörigen ganzer sozialer Gruppen in den städtischen Räumen besonders sichtbar. Das formvollendete Wohnhaus im Internationalen Stil, 1937 dort errichtet, wo heute die Kalinausko gatvė 3 ist, seine runden Fassadenelemente und die klare Grundform werden in einem aktuellen Architekturführer als herausragendes Beispiel der Vorkriegsmoderne erwähnt. Die Autorinnen haben auch Isaak Smorgonski recherchiert, den Architekten. Allerdings erfahren ihre Leser nicht, was nur vier Jahre nach dem Richtfest mit dem Architekten, seinem Auftraggeber und den kurzzeitigen Bewohnern des Hauses geschah. Immerhin wird erwähnt, dass 1941 die Gestapo in das Haus einzog.

Litauische Freiwilligenverbände sperrten mehr als 50 000 jüdische Einwohner der Vorkriegsstadt in zwei Ghettos entlang der Deutschen Straße. Das war im Spätsommer 1941. Ab Herbst wurden die meisten Juden unter deutschem Befehl am Rand der Stadt, in Paneriai, erschossen. Die polnischen Einwohner Wilnas wurden nach Kriegsende aus dem nun wieder sowjetischen Litauen ausgesiedelt. In den Holzhäusern in Šnipiškės, im Schatten der Hochhausprojekte, wohnen heute die Kinder von Menschen, die während und nach Ende des Krieges in die von ihren früheren Bewohnern verlassenen Gebäude eingezogen waren. Durch die Privatisierung des kommunalen Wohnraums nach der Auflösung der Sowjetunion gingen die Holzhäuser in vielen Fällen in ihren Besitz über. Sie wissen aber, dass sie weiterhin nicht die Eigentümer sind.

Fast jedes Vorkriegshaus in Wilnas Alt- und Neustadt ist eine sichtbare Hinterlassenschaft der jüdischen und polnischen Architekten, Eigentümer und Bewohner. Ihre Abwesenheit ist präsent durch Lücken, nicht geklärte Eigentumsverhältnisse oder kleine Erinnerungszeichen wie den Spuren einer Mesusot-Schriftkapsel an einem Türrahmen oder einer jiddischen und polnischen Fassadenbemalung in der Žemaitijos gatvė. Der Name verweist auf die Žemaitija, eine der vier ethnischen Regionen Litauens. Vor dem Krieg war die Straße nach Matijah Straszun, dem Gründer der berühmten Jüdischen Bibliothek Wilnas benannt. Die Bibliothek brannte ab, die zumeist litauischen Schützen von Paneriai ermordeten ihre Leser. Die Überreste des Gebäudes ließen die sowjetischen Stadtplaner nach Kriegsende abtragen, um die Deutsche Straße zu verbreitern. An Straszun erinnert eine Gedenktafel, aber der Straßenname lautet trotz einer Umbenennungsinitiative noch immer Žemaitijos gatvė. So ist es kein Zufall, dass die heutigen Bewohner oft nicht wissen, wer die Vormieter und Eigentümer ihrer Wohnungen und Büros waren.

Bezeichnend für das kollektive Vergessen ist der Eintrag im Katasteramt, auf den die Immobilienmakler zugreifen, wenn sie ihre Objekte beschreiben. Für jedes Haus, das vor dem Zweiten Weltkrieg errichtet wurde und über das keine vollständige Dokumentation vorliegt, wird 1940 als Baujahr angegeben – das Jahr, in dem Wilna infolge des Hitler-Stalin-Pakts für kurze Zeit unter litauische Herrschaft fiel. Das zehn Jahre vor dem Ersten Weltkrieg errichtete Backsteingebäude der jüdischen Händlerfamilie mit dem charakteristischen schmiedeeisernen Balkon: Baujahr 1940. Das baufällige Holzhaus der polnischen Handwerker aus den 1920er Jahren in Šnipiškės: Baujahr 1940. Eine der wenigen Jugendstilvillen Wilnas in der Vorstadt Žvėrynas: Baujahr 1940.

Interpretationen der Moderne

Das letzte große öffentliche Gebäude, das noch 1939 fertig wurde, steht für die Kontinuität von Häusern, die ihre Funktion auch weiterhin erfüllten, egal was aus ihren Bewohnern geworden ist. Sie wurden für einen bestimmten Zweck errichtet und funktionieren auch für die neuen Bewohner. Das Wohnheim der polnischen Stefan-Batory-Universität in der Tauro gatvė war nur wenige Monate in Betrieb, bevor Wilna zunächst unter litauische und dann unter sowjetische Herrschaft kam. Die litauische Verwaltung Wilnas schloss die polnische Universität und ersetzte sie durch eine litauische Hochschule. Die ehemaligen Studierenden begannen nach 1944 ein neues Leben in Polen. Das Gebäude überstand den Krieg weitgehend unbeschadet und wurde von der sowjetisch-litauischen Universität Wilna übernommen. Es dient bis heute als Studentenwohnheim. Im Erdgeschoss gibt es eine Turnhalle, am Ende der langen Korridore je einen Balkon mit geschwungener Brüstung. Die Fassade ist seit 1939 unverändert erhalten, nur die Fenster aus Holz wurden durch Plastikfenster ersetzt.

Das Wohnheim steht für die scheinbare Kontinuität der Moderne, die jedoch nicht linear verlief. Nach 1944 entstanden die ersten sowjetischen Gebäude unter strengen Vorgaben des sozialistischen Realismus Moskauer Provenienz. Entlang des linken Ufers der Neris wurde innerhalb eines Jahrzehnts eine ganze Häuserfront im Stil des sowjetischen Eklektizismus gestaltet, der strenge Elemente des Neoklassizismus mit folkloristischen Ornamenten verbindet. Die Wohngebäude für Wissenschaftler, Künstler und Parteifunktionäre könnten auch in Kiew oder Leningrad stehen. Der Fassadenstuck unterscheidet sich kaum von den dortigen Häusern für Wissenschaftler, Künstler und Parteifunktionäre. Das lange 19. Jahrhundert hatte während der russischen Herrschaft in Gestalt historistischer Gebäude nach Petersburger Vorbild seine Spur hinterlassen, und die neuen Fassaden passten sich bruchlos in die Stadt ein. Nach einer Grundsatzrede über die neue Architektur, die Nikita Chruschtschow bereits 1954 hielt, um zu prüfen, wie weit er in der öffentlichen Kritik Stalins gehen konnte, änderte sich das Bauen auch in Wilna. Litauische Architekten prägten nun eine litauische Interpretation der sowjetischen Spätmoderne.

Zu den wichtigsten Bauwerken des 20. Jahrhunderts gehören große Wohnungsbauprojekte wie das Neubauviertel Lazdynai und der 326 Meter hohe Fernsehturm. Die meisten Architekten der Gebäude, die von zentraler Bedeutung für das litauische Selbstverständnis sind, heißen mit Vornamen Vytautas. Der litauische Staat versprach ihren Eltern Ende der zwanziger Jahre einen kostenlosen Studienplatz, wenn sie ihr Kind nach dem

Großfürsten nannten. Die Vytautas-Generation wuchs noch in Kaunas auf und war Ende des Zweiten Weltkriegs jung genug, um an den sowjetischen Universitäten und Kunsthochschulen in Wilna Zugang zur neuen sozialistischen Planwirtschaft zu erhalten. Vytautas Briedikis, Vytautas Čekanauskas und die Gebrüder Vytautas und Algimantas Nasvyčiai gelten in Litauen bis heute als »Ritter der Architektur«.

Das Museum der Großen Oktoberrevolution wurde 1980 von Vytautas Vielius und Gediminas Baravykas errichtet. Der neue Hausherr, die Nationalgalerie, ließ die ineinandergeschobenen Kuben drei Jahrzehnte später zu einem makellosen Museumsgebäude des 21. Jahrhunderts umbauen. Blickt man von hier über die Weiße Brücke, scheint der Stein gewordene Stalinismus nicht nur mit den historistischen Bauten der späten Zarenzeit zu harmonieren. Auch die barocken Türme der Altstadt fügen sich in das Bild Wilnas. Diesen Kontrast von Alt und Neu nutzten die Gestalter sowjetischer Architekturführer schon in den 1970er Jahren. Sie blendeten die Abbildungen von Neubaugebieten und gotischen Wohnhäusern ineinander. Vor dieser hybriden Kulisse aus Vergangenheit und Zukunft ließen sich die sowjetisch-litauischen Architekten im Sitz des Architektenverbandes porträtieren.

Die Grüne Brücke

Im Konferenzraum der Nationalgalerie wird die Frage verhandelt, ob die sowjetischen Skulpturen auf der Grünen Brücke verbleiben sollen. Das Bauwerk entstand 1952 an der Stelle der alten Brücke, die am Kriegsende von Soldaten der abziehenden Wehrmacht zerstört worden war. Während der Entwurf der Brücke aus dem Leningrader Ingenieurbüro *Projektstalkonstrukzija* kam, fertigten litauische Bildhauer die Skulpturen. Die vier Figurengruppen symbolisierten den Aufbruch der litauischen Nachkriegsgesellschaft in die sozialistische Zukunft: zwei Bauarbeiter, bereit, eine neue Stadt zu errichten. Eine Studentin und ein Student, auf dem Weg, sich am Pädagogischen Institut und der Universität Wilna einzuschreiben. Eine Bäuerin und ein Bauer bestellen die Felder, um die Not der Nachkriegszeit zu lindern. Und zwei sowjetische Soldaten sichern den Bolschewiki die Macht über Litauen, denn ein Großteil der Bevölkerung hatte die Rückkehr der Roten Armee nach dem Hitler-Stalin-Pakt sowie die sowjetischen Massendeportationen im Winter und Sommer 1941 nicht willkommen geheißen.

Niemand im Konferenzraum stellt in Frage, dass die Skulpturen auf der Grünen Brücke heute für die gewaltsame Einführung des Stalinismus in Litauen stehen, die mit der Übernahme Wilnas verbunden war. Denn nachdem alle Wilnaer Juden ermordet und die meisten Polen aus der Stadt vertrieben worden waren, kamen nach dem Zweiten Weltkrieg Studenten und Bauarbeiter aus Kaunas oder der litauischen Provinz in die neue Hauptstadt. Dass die Litauischwerdung Wilnas mit der Sowjetisierung Hand in Hand ging und sie ihren Anfang im Stalinismus hatte, wird heute nicht diskutiert. Die Überzeugung, Wilna sei schon immer eine litauische Stadt gewesen, ist Kern der Staatsdoktrin. Die Skulpturen auf der Grünen Brücke sind das einzige noch existierende Denkmal für die Verwobenheit von sowjetischer Herrschaft und litauischem Neubeginn in Wilna. Nun soll es weichen, um einen letzten symbolischen Sieg über die Sowjetunion zu erringen. Auch ein Symbol der eigenen Beteiligung an der sowjetischen Aneignung der Stadt würde damit aus dem Stadtraum entfernt.

Heute sind all jene gekommen, die den Erhalt der Skulpturen befürworten: Architekten, Denkmalschützer, Historiker, Aktivisten und Kunsthistoriker. Sie sind sich einig, dass man die Skulpturen als Denkzeichen und Kulturdenkmal bewahren sollte, und zugleich ein wenig ratlos. Einige der Anwesenden waren bis vor kurzem in den staatlichen Gremien für Denkmalschutz vertreten. Doch nachdem die höchste Kommission des Landes für den gesetzlichen Schutz der Metallskulpturen auf der Grünen Brücke gestimmt hatte, wurde sie aufgelöst und eine neue eingesetzt. Hinter vorgehaltener Hand sind sich hier alle einig: Der Austausch erfolgte unter dem Druck von litauischen Opferverbänden, deren Mitglieder die Erinnerung an sowjetische Verbrechen verunglimpft sahen. »Die neue Kommission wurde handverlesen nach dem Telefonprinzip: Die potenziellen Mitglieder wurden angerufen, und wenn sie für den Erhalt der Skulpturen sind, wurden sie nicht vorgeschlagen«, erklärt mir eine Kunsthistorikerin.

Der Ausgang war vorherzusehen: Es gibt den politischen Auftrag, das sowjetische Erbe aus dem Stadtraum zu löschen. Auf der heutigen Veranstaltung sollen die Argumente der Gegenseite zu Wort kommen. Die Versammelten wollen beweisen, warum die Brücke mitsamt den Skulpturen als Denkmal erhalten werden muss. Sie wollen die Brücke in ihren historischen Kontext stellen, aber auch für einen selbstkritischen Umgang mit Denkmalschutz in der Republik Litauen werben. Es folgen fünf Vorträge in zwei Stunden, und so bleiben – wie immer bei solchen Gelegenheiten – nur zehn Minuten für Fragen zu allen Vorträgen. Eine Diskussion ist nach der Kaffeepause vorgesehen. Doch sie beginnt mit fünf weiteren Statements.

Das hier sei eine Diskussion ohne den Kontrahenten, beginne ich – ob das ein litauisches oder sowjetisches Erbe sei? Doch auch auf meine folgenden Fragen erhalte ich keine Antwort: Wann werden Litauer anfangen, die sowjetische Geschichte nicht mehr als etwas Fremdes zu sehen, sondern sie als Teil der eigenen Geschichte zu begreifen? Nicht zum ersten Mal bei einer Großkonferenz in Litauen verlasse ich den Raum mit dem Gefühl, allein auf der Welt zu sein. Gerade habe ich mich zum ersten Mal überwunden, vor fast hundert Leuten in meinem gebrochenen

Litauisch etwas zu sagen, was als Provokation gedacht war. Doch das schien niemanden hinter dem Ofen hervorzulocken. War mein Litauisch zu schlecht oder die Provokation zu banal? Vielleicht war es auch keine Provokation, weil die Anwesenden besser wussten, welches Spiel um die Grüne Brücke gespielt wird.

In Litauen werden unterschiedliche Positionen nie direkt verhandelt – das war die Lektion dieses Tages. Es gibt kaum Situationen, in denen Differenzen offen diskutiert werden. Oft verschanzen sich politische Gegner im Kreis von Gleichgesinnten. Sie formulieren zwar Argumente und wissen, warum die Gegenseite unrecht hat. Aber dabei belassen sie es. Um die Grüne Brücke wird gerungen, nur nicht öffentlich, nicht auf Podiumsdiskussionen oder als Debatte in den Zeitungen. Die wichtigen Fragen werden ohnehin mündlich verhandelt, in Litauen jedoch lieber unter Vertrauten. Die einzigen Orte des Austauschs unterschiedlicher Meinungen sind die zwei großen Internetportale *Delfi.lt* und *15min.lt*. »Die Menschen, die heute in der Stadt wohnen, haben in ihrem Leben keine Zeitung gelesen«, erklärt mir ein litauischer Historiker. »Die Großeltern in den Dörfern und Kleinstädten hatten keine Zeitungen. Und zu Sowjetzeiten hat es sich nicht gelohnt, einen Blick in die litauische *Prawda* zu werfen. Und so haben wir heute auch nur die Imitation von Tageszeitungen.«

Kurz nach dem Beginn der Sommerpause beschließt der neue Bürgermeister, das Ringen um die Skulpturen abzubrechen, indem er die Demontage der Figuren anordnet. Offiziell nur, um sie restaurieren zu lassen. Doch alle Beteiligten wissen, dass sie nicht zurückkehren werden. Einige Monate später erkennt auch die neu zusammengestellte Denkmalschutzkommission der Grünen Brücke den Status als Kulturdenkmal ab. Im Kampf gegen das sowjetische Kulturerbe bepflanzt die Stadtverwaltung auf jedem Brückenpfeiler ein Blumenbeet. Um etwas Geld für deren Unterhalt zu verdienen, vermietet die Stadt die Brücke nun an Audi als Ausstellungsbühne für die Präsentation des neuen A4-Modells. Die Gebühr beträgt 800 Euro für einen Brückenpfeiler. Obwohl Audi die Brücke nur für einen Tag als Werbeträger mietet, ist der Effekt groß, weil die Einwohner Wilnas umgehend im Internet diskutieren, was es bedeutet, wenn deutsche Autos sowjetische Skulpturen ersetzen.

Herr Katt

Östlich der Altstadt liegt die Freie Republik Užupis. Künstler gründeten sie 1997 in der Hoffnung auf eine andere, ironische Zukunft Litauens. Neben einer litauischen, russischen und englischen Version der Verfassung hängen in der Paupio gatvė auch die Übersetzungen in zwei Dutzend Sprachen. Der erste Teil der deutschen Version lautet:

§ 1 Jeder Mensch hat das Recht, am Fluss Vilnia zu leben, und der Fluss Vilnia hat das Recht, an jedem vorbeizufließen.

§ 2 Jeder Mensch hat das Recht auf heißes Wasser, Heizung im Winter und ein gedecktes Dach.

§ 3 Jeder Mensch hat das Recht, aber nicht die Pflicht zu sterben.

§ 4 Jeder Mensch hat das Recht, Fehler zu machen.

§ 5 Jeder Mensch hat das Recht, einzigartig zu sein.

§ 6 Jeder Mensch hat das Recht zu lieben.

§ 7 Jeder Mensch hat das Recht, nicht geliebt zu werden, aber er muss nicht.

§ 8 Jeder Mensch hat das Recht, gewöhnlich und unbekannt zu sein.

§ 9 Jeder Mensch hat das Recht, faul zu sein.

§ 10 Jeder Mensch hat das Recht, eine Katze zu lieben und für sie zu sorgen.

§ 11 Jeder Mensch hat das Recht, sich um einen Hund zu kümmern, bis einer von ihnen stirbt.

§ 12 Ein Hund hat das Recht, ein Hund zu sein.

§ 13 Eine Katze ist nicht verpflichtet, ihren Besitzer zu lieben, aber muss in Zeiten der Not helfen.

§ 14 Manchmal hat jeder Mensch das Recht, seine Pflichten nicht zu kennen.

§ 15 Jeder Mensch hat das Recht, aber nicht die Pflicht zu zweifeln.

§ 16 Jeder Mensch hat das Recht, glücklich zu sein.

§ 17 Jeder Mensch hat das Recht, unglücklich zu sein.

§ 18 Jeder Mensch hat das Recht, still zu sein.

§ 19 Jeder Mensch hat das Recht zu vertrauen.

§ 20 Niemand hat das Recht, Gewalt anzuwenden.

Seit kurzem gibt es in der Freien Republik einen Frisörsalon namens Herr Katt. Anders als im übrigen Litauen herrscht hier verfassungsgemäß immer gute Laune. Das muss auch an den beiden Männern liegen, die im neuen Herrensalon arbeiten und so viel Stil haben, dass im Netz Herr-Katt-Selfies kursieren. Der jüngere Frisör hat Locken und redet ohne Punkt und Komma, der ältere trägt einen gepflegten grauen Bart und ist stiller. Anfangs dachte ich, die beiden seien Vater und Sohn, ich traute mich aber nicht zu fragen.

Nachdem Deutschland Weltmeister geworden war, wünschte sich mein Sohn Leander einen Fußballerschnitt. Seine Haare waren schon so lang, dass er im Europa-Garten als Mädchen angesprochen wurde, und mein jüngster Versuch, mit dem Bartscherer auf der Null-Zentimeter-Stufe Akzente zu setzen, hatte in der Familie unterschiedliche Reaktionen hervorgerufen. Der ältere Angestellte des Herrn Katt rasierte Leander vorsichtig die Seiten ab und machte ihm einen Zlatan-Zopf, denn bei aller Begeisterung für die deutsche Nationalmannschaft gefällt Leander die Frisur des schwedischen Stürmers.

»Mein Großvater war Frisör in Panevėžys«, erzählte Elidijus, als ich meine Frage gestellt hatte, um die Vater-Sohn-Hypothese zu entkräften. »Er wollte sich in den Dreißigern selbständig machen. Gut, dass er es nicht geschafft hat. Denn 1940 kamen die Sowjets, sie hätten ihn enteignet und deportiert. Aus dem Laden wurde eine Produktionsgenossenschaft, und mein Großvater blieb zeit seines Lebens Barbier. Er arbeitete von morgens bis abends, ohne Pause, und eines Tages fiel er tot um – das war genau ein Jahr vor meiner Geburt. Obwohl ich ihn nicht kennengelernt habe, lebt er weiter. Sein Beruf ist meine Berufung. Hier, gucken Sie mal! Dieses alte Foto – das ist mein Großvater bei der Arbeit. Ich glaube, deshalb haben mich die Inhaber überhaupt angestellt. Weil ich eine Geschichte habe.«

Ohne weitere Frage landeten wir im Sommer 1941, als Wehrmacht und Gestapo nach Wilna kamen und feststellten, dass es hier Karäer gab, Angehörige einer semitischen Religionsgruppe. Ihre Vorfahren waren vor Jahrhunderten in das Großfürstentum Litauen eingewandert. Weil sie stets für Juden gehalten wurden, ist ihre Geschichte nur spärlich erforscht. Als im späten 19. Jahrhundert die Nationalbewegungen in Wilna und Umgebung in Konkurrenz zueinander traten, rückten die Karäer von den jüdischen Gemeinden ab. Sie betonten ihre westtürkische Sprache und schrieben fortan in lateinischer statt in hebräischer Schrift. Das rettete späteren Generationen das Leben, denn zwei wissenschaftliche Gutachten bestätigten den deutschen Besatzern, dass die Karäer keine Juden waren. Sonst gäbe es heute bei Herrn Katt nichts zu lachen. Und keine Zlatan-Frisur für meinen Sohn.

Aus dem Kunstprojekt Užupis ist inzwischen ein hipper Stadtbezirk geworden. Die lukrativsten Immobilien kaufte Artūras Zuokas, der über die Grenzen Litauens hinaus bekannt wurde mit einem Video, in dem er auf einem Schützenpanzer Falschparker auf dem Gedimino prospektas buchstäblich plattmachte. Als Bürgermeister fuhr der Politiker der Liberalen bis zu seiner Abwahl 2015 demonstrativ auf einem Segway mit der Aufschrift »Mayor« und mit dem Handy am Ohr über die Brücke zum Rathaus in Šnipiškės. Auch Andreas, der deutsche Spezialist für Mehrsprachigkeit, wohnt seit Jahren hier. Er schlug das Jahresmotto der Republik für 2016 vor: Už bangą. Auf der Welle. Die litauische Archäologin Giedrė und ihr Mann Steve, ein amerikanischer Automobilingenieur, haben eine Dachgeschosswohnung gekauft und selbst ausgebaut. Und der gewählte Stadtteilvertreter Sakalas Gorodeckis kämpft gegen die Geschäftspraktiken korrupter Großinvestoren, die in Užupis möglichst viele Apartmenthäuser errichten wollen. Zum Geburtstag der Freien Republik am 1. April findet ein Umzug statt, der von einem Traktor angeführt wird. In der Schaufel sitzt Gorodeckis mit Napoleonhut. Am Fluss stempeln Freiwillige die Pässe der Transitautos. An diesem Tag kommt noch einmal das Gefühl auf, dass trotz fast vollständiger Gentrifizierung noch etwas vom Mythos Užupis erhalten geblieben ist.

Die Gründer des Herrenfrisörs kamen aus St. Petersburg und hatten sich eine Legende zurechtgelegt, warum es mitten in der Freien Republik einen Barbershop mit deutschem Namen gibt: Es war einmal ein Ostberliner Frisör, der hatte seinen Salon am Alexanderplatz. Eines Tages sollte er verstaatlicht werden. Herr Katt floh in den Westen und wurde von einem Schäferhund der DDR-Grenztruppen so stark verletzt, dass er nie wieder Haare schneiden konnte. »Wir haben einen neuen Laden in Wilna aufgemacht, um den Geist von Herrn Katt zu feiern«, verkündet die Werbepostkarte. Junge litauische Künstler hatten schwarze Hipstergraphiken an die gekalkte Wand appliziert: zwei Jungs in Basecaps, jeder mit einer Kettensäge in der Hand. Eine Brauerei aus Klaipėda spendierte den Kühlschrank mit einem Bier der Marke »Ohne Schnurrbart«. Herr-Katt-Kunden bekommen eine Flasche gratis zum Haarschnitt. Ein MP3-Player mit Reggae-Musik ist an einen alten Verstärker angeschlossen. Touristen, die nebenan die Verfassung der Freien Republik Užupis und die Botschaft von Tibet bestaunen, machen einen Schnappschuss: Herr Katt und ich. »Wie im Zoo«, lacht der junge Frisör.

Elidijus will mit einem Bekannten aus Minsk zwei, drei Läden eröffnen, die so heißen wie sein Großvater. Einen soll es auch in Panevėžys geben. Traum und Alptraum der Stadt seiner Vorfahren sind für mich nur einen Schluck Bier voneinander entfernt. »Die Deutschen sind kluge Leute. Sie mordeten nicht einfach drauflos. Sie wussten, dass wir keine Juden sind. Meine Familie hat überlebt.«

Nach dem Krieg verloren Glaube und Sprache in den meisten karäischen Familien an Bedeutung. Aber viele feierten weiterhin die traditionellen Feste. Heimlich richteten sie karäische Hochzeiten aus. Elidijus erzählte, wie er in Wilna Logistik studierte, nach Panevėžys zurückkehrte und dort nach 1991 für eine polnische Bank arbeitete. »Doch ich habe immer gern Haare geschnitten. Das ging schon in der sowjetischen Armee los. Nur mit einer Schere. Dutzende von Rekruten. Das ist keine schlechte Praxis fürs Leben.« Als ich ihn nach den Kibinai-Teigtaschen fragte, für die die Karäer in Litauen bekannt sind, winkte er nur ab: »Das ist nicht der richtige Teig, den sie verwenden. Die Füllung ist nur aus Lammfleisch. Was die Litauer heute auf der Straße verkaufen, das sind keine Kibinai. Aber ich habe in Trakai eine Schulfreundin, die weiß noch, wie man sie richtig bäckt.«

Leander, der jetzt wie Klein Zlatan aussah, traute sich noch nicht, die Haare zum Zopf zu binden. Ich nutzte die Gelegenheit und ließ mir zum ersten Mal im Leben den Bart schneiden. Der Frisör nahm sich dafür eine gute Stunde Zeit, lang genug, um mir von Deutschland vorzuschwärmen. Eben waren wir noch beim verhinderten Mord an den Karäern, die Deutschen hatten fast jeden dritten Einwohner Wilnas umgebracht, in Panevėžys war es jeder vierte – und heute sind wir wieder Weltmeister. Ich bat um ein weiteres Bier »Ohne Schnurrbart«. Der Frisör wusste, wovon er sprach. Seine Cousine Ellada, eine Popsängerin, war vor einigen Jahren nach Düsseldorf gegangen, weil es in Litauen zu wenig Publikum gibt, das sich für ihre Musik interessiert. In den gehobenen Restaurants von Nordrhein-Westfalen veranstaltet sie russischsprachige Disco-Shows zum Internationalen Frauentag. Ellada arbeitet hart, damit es ihre Tochter Nikoletta zu *Deutschland sucht den Superstar* schafft. Die *Bild*-Zeitung berichtete über die RTL-Show: »Dieter Bohlen trat schon mit ihrer Mutter auf.« Darauf ist der Onkel in Wilna stolz. Herr Katt empfiehlt englisches Bartöl. Das hält die Haare weich. Und gegen ein Foto für die Internetseite gibt es drei Euro Rabatt.

Eine kurze Geschichte Litauens

Unterwegs in die Region Suvalkija im Süden Litauens. Unsere Freunde Darius und Marielle, ein litauisch-französisches Paar aus Wilna, haben uns eingeladen, zu Allerheiligen gemeinsam ihre Eltern in Kudirkos Naumiestis zu besuchen. Die Stadt heißt auf Jiddisch Naischtat und auf Deutsch Neustadt. Die Stadtverordneten nannten sie 1934 nach Vincas Kudirka, dem Autor der litauischen Nationalhymne: Kudirkas' Neustadt.

Nach dem Mittagessen unternehmen wir mit den Kindern einen ausgedehnten Herbstspaziergang entlang der Außengrenze der Europäischen Union. Wir laufen zur Schirwindt, die an dieser Stelle schon seit 1422 Grenzfluss ist. Sie mündet unweit von hier am katholischen Friedhof in die Scheschuppe. An der 1882 errichteten Brücke aus rotem Backstein erzählt Darius' Vater Antanas begeistert von der ostpreußischen Stadt Schirwindt, die einst in Sichtweite lag, nordwestlich der Brücke. Die Bäume der Allee, die von Neustadt nach Schirwindt führte, stehen noch. Die deutsche Stadt hingegen ist verschwunden. Nur die Fundamente sind geblieben, längst von Büschen und Bäumen überwuchert.

»Seit 1725, als König Friedrich Wilhelm I. ihr die Stadtrechte verlieh, war Schirwindt mit seinen tausend Einwohnern die östlichste Stadt des Deutschen Reiches. Heute ist da nur noch ein Stück Wald auf einem Truppenübungsplatz«, erklärt er uns.

Die Einwohner Schirwindts kamen über die Backsteinbrücke, um in Litauen zum Schuster zu gehen und Brennholz zu
kaufen. Neustadt am anderen Ufer der Schirwindt erhielt 1639
von der polnischen Königin und litauischen Großfürstin, Cäci-
lia Renata von Österreich, zu Ehren ihres Mannes den Namen
Władysławowo. Von 1795 bis 1807 kam dieser Teil Polen-Li-
tauens als Neuostpreußen unter preußische Herrschaft.

800 Meter trennten Neustadt von der deutschen Stadt Schirwindt
jenseits des Grenzflusses. Die Neustädter sprachen Litauisch, Jiddisch, Polnisch und Russisch, die Schirwindter vor allem Deutsch;
auf einigen Höfen konnte man auch Litauisch und Polnisch hören. Antanas erklärt, dass Neustadt für die Händler in Schirwindt stets eine Bedrohung war, denn die Preise für Holz und
Lebensmittel waren niedriger. Die Dienste der jüdischen Handwerker in der fast doppelt so großen Stadt waren besonders günstig.
Deshalb gab es seit jeher einen regen Verkehr über die Brücke.
Das Zollhäuschen an der Grenze zwischen dem Russischen und
dem Deutschen Reich war am Vorabend des Ersten Weltkriegs
eines der am häufigsten abgebildeten Gebäude von Neustadt
und Schirwindt gleichermaßen. »Litauer und Juden aus Neustadt gingen auch nach dem Ersten Weltkrieg nach Schirwindt,
um Eisenwaren und Molkereiprodukte zu kaufen«, erzählt er.
Nach 1918 lag Neustadt in der neugegründeten Litauischen
Republik, während Ostpreußen sich zunehmend als Vorposten
eines von der Sowjetunion und Polen bedrohten deutschen Os-
tens sah. In Neustadt lebten zweihundert jüdische Familien. Unter ihnen Bäcker, Schächter, Uhrmacher, Frisöre, Hutmacher,
Fotografen und zwei Dutzend Bauern. Die Einwohner des deutlich kleineren Schirwindt errichteten auf dem Marktplatz einen
preußischen Adler. Der Blick der Skulptur ist durch die Neustädter Straße hinüber nach Litauen gerichtet. Der Adler erinnert an einen Besuch Friedrich Wilhelms IV., der so begeistert

vom Sonnenaufgang in Schirwindt war, dass er der Stadt ein Wappen mit einem preußischem Adler, einem backsteinernen Tor und einer gleißenden Sonne verlieh. 1926 weihten die Einwohner von Neustadt direkt an der Grenze ihre Antwort ein: ein weißes Denkmal für den Großfürsten Vytautas und ein sichtbarer Verweis auf die einstige Größe Litauens und den Sieg über den Deutschen Orden vor Tannenberg. Während der sowjetischen Besatzung verschwand das Denkmal. Unmittelbar nach Erlangung der litauischen Unabhängigkeit 1991 fertigten Patrioten eine Kopie an und weihten das Denkmal in Neustadt erneut feierlich ein. Doch nun blickt Vytautas der Große nicht auf Ostpreußen, sondern auf die russische Exklave Kaliningrad.

Nur wenige Schritte von diesem Denkmal entfernt blieb ein verrostetes Gartentor erhalten, das in gotischer Schrift den Goethe-Vers »Edel sei der Mensch, hilfreich und gut!« zitiert. Es sieht so aus, als hätten die Bewohner den Schriftzug zu sowjetischen Zeiten übermalt und als sei er erst jetzt unter alten Farbschichten wieder zum Vorschein gekommen.

Der Besitzer bemerkt, dass wir sein Tor inspizieren, und bittet uns ins Haus. Er selbst habe das Goethe-Zitat auf das Tor gemalt, erzählt er, in den neunziger Jahren. Besonders stolz ist er darauf, dass der Schriftsteller Vincas Kudirka, der in Neustadt die letzten Jahre seines Lebens verbrachte, bis er Ende 1899 starb, hier in der Fleischerei eingekauft habe. Für den Besitzer Grund genug, um aus dem ungenutzten Elternhaus eine Kudirka-Fleischkauf-Gedenkstätte zu machen. Das Haus ist eines von vier Museen in einer Stadt mit 1500 Einwohnern, die noch ein weiteres, staatliches Vincas-Kudirka-Museum beherbergt. In keinem der Museen wird erwähnt, dass Vincas Kudirka als Ideologe der litauischen Nationalbewegung auch ein bekennender Antisemit war. In Briefen war er immer wieder über seine nahe Heimatstadt, Vilkaviškis, als »Judenstadt« hergezogen.

Weil der Autor der litauischen Nationalhymne bei seinem

Fleischeinkauf keinerlei Spuren hinterließ, stellt der Betreiber Spinnräder, Leinenkleider, Holzgeräte und eine Karte von Kleinlitauen aus. Der einst preußische Teil Litauens erstreckt sich aus litauischer Sicht fast über den gesamten Norden Ostpreußens. Die Karte zeigt Königsberg, Tilsit und Schirwindt mit ihren litauischen Namen. Viele der deutschen Ortsnamen wie die nächste ostpreußische Kreisstadt, Pillkallen, gehen auf frühere baltische Formen zurück. Bevor der Deutsche Orden die Region zwischen Weichsel und Memel kolonisierte, lebten dort baltische Stämme – unter ihnen die Pruzzen, auf deren Bezeichnung Prūsai der geographische Name Preußen zurückgeht. Der Deutsche Orden zwang die heidnischen Pruzzen nach einem erfolgreichen Vorstoß ab dem 13. Jahrhundert zum Christentum. Nach und nach ging ihre Sprache verloren. Auch der Name Schirwindt geht auf das Baltische zurück. Auf Litauisch heißt die Stadt Širvinta. Der Name deutet auf einen heiligen Ort hin.

Beim Besuch der Kudirka-Fleischkauf-Gedenkstätte bekommen wir auch noch eine der verschlungenen Verschwörungstheorien über die Europäische Union aufgetischt, die Litauen in den Ruin treibe wie einst der Deutsche Orden die Pruzzen. Der Betreiber lässt es sich nicht nehmen, uns außerdem auf Geda, einen angeblich berühmten Langläufer aus Neustadt hinzuweisen, dem er ein privates Denkmal gesetzt hat. Hier an der Grenze zur Russischen Föderation ist noch reichlich Raum für Erinnerungsarbeit.

Wir ziehen weiter. Darius zeigt uns, wo er und seine Schwester vor 1991 in der Schirwindt gebadet haben. Wir besichtigen ihre Schule, wo beide so gut Deutsch gelernt haben – unsere Kinder spielen im Hof, auf dem bis 1914 eine russisch-orthodoxe Kirche stand. Hinter dem Schulgelände beginnt eine Straße mit leer stehenden Holzhäusern, daran angrenzend ein ausgedehnter jüdischer Friedhof. Er sieht gepflegt aus, obwohl Hunderte Grabsteine fehlen. In der Mitte erinnert ein symbolischer Torbogen mit einer Inschrift daran, dass dies noch immer ein jüdischer Ort ist, auch wenn heute keine Juden mehr in Neustadt leben. Ganz hinten steht ein Gedenkstein für die ermordeten jüdischen Einwohner der Stadt.

Die einzigen nicht namenlosen Kriegsgräber liegen am Rand des Friedhofs. Dort wurden der Erste Sekretär der kommunistischen Pionierorganisation aus Neustadt und fünf andere Litauer beigesetzt, die im Juni 1941 gemeinsam mit den Juden als Sympathisanten der Bolschewiki hingerichtet wurden. Hinter einer weiteren Baumreihe liegt ein Massengrab von etwa 11 500 sowjetischen Kriegsgefangenen. Ein hundert mal fünfzig Meter großes Gräberfeld und eine schwarze Marmorplatte mit eingravierten Trauerweiden verweisen auf ihren Tod.

Auf dem Rückweg in die Stadt durchqueren wir das Gelände des ehemaligen Kriegsgefangenenlagers. Ein Bauer benutzt noch heute einige der Baracken. Um den Spaziergang unter dem Motto »Friedhof Europa« abzuschließen, biegen wir zu einer orthodoxen Kapelle ab. Neben den schlichten Grabmalen der russischen Gefallenen im Ersten Weltkrieg steht ein Dutzend unscheinbarer Eisenkreuze mit den Namen deutscher Gefallener desselben Krieges. Bei der Renovierung der Grabstätten durch die russische Botschaft in Wilna wurden auch die Gräber deutscher Soldaten saniert. Der Gedenkstein von 2012 erinnert auf Russisch an die »Gefallenen Soldaten der Armee des russländischen Imperators«.

In der Hauptstraße von Neustadt sehen wir zwei weitere Gedenktafeln: für die sowjetischen NKWD-Soldaten, die beim ersten Angriff der deutschen Luftwaffe auf Neustadt tödlich verletzt wurden, und für die Litauer, die im Haus gegenüber in den Monaten zuvor vom NKWD gequält worden waren. Um die Ecke, vor der katholischen Kirche, befindet sich das Denkmal für die neun Waldbrüder aus Neustadt, die nach 1944 gegen den NKWD kämpften und dabei ums Leben kamen.

Der Spaziergang wurde zu einem kurzen Rundgang durch die litauische Geschichte des 20. Jahrhunderts.

Totenstädte

Am Vorabend von Allerheiligen gehen wir mit Antanas und seiner Frau Irena zum katholischen Friedhof, um Kerzen an den Gräbern der Familie unserer Gastgeber anzuzünden. Am Weg liegt das Gartenmuseum des Volkskünstlers Pranas Sederevičius. Er hatte zu sowjetischen Zeiten in seinem Garten nicht nur den verunglückten Lithuanica-Piloten Darius und Girėnas ein Denkmal gesetzt. Held heißt auf Litauisch wörtlich übersetzt Großer Mann. Darum schenkte Sederevičius allen Großen Männern der litauischen Nation eine überlebensgroße Skulptur, die die Grenze zwischen Kitsch und Ironie auslotet: Großfürst Vytautas und Schriftsteller Vincas Kudirka sitzen gemeinsam vor einem riesigen Hirsch. Zur Straße hin lächelt freundlich John F. Kennedy. Die Sowjetunion kann nicht in jeder Republik derselbe Staat gewesen sein, wenn ein litauischer Künstler wie Pranas Sederevičius die Skulptur eines amerikanischen Präsidenten in seinem Garten aufstellen konnte! Im Herbst sind nur wenige Einwohner auf der Straße, und die Stadt wirkt eher wie ein großes Dorf. Das Einzige, was in Neustadt an eine Stadt der Gegenwart erinnert, ist der Campinganhänger, der an der Vytautas-Straße als mobiler Kebabstand dient. Auf dem Parkplatz gegenüber stehen am frühen Abend ein paar Jugendliche aus den umliegenden Dörfern vor ihren tiefer gelegten Golfs mit blauer LED-Beleuchtung.

Auf dem Friedhof sind Hunderte Menschen auf den Beinen. Es brennen unzählige Kerzen. Die meisten Lichter stehen auf dem Grab von Vincas Kudirka. Nur wenige Meter daneben liegen die Gräber mehrerer im Juni 1941 erschossener litauischer Kollaborateure der Bolschewiki. Unter den Opfern ist auch der

Bruder von Antanas' Vater, doch eine Kerze stellt er für seinen Onkel nicht auf. Er hat ihn nie kennengelernt. Sein Vater hatte noch drei weitere Brüder, die von den Deutschen hingerichtet wurden. Irena, seine Frau, die an der Universität Wilna Geschichte studiert hat, erklärt: »Sie waren bestimmt keine Kommunisten, sondern Feuerwehrmänner oder hatten andere bodenständige Berufe. Doch von dem damaligen katholischen Priester hing viel ab. Er konnte zu den Deutschen gehen und um die Begnadigung der zum Tode Verurteilten bitten. Doch den vier Brüdern wollte er nicht helfen. So war das damals in Litauen.« Wir zünden gemeinsam Kerzen am Grab von Irenas Schwiegermutter an und gehen zu den Grabstellen der deutschen Soldaten. Hier brennt ein Dutzend Kerzen. Ein einzelnes Foto erinnert an einen Gefallenen der Wehrmacht. Aus Prinzip stelle ich hier ebenso Lichter auf wie nebenan am Grabmal der sowjetischen Soldaten, wo viel mehr Kerzen leuchten. Ein Vertreter der Russischen Botschaft hat am Morgen einen großen Kranz niedergelegt. Neustadt liegt in dieser Nacht näher an Moskau als an Berlin.

Der Friedhof ist inzwischen so hell vom Kerzenschein erleuchtet, dass Leander einen Jungen aus seiner Gruppe im Europa-Garten erkennt, der mit seiner Familie das Grab der Urgroßeltern besucht. Das erklärt auch, woher auf einmal all die Menschen auf den Friedhof gekommen sind. Nicht nur Darius und Marielle sind aus Wilna angereist. Die ganze Gesellschaft hat sich auf den Weg an die Gräber ihrer Vorfahren gemacht. Am Abend gehen Darius und ich nochmals zum jüdischen Friedhof, um auch dort ein Licht zu entzünden. Der Gedenkstein für die sowjetischen Kriegsgefangenen liegt im Dunkeln. Und niemand hat der jüdischen Toten gedacht. Nur an drei Gräbern von Litauern, die im Sommer 1941 hingerichtet wurden, brennen Kerzen. Allerheiligen ist ein Familienfest. Juden und Kriegsgefangene gehören anscheinend nicht zur Familie.

Am nächsten Tag zeigt uns Irena die Schirwindter Stube, die sie gemeinsam mit ihrem Mann am Marktplatz von Neustadt eingerichtet hat. Schon lange hatte Antanas in der Garage alles gesammelt, was alt ist. Darunter sind auch Zeugnisse der verschwundenen deutschen Stadt am anderen Ufer der Scheschuppe. Obwohl sie kaum Deutsch sprechen, begann sich das Ehepaar für die Vergangenheit des Ortes zu interessieren: »Dort lebten doch Menschen wie du und ich«, erklärt Antanas mit einem Lächeln. Er kannte den Befehlshaber des Truppenübungsplatzes und hatte sich nach den Spuren von Schirwindt umgesehen. Anders als in Küstrin an der Oder, wo man noch heute am Kopfsteinpflaster die historischen Straßenzüge der Festungsstadt erkennen kann, wurden in Schirwindt nach Kriegsende fast alle Ziegel abgetragen und zum Wiederaufbau verwendet. In der einst kleinsten Stadt Ostpreußens waren die Straßen nie gepflastert. Deshalb ist ihr Verlauf 70 Jahre nach Kriegsende kaum noch zu erkennen. Antanas kann dennoch zeigen, wo der Marktplatz lag. Er weiß, hinter welchen Büschen sich die Grabstellen des Friedhofs befinden, auch wenn es längst keine Grabsteine mehr gibt. Als Lehrer nutzte Antanas seinen direkten Draht zum russischen Kommandanten und errichtete ein Kreuz an der Stelle der alten Immanuel-Kirche von Schirwindt. Der Bau war von Friedrich August Stüler entworfen und 1856 in Anwesenheit von Friedrich Wilhelm IV. eingeweiht worden. Der König hatte sich gewünscht, dass das evangelische Gotteshaus »stolz nach Russland hineinragt«. Seit Kriegsende liegen die Grundmauern im Kaliningrader Gebiet.

Als Nächstes stellt Antanas am Ehrenfriedhof der Gefallenen des Ersten Weltkriegs Kreuze auf. Stets ist eine Prise Ironie dabei, wenn der Lehrer ans Werk geht. »Schirwindter Ruhe« steht an einem der neu errichteten Grabkreuze inmitten von Kiefern. Ganz in der Nähe bebt der Truppenübungsplatz unter den Ketten schwerer Panzer. Die Birkenallee, die seine Frau mit ihren

Schülern und anderen Lehrern entlang einer neuen Fernwär-
metrasse unweit der Backsteinbrücke angepflanzt hat, benannte
Antanas Jahre später in Schirwindter Weg um, zweisprachige
Straßenschilder auf Deutsch und Litauisch folgten. Besondere
Freude bereitete Antanas der Austausch mit den einstigen Be-
wohnern von Schirwindt, die sich nach dem Ende des Kalten
Krieges auf den Weg in das untergegangene Ostpreußen mach-
ten.

Peter Gnaudschun stand 1992 zum ersten Mal in Neustadt
an der Brücke. Er kam nicht über die Grenze. Alle Versuche, ein
reguläres Visum für den Besuch dieses Teils des Kaliningrader
Gebiets zu erhalten, waren gescheitert. »Wir hatten Wodka und
Dollar dabei«, erinnert sich Gnaudschun. Auch das half nichts.
Dann kam Antanas mit seinem Sohn Darius und versuchte, beim
Posten der russischen Grenztruppen ein gutes Wort für die Gäste aus Deutschland einzulegen. Weil auch der bekannte Kommandeur Urlaub hatte, fuhren Antanas und Darius mit Fahrrad
und Kamera ins Kaliningrader Gebiet. Sie machten für den Gast
aus Deutschland Aufnahmen von den Orten seiner Kindheit: dem
Markt, der Kirche und dem Friedhof. Gnaudschun war 1939 in
einem Hof in Sichtweite von Schirwindt zur Welt gekommen:
»Von der Mutter wusste ich, dass sie in Litauen zum Fotografen
ging und um einzukaufen: Fleisch, Pilze, da ist es besonders bil-
lig, man ging in jüdische Geschäfte.« Sein Onkel väterlicherseits
war Schuhmachermeister in Schirwindt. Er stellte Überzieher-
schuhe her und verkaufte sie an einen jüdischen Zwischenhänd-
ler am litauischen Ufer der Schirwindt.

Gnaudschun fährt nun fast jeden Sommer nach Neustadt
und wohnt in der inoffiziellen *Pension Schirwindt* bei Antanas
und Irena. Das Gebäude ist Wohnhaus, Museum und Pension
in einem. Doch mit der russischen Visumspflicht für Litauer wurden die physischen Überreste der Phantomstadt auch für Antanas
unerreichbar. Die Scheschuppe bleibt die Scheschuppe, aber durch

die neuen Regelungen an der Grenze zur Russischen Föderation gerät Neustadt wieder stärker an die Peripherie.

Ein anderer Vertriebener beschloss, sich am Ende seines Lebens auf den Weg in die alte Heimat zu machen. Er kaufte sich an der Scheschuppe auf litauischer Seite eine Wohnung in Sichtweite der Orte seiner Kindheit und blieb – auch wenn ihm die Überquerung der Grenze ohne russisches Visum verwehrt war. Nach nur wenigen Monaten erlitt er einen Herzinfarkt und wurde auf dem Friedhof von Neustadt beerdigt. Durch den großen Bogen, den das Flüsslein am Friedhof macht, ist er nur 350 Meter von Schirwindt entfernt. Sollte es ein Leben nach dem Tod geben, stellt die EU-Außengrenze sicher kein Hindernis mehr für die Seele des Heimkehrers dar.

Antanas und sein Frau sammeln unermüdlich alles, was auf die einstige Existenz der Phantomstadt hinweist. Im Haus der Familie Spranaitis entstand mit Hilfe der einstigen Einwohner die Schirwindter Stube. Im Laufe der Jahre kamen so viele Bücher, Postkarten, Haushaltsgegenstände und Plakate zusammen, dass die Sammlung für den Keller zu groß wurde und nun in einem Haus der Gemeinde gezeigt wird. Mehr als 3000 Besucher kommen jährlich.

Chronik eines mehrfachen Untergangs

Bis zum Frühjahr 1944 schien es im nördlichen Ostpreußen ruhig zu sein. Im Juli begannen sowjetische Tiefflieger das Gebiet zu beobachten. Erst jetzt wurde es für die deutschen Bewohner zur Gewissheit, dass die Front nicht nur näher kam, sondern Schirwindt überrollen würde. Viel zu spät ordneten die nationalsozialistischen Behörden die Evakuierung an. Die Zivilbevölkerung geriet in den Sog der Front. Vielen blieb nur die Flucht über die Nehrung und das Haff, wo sowjetische Flugzeuge immer wieder Angriffe auf die Trecks flogen.

Bei der spontanen Rekonstruktion der Geschichte der ostpreußischen Phantomstadt erfahre ich von ihrem mehrfachen Untergang. In der Schirwindter Stube liegen alle Bücher, Dokumente und Fotos, um die Geschichte einer mehrfachen Zerstörung zusammenzufügen. Statt mit meinen Kindern Ball zu spielen, verbringe ich die verbliebene Zeit mit Recherchen vor Ort, um eine kurze Chronologie des langen Endes zu schreiben. Da mir Antanas gleich seine Telefonnummer geben kann, telefoniere ich mit Peter Gnaudschun, der bereitwillig Auskunft gibt. Ich wälze Fotoalben und lese in den Chroniken der Vertriebenen nach. Doch noch immer fehlen die Stimmen der Lebenden und Toten, deren Erinnerungen, Briefe und Fotos nicht in der Schirwindter Stube zu finden sind.

Schirwindt gehörte zu den Orten, die russische Truppen zu Beginn des Ersten Weltkriegs 1914 vollständig zerstört hatten. Die Fotos mit den bis auf die Grundmauern abgebrannten Häusern, auf denen auch die stark beschädigte Kirche zu erkennen ist, wurden nach Ende des Krieges von der deutschen Propaganda in die Postkartenserien »Krieg im Osten« über den »Einfall der Russen« über die sichtbare Zerstörung ostpreußischer Städte aufgenommen. Vor der Front waren in den ersten Kriegsmonaten Zehntausende Menschen aus Ostpreußen nach Westen geflüchtet. Nach den deutschen Rückeroberungen im Frühjahr 1915 ergriff die Fluchtwelle den gesamten Westen des damaligen Russischen Reiches, die nun vor der Reichswehr in Richtung Osten flohen. Die Einwohner von Schirwindt kehrten im Sommer 1915 in ihre zerstörte Stadt zurück.

»Es wäre gar kein großes Opfer, wenn man es, wie es jetzt ist, als Nationaldenkmal der furchtbaren Zeit ließ«, argumentierte der Pfarrer, als der mögliche Wiederaufbau noch während der letzten Monate des Krieges diskutiert wurde. Er hoffte, mit einem Denkmal der Zerstörung den Einzugsbereich seiner Kirche über die weit verstreuten Dorfgemeinden der Umgebung vergrößern und eine neue Stadt gründen zu können. Die Front war längst weiter nach Norden und nach Osten gerückt. So fasste der Pastor auch die Idee ins Auge, Neustadt zum Ort des Neuanfangs für Schirwindt zu machen.

Der Wiederaufbau begann im Herbst 1915. Doch in den kommenden Jahren war Schirwindt eine Barackenstadt. Emilie Kolle betrieb ein Café in einem der wenigen Ställe, die nicht zerstört waren. Obwohl ein staatliches Hilfsprogramm gestartet wurde, reichten die Mittel für den Wiederaufbau einer ganzen Stadt nicht aus. Überall in Deutschland übernahmen einzelne Gemeinden die Partnerschaft für den Wiederaufbau einer Stadt im Osten. Glimpflich davongekommene Gemeinden im Nordwesten des Deutschen Reiches übernahmen das Patronat für die zerstörten Orte im Nordosten. Ein Bremer Bürgerverein sammelte Spenden für den Neubeginn in Schirwindt. Im April 1918 fand in Bremen ein Gesellschaftsabend zu Gunsten von Schirwindt statt. In der Pause der Opernaufführung kauften die Bürger Lotterielose für die fast eintausend Kilometer entfernte Stadt, die sie nur von Postkarten und aus der Zeitung kannten. In der Bremer Ansgari-Kirche fand am 8. Mai 1918 eine Andacht für die ostpreußischen Bürger statt. Drei Tage später gaben 200 Kinder ein Benefizkonzert für Schirwindt. Bei all diesen Aktivitäten kamen insgesamt 450 000 Reichs-Mark zusammen.

Bremen half noch während des Krieges beim Errichten von Baracken und ihrer Inneneinrichtung. Das Architekturbüro Lullen und Leymann wurde von Bremen aus in Schirwindt eingerichtet und mit der Erstellung neuer Häusertypen beauftragt. Das Büro des Architekten Walter Kuhrten lieferte einen großen Teil der Entwürfe für den Wiederaufbau von Schirwindt. In Dokumentationen über diesen orchestrierten Neubeginn Ostpreußens ist ein konsequenter Stil zu erkennen, der sich mit besonders hervorgehobenen Eingangsportalen, abgewalmten Giebeln und glatten Pfannendächern zu einer regionalen Bautradition bekannte, diese aber national deutete. Die flächendeckend umgesetzten Stadtplanungskonzepte in mehr als drei Dutzend zerstörten Städten waren ein widersprüchlicher, aber sichtbarer Beitrag zur Entwicklung des modernen Städtebaus in Deutschland. Das Hotel »Bremer Hof« in Schirwindt erinnerte an die Hilfe aus der Hansestadt. Zunächst eröffnete es in einer Holzbaracke, Mitte der zwanziger Jahre folgte ein Bau aus Ziegelsteinen. Nach zehn Jahren Wiederaufbau feierten Schirwindter und Bremer Bürger gemeinsam den Abschluss des Wiederaufbaus und 200 Jahre Erlangung der Stadtrechte. In der neu geweihten Kirche lud der Pastor zum gemeinsamen Abendmahl. Sein Segen bewahrte die Einwohner der Stadt nur wenige Jahre vor neuem Unheil.

Mit dem Aufstieg der NSDAP, die in Ostpreußen besonders viele Anhänger hatte, begann das Ende von Schirwindt. Die schrittweise Zerstörung von Menschlichkeit, die wachsende Gewalt gegen politische Gegner und zunehmende Repressalien gegen Juden sind die Vorgeschichte, die von vielen Vertriebenen nicht erzählt wird, weil sie in den dreißiger Jahren noch Kinder waren.

Der zweite Untergang von Schirwindt beginnt in der Erinnerung von Peter Gnaudschun mit einer Umbenennung: »Meine Schwester ist am 2.6.1938 in Schlossberg geboren, denn am Tag zuvor wurde Pillkallen umbenannt. So hat die Mutter uns das weitergegeben.« In der Kreisstadt sollte nichts mehr daran erinnern, dass hier einst baltische Stämme lebten. Der Verein der Vertriebenen aus dem Kreis Pillkallen heißt bis heute Schlossberg und setzt den bis zum Juni 1938 geltenden Namen Pillkallen nur in Klammern dahinter. Die noch lebenden Mitglieder flohen als Kinder nicht aus Pillkallen, sondern aus Schlossberg.

Am 9. November 1938 zog sich in der Kreisstadt der Landrat Wichard von Bredow seine Wehrmachtsuniform an und machte sich auf den Weg nach Schirwindt. Er stellte sich schützend vor die Synagoge. Die Überzeugungen eines einzelnen Mannes und sein Revolver hielten Gestapo und SA davon ab, das Gebetshaus in Brand zu stecken. Durch die Nutzung als Kindergarten blieb es bis zum Ende des Krieges von der Zerstörung verschont. Die Rettung der Synagoge von Schirwindt verhinderte nicht den Exodus der ostpreußischen Juden. Wenige entkamen noch in den dreißiger Jahren nach Amerika, England und Palästina. Für die Hiergebliebenen war die Pogromnacht von 1938 der sichtbare Anfang vom Ende. Betroffen waren davon ebenso die Juden im litauischen Neustadt, denen schon bald verboten wurde, das Deutsche Reich und damit auch ihre Nachbarstadt zu betreten. Juden aus Ostpreußen, die litauische Verwandte hatten, flohen über die Grenze nach Litauen.

Auch für die Juden in Neustadt hatte sich die Situation seit Jahren verschlechtert. Der Versuch, ökonomische Alternativen zu einem von Juden dominierten Handel zu schaffen, ging oft einher mit dem Ruf: »Litauen den Litauern.« Die Einwohner von Neustadt empfingen deutschen Rundfunk und wussten genau, wie sich das Deutsche Reich veränderte. Litauische Kooperativen versuchten in der zweiten Hälfte der dreißiger Jahre noch stärker, jüdischen Händlern Konkurrenz zu machen. Von hier war es zum »Kauft nur bei Litauern!« nicht mehr weit.

Ab 1939 vertrieben deutsche Beamte polnische und litauische Bauern aus Ostpreußen. Infolge des Hitler-Stalin-Pakts wurden ethnische Deutsche aus Litauen ins Deutsche Reich umgesiedelt. Im Verwaltungsjargon hieß das Repatriierung – als hätten die Einwohner des Memellandes nicht ihre Heimat verlassen müssen.

In der litauischen Heimatstube liegen zwei Seiten aus einem Familienalbum, das eine Frau nach Neustadt gebracht hat, weil es Schirwindt nicht mehr gibt. Auf den Schwarzweißfotos ist die Grenzbrücke aus Backstein zu sehen, das Zollhäuschen, eng zusammenarbeitende deutsche und litauische Soldaten sowie

Menschen, die mit wenigen Habseligkeiten über die Brücke kamen. Sie wurden als Deutsche herzlich willkommen geheißen.

Noch im Juni 1941 deportierten die sowjetischen Besatzer am litauischen Ufer der Schirwindt mehrere Familien aus Neustadt nach Sibirien. Für die jüdischen Opfer unter ihnen bedeutete diese Vertreibung, dem Holocaust zu entgehen.

Die Monate der sowjetischen Besatzung 1940 bis 1941 verschärften die Brutalisierung der litauischen Gesellschaft. Kommunisten machten durch Verhaftungen, Enteignungen und Schikanen offene Gewalt zum Teil des Alltags entlang der Grenze zum Deutschen Reich. Vaida, deren Vater in einer Kleinstadt in der Nähe aufwuchs, erzählt, was ihr dieser als Quintessenz sowjetischer Herrschaft weitergab: »Absolute Unsicherheit. Welche Gefahr droht und von welcher Seite? Niemand wusste zu diesem Zeitpunkt, wer sind die Bösen, wer sind die Guten. Diese unsichtbare Linie hat ganze Familien getrennt.« Schweigen war die Antwort einer Gesellschaft auf die Unsicherheit und den Schrecken der Kriegsjahre. »Mein Vater erzählt immer noch, wie sie sich zu Hause Nacht für Nacht abgeriegelt und gezittert haben. Er hat als Kind nicht eingenässt, sondern seine Kissen vollgeschissen – vor Angst. Mit der Lehrerin und der ganzen Klasse mussten sie oft die Gehenkten auf dem Marktplatz besichtigen und sich anhören, dass es auch ihnen so gehen wird, wenn sie oder ihre Eltern nicht gehorchen.«

Die Ermordung der Neustädter Juden

Von deutschen Stellungen nahe Schirwindt aus begann wenige Tage nach den Deportationen der Angriff auf die Sowjetunion. Um vier Uhr des 22. Juni 1941 starb der erste NKWD-Grenzposten. »Dein Name ist unbekannt. Aber Deine Heldentat bleibt unsterblich«, steht auf dem Gedenkstein am Ufer des Grenzflusses. Eine Woche darauf erschossen Deutsche alle Litauer und Juden, die sie der Zusammenarbeit mit den Bolschewiki verdächtigten. Nur drei Tage später begann der Mord an den Juden aus Neustadt. Am 25. Juni trieben litauische Freiwillige Hunderte Juden zusammen, um sie zu Zwangsarbeiten in ihrer eigenen Stadt zu zwingen. Anfang Juli prügelten bewaffnete Einwohner von Neustadt und Schirwindt gemeinsam alle männlichen Juden, die älter als 14 Jahre waren, zum Rathaus. Dort nahmen ihnen Angestellte der litauischen Stadtverwaltung Dokumente und Wertsachen ab. Am Rand des jüdischen Friedhofs hatten sowjetische Kriegsgefangene hinter einer Baracke bereits Gruben ausgehoben.

Die meisten Jungen, die im Internet auf einem Foto der Tarbuth-Fußballmannschaft zu sehen sind, wurden hier im Juli 1941 ermordet. Tzvi Rosenblum war zu diesem Zeitpunkt 17 Jahre alt. Bis 1940 ging er auf die hebräische Tarbuth-Schule in Neustadt, die danach für kurze Zeit in eine staatliche sowjetische Schule umgewandelt wurde. Auf dem Foto ist er zusammen mit den drei Ziman-Brüdern und Itschak Zanditn zu sehen. Die litauischen und deutschen Schützen führten die jungen Männer zusammen mit ihren Vätern und Großvätern zu den Gruben und erschossen sie in kleinen Gruppen.

Tzvis Lehrer Nathan Schimberg konnte zuvor nach Kaunas flüchten, wo er die Auflösung des Ghettos überlebte und wenige Monate nach der erneuten Einnahme der Stadt durch sowjetische Truppen am 27. März 1945 starb. Unter den Opfern im Juli 1941 war auch Tzvis 60-jähriger Vater Laib. Sein Onkel Wolf war nur drei Jahre älter, als er ermordet wurde. Peter Gnaudschuns Mutter kann sich noch Jahre nach dem Krieg an die Schüsse am anderen Ufer der Scheschuppe erinnern. Und daran, dass die deutschen und litauischen Schützen nach einem langen Tag in Schirwindt einkehrten, um sich zu betrinken.

Am 23. August 1941 wurden alle verbliebenen jüdischen Frauen und Kinder in die Schul- und die Badstraße getrieben, wo für wenige Tage ein Ghetto entstand. Eine Verwandte gab in der Halle der Namen in Yad Vashem an, dass Tzvi Rosenblums Mutter, Menucha, die 1883 in der nahen Kreisstadt Vilkaviškis zur Welt kam, nur kurze Zeit später zusammen mit Tzvia Rosenblum, geborene Schwartz, im nahegelegenen Wald ermordet wurde. Außer diesen Informationen in einem Formular, das in gescannter Form in einer Datenbank im Internet zu finden ist, und den beiden Fotos aus seiner Schule blieben von Tzvi Rosenblums Familie nur die Fundamente des Hauses. Auf diesem steht heute ein neues Holzhaus, in dem eine litauische Familie lebt.

Verantwortlich für die Ermordung Tausender Juden entlang der einstigen Grenze Ostpreußens war die Stapo-Leitstelle in Tilsit. Diese delegierte den Massenmord in Neustadt in Rücksprache mit dem Berliner Reichssicherheitshauptamt an den Grenzpolizei-Posten in Schirwindt, der den Erschießungsbefehl vor Ort gab. Ostpreußische Nationalsozialisten zerstörten die jüdische Welt in Litauen, Kleinstadt für Kleinstadt – genau drei Jahre bevor das deutsche Ostpreußen unterging. Zuerst verschwand Naischtat. In Kürze würde Schirwindt verschwinden.

Dass die Wehrmacht zu diesem Zeitpunkt bereits die meisten Männer aus Ostpreußen eingezogen hatte und viele an der Front ihr Leben ließen, ist Teil der familiären Erinnerung auf der deutschen Seite. Die Männer fehlten, um in Zeiten des Krieges die Felder zu bestellen, Handwerksbetriebe weiterzuführen und die Flucht vorzubereiten. Weniger präsent sind die sowjetischen Kriegsgefangenen, die hier ab 1942 fünf Bunkeranlagen aus Stahlbeton für die Panzerabwehr errichteten. Deutsche sperrten in Neustadt über 10 000 Männer aus Belarus, der Ukraine, aus Kirgisien, Russland und anderen Sowjetrepubliken als Zwangsarbeiter in ein Lager auf offenem Feld. Bis 1944 waren die Insassen an Erschöpfung, Hunger und Krankheit gestorben.

Flucht aus Schlossberg

Als die zweite Belarussische Front im Sommer 1944 bedrohlich nahe kam, wurde der Kreis Schlossberg evakuiert. Im einstigen Pillkallen richtete der Bürgermeister von Schirwindt ein Büro im Grenzlandhotel ein, um seine Tätigkeit noch für ein paar Tage aufrechtzuerhalten.

Peter Gnaudschuns Mutter hatte den Fluchtwagen schon seit Tagen gepackt. »Hinten am Ostwall an der großen Windmühle, da gibt es noch einen Bunker aus dieser Zeit. Die Mutter erzählt immer wieder vom 31. Juli. Russische Tiefflieger bombardieren den Ort. Großvater sagt gerade noch zur Mutter, wir sollten zum Bunker gehen, doch er wird bei dem Angriff selbst schwer verwundet«, erzählt Gnaudschun. Nachdem sein Großvater, der Vorsteher des Ortsteils, von einem deutschen Militärwagen abgeholt worden war, beschloss die Mutter, den Fluchtwagen in Bewegung zu setzen.

»Noch am selben Tag haben die Schirwindter ihre Stadt verlassen. Wir haben den Bunker gar nicht benutzt, weil es während des gesamten Kriegs keine Angriffe gab. Als sie beginnen, fliehen die Menschen. Der Angriff kommt am Mittag. Im Dorf brennen zwei Höfe und abends ist das Dorf bereits leer.« Und weiter: »Der Stellvertreter ist gekommen, um zu gucken, was los ist. Auf dem Hof waren noch meine Mutter, meine Großmutter und drei Kinder, die ein Jahr ältere Schwester und der anderthalb Jahre jüngere Bruder.«

Für seine Mutter lag die Entscheidung auf der Hand, Schirwindt um jeden Preis zu verlassen. Sie war schon 1914 auf der Flucht gewesen. Damals floh sie mit ihrer Familie nach Berlin. Ihr Sohn fasst es heute so zusammen: »Die hatten schon Erfahrungen mit den Russen damals. Doch als sie das Fuhrwerk auf die Hauptstraße lenkt, da stehen die NSDAP-Bonzen und sagen: Was fahrt ihr schon los und belastet das Rote Kreuz!«

Die Familie bewegte sich ohne Vater und Großvater nach Schlossberg, dann weiter in die Nähe von Königsberg. Eines der Pferde verletzte sich und musste erschossen werden. Durch die Entschlossenheit von Peter Gnaudschuns Mutter kam die Familie noch mit einem Zug nach Westen. Im November 1944 erreichte sie mit ihren Kindern das Erzgebirge. Der Vater, der seit 1939 an der Front war, besuchte sie noch im letzten Kriegswinter kurz in der Flüchtlingsunterkunft, aber nach Schirwindt kehrte niemand mehr zurück. Die Trümmer der Stadt gehören seit Kriegsende zum Militärgelände Kutusowo. Seither existiert Schirwindt nur noch in der Erinnerung seiner ehemaligen Bewohner.

Der Besuch in der Schirwindter Stube macht aus einem Familienausflug zum Ende der Europäischen Union eine Geschichtsstunde über die Kausalität des Endes jüdischen und deutschen Lebens im östlichen Europa. Meine Kinder finden aber vor allem die alte Sirene aufregend, mit der früher in Schirwindt der Fliegeralarm von Hand ausgelöst wurde. Es gibt Haushaltsgegenstände mit deutschen Inschriften. Dutzende Bücher, Briefe und Fotoalben dokumentieren in der kleinen litauischen Stadt an der russischen Grenze den zweifachen Untergang der kleinen deutschen Stadt vis-à-vis. Neustadt ist durch die physische Nähe und durch die Arbeit von Irena und Antanas Spranaitis ein lebendiges Denkmal.

Während der Schirwindter Weg bis heute an die Abwesenheit der Deutschen erinnert, ist das Ende der jüdischen Stadt vor allem durch Zeichen der Abwesenheit zu erkennen. Die Schirwindter Stube befindet sich im ehemaligen Gemeinschaftshaus einer jüdischen Organisation. Das ist kein Geheimnis in Neustadt, aber der deutlichste Verweis darauf ist der schlechte bauliche Zustand des Hauses. Warum sollte die Stadt ein Gebäude mit ungeklärten Eigentumsverhältnissen sanieren? Die Mikwe, das jüdische Ritualbad am Ufer der Širvinta, hatte noch Jahrzehnte nach dem Krieg als öffentliche Sauna funktioniert. Erst nach dem Ende der Sowjetunion war der Betrieb nicht mehr rentabel. Heute verfällt das Badehaus vor den Augen der Einwohner von Neustadt. Die rund um die Mikwe liegenden Straßenzüge, in denen nur für wenige Tage ein Ghetto war, sind ein normales Wohnviertel. Die meisten Häuser mussten nach dem Krieg neu errichtet werden, weil auch in Neustadt die Front Schaden angerichtet hatte. Doch die neuen Gebäude stehen auf den Fundamenten, auf denen bis 1941 die Familien von Mosche Lewinsin, Dowid Gladnikow und Laib Kaplan lebten. Nur ein von Hand gezeichneter Stadtplan in der Schirwindter Stube erinnert an ihre Namen ebenso wie an über einhundert andere ermordete Familien.

Vielleicht können sich andere an einem Ort wie Neustadt erholen. Ich kann es nicht. Deshalb verstehe ich, warum viele Litauer die Büchse der Pandora nicht öffnen, warum sie nicht genau wissen wollen, wer die Häuser im Ghetto bewohnte, wer die Sauna erbaute oder wie das Leben der Eigentümer der Häuser am Marktplatz endete. Umso wichtiger ist die Arbeit von Irena und Antanas, die alles sammeln, was zu beiden Grenzorten gehört und ihre Geschichten erzählt. Gemeinsam mit Marielle, Darius, seinen Eltern und all unseren Kindern essen wir im Wohnzimmer von Familie Spranaitis mittag. Antanas steht immer wieder auf, um noch ein Büchlein aus dem Schrank zu zaubern. Ein halbes Jahr später erleidet er einen Schlaganfall und stirbt nach wenigen Wochen in einem Wilnaer Krankenhaus. Seine Frau Irena und seine Kinder setzen ihn neben der Grabstelle seiner Mutter auf dem katholischen Friedhof in Neustadt bei. Sie werden die Gräber jedes Jahr zu Allerheiligen besuchen.

Kartographie des Holocaust

Die Wilnaer Historikerin Milda Jakulytė hat mit österreichischen Freiwilligen nach Quellen gesucht, um einen litauischen Holocaust-Atlas zu erstellen. Jede Erschießungsstelle ist dokumentiert. Lage, Größe, Zufahrt, Opferzahlen, Informationen über die Täter, Inschrift des Gedenksteins und Archivverweise. Der Atlas gibt einen schnellen Überblick über die Orte des Massenmords, und die Übersichtskarte erklärt, warum in Litauen aus jedem Familienausflug und jedem Frisörbesuch eine private Gedenkveranstaltung für die Opfer des Zweiten Weltkriegs wird. Das ganze Land ist ein Gräberfeld.

Anders als in Deutschland und den Ländern Westeuropas, aus denen die Reichsbahn Millionen Juden in die Vernichtungslager transportierte, fand die Shoah in Litauen in unmittelbarer Nähe der Ortschaften, fast vor den Augen der einheimischen Bevölkerung statt. Annähernd 200 000 Menschen zu ermorden ist auch mit einer großen Schar von Freiwilligen im ganzen Land ein Vorgang, der Zeit in Anspruch nimmt und mit Tausenden Hilfspolizisten organisiert werden muss. Die Erschießungsstellen liegen zwar oft außerhalb der Sichtweite, aber die Erschießungen waren in Dörfern und Kleinstädten wie Neustadt gut zu hören. In einem Land, in dem bei fast jeder Stadt ein frisches Massengrab liegt, wissen die christlichen Nachbarn auch, wer die Juden ins Ghetto trieb, wer in ihre Häuser einzog und wer an den Erschießungen beteiligt war.

Die kurzen Einträge im Holocaust-Atlas zeigen, dass an jedem Ort litauische Freiwillige an den Mordaktionen teilnahmen. Der erste Präsident der Republik Litauen, Algirdas Brazauskas, brachte dies schon 1995 während einer Reise nach Israel zur Sprache und bat im Namen aller Litauer um Vergebung. Inzwischen erscheinen viele wissenschaftliche Publikationen auf Litauisch, die Zeugnis von den Taten ablegen. Insbesonders Arūnas Bubnys und Saulius Sužiedėlis haben dazu beigetragen, dass niemand mehr sagen kann, er oder sie hätten nichts davon gewusst. Auf Deutsch liegt eine zweibändige Geschichte der Deutschen Besatzung von Christoph Dieckmann vor, die fast jeden Teilaspekt ausleuchtet. Ruth Leiserowitz schreibt darüber, wie eng verwoben die ostpreußischen und litauischen Lebenswege am Vorabend der Shoah gewesen sind. Und wenn ich mit dem Holocaust-Atlas in der Tasche durch Litauen reise, ergibt sich ein widersprüchliches Bild: Die Erschießungsstellen sind zumeist gepflegte Orte, oft mit einem Gedenkstein, der auf Litauisch und Jiddisch an die Opfer und »lokale Kollaborateure« erinnert. Wegweiser am Straßenrand benennen sie überall im Land als Orte eines Massenmords.

In Mažeikiai, ganz im Norden Litauens, wurde das Stadtmuseum nach der Sanierung mit EU-Mitteln neu eröffnet. Die Auffahrt aus Rohbeton ist mit einem sanft geschwungenen Geländer aus Edelstahl versehen. Die Frau am Eingang schickt mir eine Kontrolleurin hinterher, die nicht nur in jedem Raum das Licht an- und ausschaltet, sondern mir auf Schritt und Tritt folgt. Leinentücher kaschieren die Leere des großen Saales im Erdgeschoss. Im Obergeschoss ist eine Fotoausstellung zu sehen: Auf den ersten Bildern aus der Zwischenkriegszeit ist die Schule zu erkennen, an die das Museum grenzt. Davor posiert eine Faschingsgesellschaft: der Tod, der Teufel und mehrere Juden. Während der Tod im Skelett daherkommt und der Teufel mit spitzen Ohren, hat das Juden-Kostüm Schläfenlocken, eine große Nase und eine Schiebermütze auf dem Kopf. Die Bilder zeigen fröhliche Menschen. Auch auf anderen Fotografien sind die Gesichter gut zu sehen: Menschen in einer Werkstatt, vor der Mühle, vor Eiskarren, in der Kirche. Da die Bilder nur mit einer Jahreszahl und einem kurzen Titel versehen sind, erfahre ich nichts über die Abgelichteten.

Ich weiß nach dem Museumsbesuch nicht, ob der Mühlenbesitzer Leibowitz 1941 nach Sibirien verschleppt oder zusammen mit allen anderen jüdischen Männern der Stadt erschossen wurde. Ich erfahre nichts über die Tischlergesellen aus der Werkstatt von Schapiro. Sie sehen auf dem Foto von 1939 kraftvoll und freudestrahlend aus. Und wer sind die lokalen Aktivisten, die sie und die anderen Juden auf den Fotos von 1940 zunächst zu den Silos außerhalb der Stadt bringen und dann erschießen? Das gewalttätige Verschwinden von vielen Menschen, die auf diesen Fotos zu sehen sind, erscheint im Stadtmuseum Mažeikiai wie ein Naturereignis.

Auch in Alytus finde ich im Museum keinen expliziten Hinweis auf die große jüdische Gemeinde der Vorkriegsstadt und ihr Ende. Auch in diesem Stadtmuseum begleitet mich ein Schatten, der hinter mir das Licht ausschaltet. In Utena, wo die Museumsmitarbeiterin freundlich alle Lichter anmacht, erwähnen die Ausstellungsmacher die jüdische Gemeinde als wichtigen Teil der Einwohnerschaft. Die Autoren fassen auf einer Tafel über den Zweiten Weltkrieg den Mord an mehreren Tausend Einwohnern von Utena mit den Worten zusammen »Die deutschen Besatzer beeilten sich, die jüdische Gemeinde zu zerstören.« Dass in Utena die Qualen der jüdischen Einwohner bereits im Juni 1941 begannen, dass schon Ende Juli die ersten Erschießungen in einem nahen Waldstück erfolgten, bevor das berüchtigte Rollkommando von Joachim Hamann anrückte, unter dessen Befehl alle Juden der Umgebung ermordet wurden, findet keine Erwähnung. Überall dasselbe Bild: neugestaltete Ausstellungen in Häusern, die mit Fördergeldern der Europäischen Union frisch saniert wurden. Nirgends nennen die Ausstellungsmacher das Offensichtliche beim Namen: In unserer Stadt haben litauische Nationalisten unter deutschem Befehl alle jüdischen Einwohner ermordet. Es versteht sich, dass diese Feststellung die Verklärung der Litauischen Republik zum Hort von Freiheit und Demokratie nicht leichter machen würde.

Hier die hellen Jahre der nationalen Selbstbestimmung, dort die dunklen Jahre unter den totalitären Besatzungsregimen – dieser Kontrast bestimmt das Selbstverständnis des neuen Litauen. Doch die lokalen Morde an den litauischen Juden stehen in offenem Widerspruch zum Versuch, eine Kontinuität zwischen der Republik der Zwischenkriegszeit und der Republik der Gegenwart herzustellen. Denn unter den Tätern von Mažeikiai, Alytus und Utena waren nicht nur Mörder, die spontan ihrer Freude am Quälen und Töten freien Lauf ließen. Unter ihnen waren litauische Polizisten, Verwaltungsbeamte und Armeeangehörige, die frohlockten, unter deutscher Herrschaft vermeintliche Staatsfeinde beseitigen zu können. Ein großer Teil der Freiwilligen mit den weißen Armbinden waren Mitglieder in der Schützen-Union. Sie verkörpern die dunklen Seiten der Litauischen Republik, und der Schatten ihrer Taten reicht bis ins 21. Jahrhundert.

Viele Historiker, die über den Holocaust im östlichen Europa schreiben, leben in Birmingham, Stockholm, Frankfurt, Berlin, Shanghai oder New Haven. Diejenigen, die Jiddisch, Russisch, Litauisch oder Polnisch lesen, nehmen sich immer wieder Zeit, um vor Ort in Archiven zu recherchieren. Die deutschen Dokumente sind bequem in Freiburg, Washington und Berlin einzusehen. Doch die meisten Kollegen kehren nach einigen Wochen wieder zurück an ihre Universitäten. Die besten wissenschaftlichen Bücher über Wilna werden noch immer fernab von Litauen geschrieben. Grund dafür sind nicht nur die exzellenten Arbeitsbedingungen an den besten amerikanischen Universitäten und der leserfreundliche Stil. Es liegt auch am räumlichen Abstand zum Gegenstand der Forschung.

Der Historiker, der in Wilna an einem Buch über den Holocaust in der litauischen Provinz arbeitet, kompensiert seine Forschungstätigkeit zum Beispiel mit Fußball. Im Flur vor seinem

Büro, das sich über der ehemaligen Gestapo-Zentrale befindet, steht ein Kaffeepott von Bayern-München. Er hat ihn liebevoll mit Erde gefüllt und einen Kaktus eingepflanzt. Ein deutscher Kollege erzählt mir beim Bier, er höre nachts die Toten unter der Betondecke der Straße. Er hatte sich eine Wohnung im Ghetto gesucht, um näher an den Toten zu sein. Er könne dort besser Kontakt mit ihren Seelen aufnehmen.

Dagegen habe ich von Anfang an darauf geachtet, dass wir nicht auf dem Gebiet der beiden Ghettos wohnen. Dennoch erging es mir ähnlich. Auch ich fing irgendwann an, überall in Litauen Tote zu sehen. In der Wilnaer Altstadt, in Neustadt, Mažeikiai, Alytus und Utena. Im Archiv fällt mir ein Dokument in die Hände, das beschreibt, wann die letzten Juden aus der Vytauto gatvė abgeholt wurden: Auch dort, wo wir heute leben, gab es bis zum Sommer 1941 noch jüdische Nachbarn.

Zufällig lese ich in den Erinnerungen des Warschauer Architekten Oskar Hansen, wie er 1940 von hier aus mit seinem Bruder als Freiwilliger in den sowjetisch-finnischen Krieg ziehen wollte, aber nicht bis zur Front durchkam. Als die zweite Belarussische Front 1944 näher rückte, schloss er sich im Wald dem polnischen Untergrund an. Zusammen mit meiner Kollegin von der Universität Wilna entdecke ich die Poesie von Hermann Adler, der das Ghetto überlebt hatte und noch während des Krieges auf Deutsch über Wilna schrieb. Gemeinsam lesen wir seine Gedichte in der Deutschen Straße, die nie aufgehört hat, Deutsche Straße zu heißen und noch immer eine pulsierende Ader der Altstadt ist.

Meine deutsche Sicht auf den Holocaust erschwert den Kontakt mit der litauischen Gegenwart. Mit Unbehagen nehme ich zur Kenntnis, dass manche litauische Kollegen die Waldbrüder verherrlichen. Vor ihrem Kampf gegen den sowjetischen Geheimdienst war ein Teil dieser litauischen Partisanen als Freiwillige an den Judenmorden beteiligt. Wenn ich im Internet etwas Kritisches über Litauen veröffentliche, heißt es in den anonymen Kommentaren stets: »Ackermann, das ist doch kein deutscher Familienname!« Gemeint ist, dass ich wohl Jude sein müsse, wenn ich mich kritisch zur schleppenden Auseinandersetzung mit der Kollaboration während des Zweiten Weltkriegs äußere. Als mich ein Autofahrer auf dem Gedimino prospektas grundlos anhupte, fragte ich ihn an der nächsten Kreuzung freundlich, ob er ein Problem habe. Wegen meines Akzents antwortete der Fahrer: »Nur weil Sie Jude sind, denken Sie wohl, Sie können sich alles erlauben.« Ich fragte ihn ungläubig, ob das ernst gemeint war: »Was hat der Straßenverkehr auf dem Gedimino prospektas mit Judentum zu tun?« »Willst du etwa behaupten, dass du kein Jude bist«, lautete die Antwort. Ich schreie den Fahrer vor Wut an. Und er: »Siehst du, ich habe doch gesagt, dass du ein Jude bist.«

Mein Dilemma besteht darin, dass ich auch in der litauischen Gesellschaft den Anspruch habe, als Bürger eine politische Position einzunehmen, aber nicht die Haltung moralischer Überheblichkeit ausstrahlen will. Die Überzeugung, man könnte die Verbrechen der Großelterngeneration hinter sich lassen, wenn man nur genügend forscht und diskutiert, erinnert und gedenkt, ist eine deutsche Eigentümlichkeit. Doch die Toten von Wilna, Neustadt, Mažeikiai, Alytus und Utena werden nicht wieder lebendig. Das ist kein Grund, nicht mehr an den Holocaust zu erinnern und nicht öffentlich gegen Antisemitismus einzutreten. Aber es ist auch kein Grund, Litauen als Gesellschaft nur durch eine moralische Brille zu betrachten und eine Stadt ausschließlich danach zu bewerten, wie sie mit ihren jüdischen Toten umgeht.

Letztlich ist es vor allem eine litauische Angelegenheit, zu diskutieren und übereinzukommen, wie die Lebenden sich zu den Tätern und den Opfern im Litauen des 20. Jahrhunderts stellen. Die Anwesenheit der Abwesenden – das gilt ja nicht allein für die bis zu 200 000 ermordeten litauischen Juden, sondern auch für Tausende Opfer sowjetischer Repressionen: Menschen, die deportiert oder erschossen wurden. Ihre Namen sind auf Gedenktafeln, Denkmälern und in Büchern allgegenwärtig. Möglicherweise ist es doch keine so gute Idee, die Zukunft einer Gesellschaft gänzlich auf dem Fundament der Erinnerung an die Umgekommenen zu errichten.

Die Restaurants der Karäer und eine große, nach dem Krieg errichtete Wasserburg locken jeden Tag Hunderte Touristen nach Trakai. Das Navigationsgerät führt von der Hauptstraße ab auf einen Feldweg. Von dort biegt der Weg nochmals ab, am katholischen Friedhof vorbei zu einer Lichtung, die schon für den fünften Geburtstag von Jonas geschmückt ist. Das Picknick ist vorbereitet, und über einem großen Ast hängt eine mit Süßigkeiten gefüllte Piñata aus farbigem Krepppapier. Der Vater von Leanders Kumpel aus dem Kindergarten ist Mexikaner. Wir freuen uns auf die Wanderung über einen Trimm-dich-Pfad auf Holzbohlen durch das sumpfige Gelände.

Bevor wir aufbrechen, laufe ich 150 Meter zurück Richtung Friedhof. Rechts am Wegrand hatte ich einen dunklen Pfeil gesehen. Zwischen den Bäumen liegt ein gepflegtes Rasenstück. Hinten steht ein Gedenkstein mit einer jiddischen und litauischen Inschrift. »Hier wurde das Blut von 1446 jüdischen Kindern, Müttern und Männern vergossen. Am 30. September 1941 wurden sie grausam von Nazis und ihren lokalen Schergen erschossen. Heilig sei die Erinnerung an die unschuldig Getöteten.«

Der pathetische Klang der Inschrift und die heroische Haltung der Frau, die ein litauischer Künstler Anfang der neunziger Jahre in einer Holzskulptur mit erhobener Hand darstellt, stimmen mich nachdenklich. Kein Kindergeburtstag ohne Massengrab? Kein Wochenende ohne Tote? Kein Litauen ohne Holocaust? Nach einer schönen Geburtstagsfeier mit einer ausführlichen Wanderung durch den Wald und dem Schlagen der Piñata mit verbundenen Augen fahren wir zurück nach Wilna. Dort lese ich nach: Die Zahl der in diesem Wald ermordeten Juden stammt aus dem Bericht von Karl Jäger, der nach nur zwei Monaten und einer Woche als Kommandeur der Sicherheitspolizei und des SD für das Generalkommissariat Litauen seinen Vorgesetzten den Mord an 137 346 litauischen Juden meldet. In dem Bericht stellte Jäger vor genau 75 Jahren fest: »Das Ziel, Litauen judenfrei zu machen, konnte nur erreicht werden durch die Aufstellung eines Rollkommandos mit ausgesuchten Männern unter der Führung des SS-Obersturmführers Hamann, der sich meine Ziele voll und ganz aneignete und es verstand, die Zusammenarbeit mit den litauischen Partisanen und den zuständigen zivilen Stellen zu gewährleisten.«

Die Zecke

Marius Ivaškevičius schrieb mit *Die Grünen* schon vor Jahren einen Roman, in dem die Waldbrüder nicht als Helden erschienen. Sein Debüt *Geschichte aus der Wolke* war 2000 das erste litauische Buch, das ich las. Wir hatten uns in der Stiftung Borderland in Sejny kennengelernt, wo der polnische Theatermacher Krzysztof Czyżewski regelmäßig ein Café Europa in einer weißen Synagoge abhält. Als Elisabeth und ich Wilna 2004 zum ersten Mal im Rahmen einer kleinen Osterweiterungsreise besuchten, rüttelte Ivaškevičius gerade das litauische Bildungsbürgertum mit einem Theaterstück auf, das er »Deportation« nannte. Zehn Jahre später wird es immer noch am Nationaltheater gezeigt, weil es nichts von seiner Aktualität eingebüßt hat. Erzählt wird das Schicksal der Opfer Stalins in der derben russischen Sprache der litauischen Emigration in England. Ivaškevičius wirft im Theater einen radikalen Blick auf die litauische

Gegenwart, der besagt: Wir sind zuerst Menschen und erst dann Litauer.

Nach der russischen Annexion der Krim schrieb Marius Ivaškevičius das Stück »Waristai« über die Hilflosigkeit der Intellektuellen angesichts der Rückkehr des Krieges nach Europa und stellt darin die Künstler als Prostituierte dar, die sich dem Markt und der Politik gleichermaßen andienen. Aus Prinzip ließ er das Stück in Wilna, Kiew und Moskau aufführen, was in Litauen sogleich als Ausdruck von mangelndem Patriotismus kritisiert wurde.

Nachdem das Reisebuch *Die Unsrigen* von Rūta Vanagaitė landesweit für eine kontroverse Diskussion über die litauische Beteiligung am Holocaust gesorgt hatte, löste Ivaškevičius mit einem Essay auf dem Portal *Delfi.lt* eine bemerkenswerte Resonanz aus. Er erzählt darin, wie er 2016 zum ersten Mal den jüdischen Friedhof seiner Heimatstadt Molėtai im Norden von Wilna besuchte und dabei von einer Zecke gebissen wurde. Damit es ihm nicht wie mir ergeht, schreibt er: »Ich bin kein Jude.« Ivaškevičius erklärt den Zeitgenossen die doppelte Bedeutung des Buchtitels *Die Unsrigen*. Im Herbst 1941 seien das nicht nur die litauischen Schützen gewesen. Auch die Opfer waren allesamt litauische Bürger und einstige Nachbarn.

Der Autor ruft öffentlich dazu auf, den 75. Jahrestag des Massenmords in Molėtai gemeinsam zu begehen. Über 2000 Menschen folgen seinem Aufruf und ziehen am 29. August 2016 schweigend durch das ehemalige Shtetl. Die Präsidentin Dalia Grybauskaitė ist nach Molėtai gekommen, um an die Ermordeten zu erinnern. Auch meine Kollegin von der Europäischen Humanistischen Universität folgt dem Aufruf von Marius Ivaškevičius gemeinsam mit ihren drei Töchtern. Auf dem Rückweg vom Denkmal zu ihrem Auto stellen sich ihre Kinder vor, wie die Stadt 1941 aussah, als die Mehrzahl der Häuser plötzlich ohne Eigentümer war. »Was werden wohl die Menschen, die heute in diesen Häusern wohnen, denken und fühlen«, fragen sie. Ihre Mutter ist sich nicht sicher, ob sie die Antwort so genau kennen will oder eher nicht. Ihre älteste Tochter geht im Oktober nach Berlin, wo sie Kulturanthropologie studieren wird.

6

Im Schatten von Jalta, Donezk und Aleppo

Die Reaktion der litauischen Gesellschaft auf die
Annexion der Krim und den Krieg
in der Ukraine ist die Summe individueller Aktionen.
Das Straßenschild hat ein Gastwirt in Bartašiūnai
unweit der *Lücke von Suwałki* aufgestellt.

Kriegsängste

Seit der russischen Annexion der Krim ist alles anders in Litauen. Die Gesellschaft befindet sich im Zustand einer breit verstandenen Mobilmachung, um auf eine reale Gefahr aus Russland hinzuweisen und um notfalls die eigene Zukunft mit Waffengewalt zu verteidigen. Keine Woche vergeht ohne Radiodiskussionen über die Bedrohung aus Russland. Im Internet verbreitet das Verteidigungsministerium eine Anleitung für den Ernstfall. Jeder Text über den russischen Krieg im Donbass wird auf den litauischen Nachrichtenportalen von Hunderten Lesern kommentiert. In den Kommentaren mischen sich Angst und Hass. Sophie besucht in dieser Zeit im Haus des Lehrers einen Malkurs. Dort herrscht die freundliche Atmosphäre eines Kreispionierhauses. Die Lehrerin spricht mit den russischsprachigen Kindern selbstverständlich russisch, ohne an ihnen die Anspannung auszulassen. Den Eltern werden während der Wartezeit in einem Korridor auf langen Bänken Zeitungen und gebrauchte Bücher gereicht. Die Kinder fertigen im Laufe des Kurses eine Mappe mit Tuschezeichnungen an. Alle Kinder malen Hasen, ein Selbstporträt und farbige Muster. Nur ein achtjähriger Junge malt wochenlang einen schwarzen Panzer nach dem anderen. Auch mein Sohn Leander malt zu Hause immer mehr Panzer, je länger der Krieg in der Ukraine andauert.

Währenddessen erneuern die Schulen und Universitäten die orange-blauen Piktogramme, die die Orte für Massenevakuierungen anzeigen. Überall im Land überprüfen Statiker die Brücken. Gelb-schwarze Schilder zeigen die erlaubte Frequenz und Geschwindigkeit von Panzern auf der Strecke an. Die NATO hat in strategischen Papieren die schwächste Stelle des gesamten Militärbündnisses ausgemacht: Der 65 Kilometer lange Grenzstreifen zwischen dem Kaliningrader Gebiet und Belarus ermöglichte im Fall eines Krieges, Truppenbewegungen aus Polen nach Litauen mit wenig Kräften zu unterbinden. Der Betreiber eines litauischen Landgasthofs ganz in der Nähe dieser *Lücke von Suwałki* hat aus Spaß mitten im Wald ein selbstgebasteltes Schild »Panzern Einfahrt verboten« aufgestellt. Das hindert uns nicht daran, mit meinen belarussischen Kollegen Volha und Ales in diesem Gasthof ein rauschendes Hochzeitsfest zu feiern. Doch der Gedanke an die Bedrohung aus Russland ist auch für meine Kollegen von der Exiluniversität dieser Tage besonders präsent.

Anders als in Westeuropa, wo der Krieg in der Ukraine zwar als bedrohliches, aber doch entferntes Ereignis wahrgenommen wird, werden in Litauen und Belarus die militärischen Entwicklungen in Luhansk, Donezk und Mariupol minutiös verfolgt. Was im Osten der Ukraine passiert, ist für meine Kollegen, Nachbarn und Freunde kein fremder Krieg, sondern eine Bedrohung für die Souveränität des Staats und damit auch für die Autonomie des Einzelnen. Denn Putins Truppen haben mit der Annexion der Krim nicht nur bestehendes Völkerrecht gebrochen. Der Anblick russischer Soldaten auf fremdem Territorium hat im gesamten Baltikum die Erinnerung an den Hitler-Stalin-Pakt wachgerufen.

Die Übereinkunft der Außenminister Ribbentrop und Molotow vom 23. August 1939 hatte in den geheimen Zusatzprotokollen die konkrete Verschiebung von Grenzen vorgesehen. Durch den späteren Einmarsch sowjetischer Truppen endete die Eigenstaatlichkeit der gerade erst zwei Jahrzehnte alten baltischen Republiken. Auch ohne die deutschen Verbündeten im Westen schüren Putins öffentliche Lügen und der Einsatz russischer Freiwilliger, Panzer und regulärer Soldaten auf ukrainischem Boden im weniger als 400 Kilometer entfernten Litauen heute die schlimmsten Befürchtungen.

Eine Psychiaterin behandelt in einer Privatklinik eine litauisch-russische Familie; die Kinder sind längst das, was heute in Deutschland als »integriert« bezeichnet wird. Da in Wilna ähnlich wie in Kiew Zweisprachigkeit noch immer die Normalität und nicht die Ausnahme ist, sprechen sie in der Familientherapie auf Litauisch über ihre Situation. Der Vater stoppt sie und sagt als Familienoberhaupt: »Wir werden hier alle russisch sprechen, wir sind eine russische Familie.« Das wäre eine normale Szene in jeder Gesellschaft, die sich auf Basis einer gemeinsamen Sprache als Nation zu definieren versucht. Doch seit der Annexion der Krim ist diese Art alltäglichen Aushandelns stärker politisiert als je zuvor. Die Psychiaterin fühlt sich an 1939 erinnert, obwohl sie erst zehn Jahre später zur Welt kam. Ihr Eindruck wird von einer Publikation verstärkt, die sie sich kürzlich in einer Buchhandlung auf dem Gedimino prospektas gekauft hat: »Der Hitler-Stalin-Pakt in Dokumenten«.

Mit Carl Schmitt im Wald

Dass die litauischen Reaktionen auf den Krieg in der Ukraine nicht einfach nur ein diskursives Spektakel zur Wiederbelebung von Zwangsreflexen des Kalten Krieges sind, wurde ab Herbst 2015 deutlich, als die Regierung die Wiedereinführung der Wehrpflicht beschloss. Diese war erst 2008 abgeschafft worden, weil ähnlich wie im Westen Europas die litauische Armee für Auslandseinsätze umgebaut wurde. Neben der Berufsarmee existiert seither auch ein Kontingent von Freiwilligen. Die erneuerte Wehrpflicht soll angesichts des Kriegs in der Ukraine eine reibungslose Mobilisierung ermöglichen. Derzeit werden die Jahrgänge 1989 bis 1996 gemustert. Die Möglichkeit, sich freiwillig zu melden, gibt es immer noch. Junge Patrioten geben ihre Entscheidung publikumswirksam in einem amerikanischen sozialen Netzwerk bekannt. Ein litauischer Kollege, der sich stets so verhält, als wäre er Erster Sekretär der Komsomol-Jugendorganisation geworden, postet stolz: »Ich werde mein Vaterland verteidigen!« Über 120 seiner Facebook-Kontakte finden das gut. Meine Studenten an der Universität Wilna sind geteilt in eine große Mehrheit, die das neue Gesetz begrüßt. Ein Patriot geht zur Armee. Es gibt aber auch einige wenige, die die neue Mobilisierungslogik hinterfragen. Sie formulieren ihre Kritik eher im Abseits. Und in den Netzwerken im Internet erhalten sie für ihre Positionen weit weniger symbolische Unterstützung.

Ein Teilnehmer meines Blockseminars zu historischer Stadtanthropologie kommt nicht zum vereinbarten Termin. Auf Nachfrage erklärt seine Kommilitonin: »Sie müssen das doch verstehen. Martynas hat sich freiwillig zur Armee gemeldet und dieses Wochenende ist Wehrübung.« Die Studentin tut so, als wäre es das Normalste der Welt, am Wochenende mit der Waffe durch den Wald zu robben. Sie hält mein Unverständnis für das Anzeichen mangelnden historischen Bewusstseins.

Am Morgen, wenn ich die Zeit zwischen Schulbus und der Öffnung der alten Bibliothek überbrücke, sitze ich im Großraumbüro der Historiker an der Universität Wilna. Norbertas promovierte über Arbeitslosigkeit in der Zwischenkriegszeit, doch seine Passion ist die Partisanenbewegung. Von der Universität aus organisiert er Workshops und ein kleines Festival zur Erinnerung an die Waldbrüder. Er wird von der Fakultät unterstützt, weil sie hofft, mit diesen Aktivitäten auch geschichtsinteressierte Studierende zu rekrutieren. Wie die Armee, ringen auch die Universitäten um Freiwillige, sonst droht die Schließung von Studiengängen.

Meine Kollegen an der Universität Wilna werben besonders intensiv für den freiwilligen Wehrdienst. Auf diese Weise sollen die Studierenden lernen, dass Litauer in der Vergangenheit nicht in erster Linie Opfer gewesen seien. »Wir haben uns auch zur Wehr gesetzt« ist die implizite Botschaft der vielen Veranstaltungen über die paramilitärischen Einheiten der Waldbrüder, die nach dem Ende des Zweiten Weltkriegs noch bis in die fünfziger Jahre in den Wäldern und Sümpfen gegen den sowjetischen Geheimdienst kämpften.

Dank Putins Krieg in der Ukraine sind die Waldbrüder die litauischen Helden des 20. Jahrhunderts. Als geistigen Vater des erinnerungspolitischen Feldzugs zur Verherrlichung der paramilitärischen Einheiten haben meine Kollegen Carl Schmitt ausfindig gemacht: Seine Theorie des Partisanen und die von ihm formulierte Legitimierung eines Freund-Feind-Schemas als Grundlage politischen Handelns sind für viele Wilnaer Historiker so aktuell wie nie zuvor. Sie arbeiten dabei auch eng mit der Litauischen Schützen-Union zusammen. Neben der Armee ist die Union heute der größte Freiwilligenverband, der im Kriegsfall bereit ist, noch mehr bewaffnete Männer zu mobilisieren. Deshalb will das Parlament das Gesetz für den häuslichen Waffenbesitz weiter liberalisieren.

Es gibt in der litauischen Öffentlichkeit durchaus kritische Stimmen, die daran erinnern, dass im Kampf zwischen Waldbrüdern und NKWD nach Kriegsende Litauer gegen Litauer einen blutigen Bürgerkrieg führten. Andere weisen immer wieder darauf hin, dass unter den Waldbrüdern viele Kollaborateure der Gestapo waren.

»Was macht der Untergrund?«, begrüße ich den Partisanen-Spezialisten Norbertas am Morgen. Er antwortet: »Heute arbeite ich an einem Artikel über die Beteiligung der Männer von der Schützen-Union am Holocaust.«

Tadas, ein junger litauischer Historiker, organisiert mit Gleichgesinnten einen öffentlichen Protest gegen die Militarisierung des öffentlichen Lebens in Litauen. Er promoviert an der Central European University in Budapest über die Integration von Juden in die litauische Gesellschaft. »Die Einführung der Wehrpflicht hat die Gesellschaft stark geteilt«, sagt er. »Viele Menschen sind frustriert, dass sich der Staat zunehmend in das Leben des Einzelnen einmischt.« Tadas steht inzwischen vor Gericht, weil er mit seinen Mitstreitern in Kaunas einen Protest gegen die Überführung der litauischen Hochschullandschaft in einen Bildungsmarkt organisiert hat. Die Vytautas-der-Große-Universität zeigte ihn wegen Hausfriedensbruch an, weil er eine Kundgebung auf ihrem Territorium organisiert hatte.

Andere Akademiker sagen ihre Meinung lieber nicht öffentlich, denn es gibt in Litauen neben den beiden großen Universitäten in Wilna und Kaunas nur wenige geisteswissenschaftliche Hochschulen, an die man im Fall von Konflikten an der eigenen Institution ausweichen könnte. Es gibt auch nur wenige Medien, die die Wehrpflicht-Kritiker zu Wort kommen lassen. Zum Protest auf dem Kudirka-Platz versammeln sich gerade mal 150 Personen. Dafür haben sich bereits mehrere Dutzend selbsternannter litauischer Patrioten zu einer Gegendemonstration formiert, um gegen die linken Kritiker und ihre mangelnde Liebe zum Vaterland zu protestieren. Es sieht nach Demokratie aus, aber nur wenige interessieren sich an diesem Tag für öffentliche Randgefechte um die Wehrpflicht. Mehr Aufmerksamkeit erreicht ein künstlerisches Projekt, für das eine bekannte Moderatorin und eine junge Fotografin Porträts von potenziellen Rekruten angefertigt haben. Über jedes Gesicht rollt mindestens eine Träne. Und Zitate wie »Es kann nur der verlieren, der in den Kampf zieht« lösen im Internet hitzige Diskussionen aus. Die Kommentare der Befürworter sind voller Verachtung für diejenigen, die Zweifel an der Militarisierung der litauischen Gesellschaft hegen.

Der Abgesang

Bei uns um die Ecke liegt das *Jalta*, ein Gartenlokal. Das große Holzhaus erinnert daran, dass hier vor hundert Jahren der Tiergarten der Fürstenfamilie Radziwiłł als neuer Kurort vor den

Toren der Stadt ausgerufen wurde. Wenn es regnet, können sich die Gäste in ein langes Gewächshaus zurückziehen, in dem die Vormieter im späten Sozialismus Gurken und Tomaten gezüchtet hatten. Innen wirkt das *Jalta* wie eine Hommage an die 1960er Jahre. Augustinas, der Wirt, hat in den Neubaugebieten und auf Trödelmärkten die schönsten Stücke der sowjetischen Moderne zusammengesucht. Manche Möbel hat der Künstler selbst angefertigt, und gemeinsam mit jungen Wilnaer Architekten schuf er mit der quadratischen Bar ein Herzstück des Lokals. Als wir nach Wilna kamen, waren die besten Jahre schon vorbei. Zu viele neue Clubs waren in die Altstadt gezogen. Im Wilnaer *Jalta* nehmen die Gäste am Abgesang einer Welt teil, für die der Badeort auf der Krim jahrzehntelang stand: die Nachkriegsordnung Europas. Der tschechische Botschafter, der um die Ecke in einem der schönsten Neubauten am Ufer der Neris wohnt, feierte hier seinen 50. Geburtstag mit Freunden aus Prag. Ein audiovisuelles Poesiefestival organisierte bei Augustinas die Abschlussparty. Und meine belarussischen Studierenden zeigten im *Jalta* Filme von Fatih Akin. Trotz dieser symbolischen Unterstützung bleibt das Lokal schon bald selbst an Freitagabenden leer.

Eines Tages wankt Vėjas ins *Jalta*. Es ist nicht zu erkennen, welche Droge der neue Barmann nimmt, aber er läuft stets mit Sonnenbrille herum und hantiert hinter der Bar mit nickendem Kopf. Vėjas heißt eigentlich Walter und kommt aus Deutschland. Er hat das Lokal vor Jahren gemeinsam mit Augustinas gegründet. Er ist gekommen, um den Laden vor dem Untergang zu retten – auch weil sein in den jugoslawischen Kriegen als Journalist hart verdientes Geld im *Jalta* steckt.

Noch einmal versuchen die beiden es mit einem täglichen Mittagsangebot. Es schmeckt, und Vėjas will jetzt alles richtig machen. Aber schon nach wenigen Wochen wissen die Gäste wieder nicht, ob es heute etwas zu essen gibt oder vielleicht doch nicht. Dafür werden die Freitagabende zu einem zünftigen Abgesang des 20. Jahrhunderts. Vėjas steht mit Sonnenbrille hinter der Bar, die Hände leicht zitternd. Am alten Laptop gibt er den YouTube-DJ. Lou Reed, Harry Belafonte und litauische Schlager aus den siebziger Jahren. Am späteren Abend legt er Funk auf. Mit einem Mal tanzen die wenigen Gäste um die kleine Bar.

Wir sind mit Seweryn, einem Spezialisten für die russisch-chinesischen Beziehungen da, als ein kanadischer Fotograf das Erscheinen seines neuen Bandes über litauische Dorfdiskotheken feiert. Das Buch wurde von Fans in aller Welt auf einer globalen Crowdfunding-Plattform finanziert. Gefeiert wird aber lokal. Der Fotograf trinkt zusammen mit einem in Schwarz gekleideten Jiddisch-Professor aus Brooklyn und einigen litauischen Verehrerinnen koscheren Wodka. Vėjas legt wieder auf. Plötzlich tanzt der hochgewachsene Fotograf mit einer zierlichen Frau auf der Bar. Sie rutschen ab, der Fotograf fällt auf seine Tanzpartnerin. Niemand ist verletzt. Die Party geht weiter. Bis die Polizei wegen Ruhestörung vor der Bar steht.

Als die Streife das Lokal verlassen hat, schwankt Vėjas hinter der Bar hervor. Er beschwert sich über die Litauer und ruft: »Aber so ist es eben.« Er tingelt seit mehr als zwanzig Jahren mit seiner Sonnenbrille durch Mittel- und Osteuropa. Mal ist er in Prag, mal in der Slowakei, mal in Wilna. Er fing schon früh an, Wohnungen für wenig Geld zu kaufen, und lebt nun von den Mieteinnahmen. Im Vollrausch verrät er uns den Grund für das große letzte Fest. Morgen läuft der Mietvertrag für das *Jalta* aus, und es gibt noch keine Einigung mit dem Vermieter. »Der Besitzer kommt aber gerne vorbei und lässt sich mit etwas Bargeld beruhigen«, lacht Vėjas. Die Bar haben inzwischen die Gäste übernommen. Bis das Bier alle ist. Nur wenige Monate nach dem poetischen Niedergang des *Jalta* eröffnen die Betreiber eines Meat-Lovers-Pub im selben Gartenlokal das *Panama*. Große runde weiße Tische, Kellnerinnen mit glatten Haaren und eine

Mischung europäischer und asiatischer Küche sollen dem Lotterdasein des Ortes ein Ende bereiten. Geschäftsleute, die in der Nähe des Parlaments arbeiten, kommen zum Businesslunch, das pünktlich ab 12 Uhr angeboten wird. Firmen richten im Glashaus Afterworkpartys mit Girlanden aus. Und gepflegte Familien, die in der Umgebung eine der Holzvillen gekauft haben, die nicht zwischen drei oder vier alten Bewohnern aufgeteilt wurde, laden ihre Verwandten vom Land hierher zum Abendessen ein. Die Musik kommt weiterhin von YouTube. Doch die Suchwörter sind neu. Noch immer zeugt der Garten von besseren Zeiten.

Augustinas hat am Rande der Alstadt in der Pylimo gatvė das nächste Kunstprojekt in Angriff genommen. Einen Blumenpavillon von 1966 mit drei ineinandergestaffelten Sechsecken. Einen Sommer lang baut er dafür sechseckige Tische, die erste sechseckige Allgender-Toilette Litauens und eine passende Bühne. Einige wenige Utensilien aus dem *Jalta* wandern in den *Pavilijonas*. Die gastronomische Versorgung schwankt schon wieder. Aber noch fließt das Bier. Dank der Erasmus-Studenten, die keine Lust auf die Technoklubs in der Trakų gatvė haben, gibt es auch im *Pavilijonas* spontane freitägliche YouTube-Diskotheken. Vėjas ist verschwunden. Und das Seebad Jalta ist seit einem Jahr von Putins Russland annektiert.

Feindliche Nachbarschaft

Auf die Sowjetunion sind Litauer nach über vierzig Jahren Besatzungserfahrung nicht gut zu sprechen. Die traditionellen drei Monate Sommerferien der sowjetischen Schule hat der baltische Staat dennoch beibehalten, obwohl sie bis heute logistische Herausforderungen mit sich bringen. Von Juni bis Ende August sind Wilna, Kaunas und Klaipėda wie ausgestorben, bevor am 1. September, dem einstigen Weltfriedenstag, Schulen, Universitäten und Büros wieder auf Hochtouren laufen, um das moderate Wirtschaftswachstum von derzeit knapp drei Prozent zu sichern. Die meisten Familien verbringen den Sommer auf dem Land. In Wilna fällt die lange Sommerpause nicht auf, denn hier ziehen die Touristen in ganz unterschiedliche Nahkämpfe: Polen suchen das Herz ihres geliebten Diktators Józef Piłsudski, der die Stadt 1919 mit seinen Legionen von den Bolschewiki zurückerobert hatte, weil er sich Polen nicht ohne sein Wilno vorstellen konnte. Piłsudskis Herz wurde 1935 nahe dem Tor der Morgenröte auf dem Rasos-Friedhof beigesetzt: neben den Gebeinen seiner Mutter und zwischen den Grabstätten der unter seinem Befehl gefallenen Legionäre.

Besucher aus Minsk absolvieren Tagesreisen im Bus: Stippvisiten bei Ikea, Schnäppchenjagd im Einkaufszentrum Akropolis und auf dem Basar in Gariūnai, weil seit dem Beginn des Kriegs in der Ostukraine die Preise im Nachbarland Belarus deutlich gestiegen sind. Engländer bevölkern dank Ryanair die Bierlokale der Altstadt und kämpfen in der Sportart Alkoholmissbrauch um Achtungssiege. Gruppen aus Amerika und Israel suchen hingegen in den verwinkelten Straßen des alten Wilna nach dem zerstörten Jerusalem des Nordens.

Nur die deutschen Bildungsbürger wirken wie aus einem verblassten Märchenfilm über die friedliche Nachkriegszeit in Europa. Ihre Stadtführerin hat im Anschluss an die Ostpreußentour gerade noch einmal betont, dass das Baltikum nicht aus einem einzelnen Staat besteht. Wer in Deutschland bekommt schon aus dem Stegreif die Namen der drei baltischen Staaten und ihrer Hauptstädte zusammen? Und so üben die Touristen bei einem gepflegten Bier aus Klaipėda: Tallinn – Estland, Riga – Lettland und Vilnius – Litauen. Alle drei sind souveräne Staaten.

Damit das so bleibt, fliegt über dem Baltikum ab und zu eine F16 der norwegischen Luftstreitkräfte oder – falls gerade einsatzbereit – ein Eurofighter der Bundeswehr. Auch Polen beteiligte sich bis 2015 an den Airpolicing-Missionen der NATO. Das Militärbündnis absolviert seither immer wieder Manöver in der Region, die Wilna den beruhigenden Lärm von Apache-Hubschraubern bescheren, nachdem Russland mit deutlich mehr Panzern und Soldaten im Kaliningrader Gebiet Übungen abhielt. Leander ruft mitten in der Nacht begeistert: »Ein amerikanischer Jagdbomber!« – er hat ihn am Geräusch erkannt. Umso beunruhigter reagieren litauische Politiker auf die Bekanntmachung der NATO, den Einsatz im gemeinsamen Airpolicing des baltischen Luftraums wieder zu reduzieren.

Besonderer Stolz erfüllt die litauischen Fremdenführerinnen, wenn sie vom UNESCO-Weltkulturerbe-Titel für die barocke Altstadt Wilnas schwärmen, die vom Krieg weitgehend verschont blieb. Sie erklären den staunenden Deutschen, dass die litauische Hauptstadt ihr Stadtschloss bereits Jahre vor Berlin errichtet hat. Die Kopie des Großfürstenpalasts aus dem 16. Jahrhundert wurde 2013 zwischen Kathedrale und Burgberg offiziell eingeweiht. Gerade noch rechtzeitig vor dem historischen EU-Gipfel zur Östlichen Partnerschaft im Dezember, als der ukrainische Präsident Wiktor Janukowytsch das Assoziierungsabkommen mit der Europäischen Union unterzeichnen sollte. Alles hätte so schön werden können: Litauen und die Ukraine wären wieder unter einem europäischen Dach vereint gewesen.

Zwischen den Grundmauern des mittelalterlichen Palasts der litauischen Großfürsten erhalten die Besucher historisch-politischen Weltkundeunterricht: Seht her, wir waren einst groß und mächtig. Besonders wichtig ist die Karte aus dem 15. Jahrhundert. Unter der Herrschaft von Großfürst Vytautas wurde nicht nur der Deutsche Orden bei Tannenberg besiegt. Damals erstreckte sich das litauische Reich von der Ostsee bis zum Schwarzen Meer. Eine Assoziierung der Ukraine im Dezember 2013 hätte dieses Gebiet zwischen dem Westen Europas und Russland aus Sicht litauischer Politiker wieder gestärkt.

Doch im Keller des neu errichteten Palasts sehen die Besucher auch, warum das historische Litauen trotz einer strategischen Union mit Polen im 16. Jahrhundert nicht lange von Meer zu Meer reichte. Der Aufstieg des Moskauer Großfürstentums im Osten hielt die Republik der zwei Nationen von nun an in Atem, bis Polen-Litauen im späten 18. Jahrhundert durch die Großmächte Russland, Preußen und Habsburg geteilt wurde und für mehr als ein Jahrhundert von der politischen Landkarte Europas verschwand. Die Geschichte feindlicher Nachbarschaft, in der die Herrschaft über den Süden, aber auch die Handelswege und Meereszugänge im Norden ein Schlüssel zur Macht in der Region waren, ist in Litauen seit dem Euromaidan wieder besonders präsent.

Da Russland im Osten der Ukraine erfolgreich seinen Krieg zur Destabilisierung des Landes führt, kommen 2016 besonders viele Menschen zum Gedenkmarsch für die Toten vom 13. Januar 1991. Die vierzehn Opfer der Blockade des Wilnaer Fernsehturms haben fast 25 Jahre später angesichts des Kriegs in der Ukraine eine ganz neue Bedeutung erlangt. Alles dreht sich um die nationale Souveränität Litauens – gerade weil sie sich nicht von selbst versteht. Weil doppelt besser hält, feiert man die litauische Eigenstaatlichkeit an zwei Tagen. Der Gründung der Republik 1918 wird am 16. Februar gedacht. Und nur wenige Wochen später erinnern die Litauer an die Erklärung der Unabhängigkeit am 11. März 1990. Island, das erste Land, das die Eigenständigkeit Litauens damals anerkannte, bekam von der Stadtverwaltung einen Straßennamen in der Altstadt. Der Besuch des isländischen Staatsoberhaupts zum 25. Jubiläum der Erklärung ist eine Selbstverständlichkeit. Schließlich wird auch noch der mutmaßliche Krönungstag des Staatsgründers Mindaugas gefeiert. Das Datum 6. Juli 1253 kennt in Litauen jedes Kind.

Saunabesuch

Dank meines neuen Führerscheins hole ich Andrius, einen befreundeten Journalisten, am frühen Morgen mit dem Auto ab. Wir fahren in Richtung Naujoji Vilnia, jenes historische Industriegebiet, in dem ich mit Oleg für die Prüfung geübt hatte. Die Stimmung steigt, als wir den Schriftzug »Pirtis« sehen, türkisblau auf rosa Grund. Schon seit Monaten will ich mit Andrius in die Banja, die russische Sauna. Sie wirkt ein wenig improvisiert. Nebenan eine alte öffentliche Banja, die von der Gemeinde für die Bewohner der Holzhäuser betrieben wird, die kein Geld haben, um fließend Wasser nachzurüsten. An einem großen grauen Tor steht in einer ebenso improvisierten Schriftart für die neue kommerzielle Banja »Jau dirbame« – »Eröffnet«. Eine stark geschminkte Frau sitzt hinter einem kleinen weißen Plastikfenster. 7,50 Euro Eintritt pro Person.

In der neuen Banja verteilen sich große Männerleiber auf langen Holzbänken. Am Ende des schmalen Raums hängt ein Ölgemälde vom Markt in Gariūnai. Die Brüste der dunkelhaarigen Frau sind trotz Schaumbad gut zu erkennen. Und sie guckt nicht so streng, wie ich es von den meisten Frauen im litauischen Alltag kenne. Die Männer auf den Bänken sitzen entspannt auf ihren Handtüchern. Alkohol ist verboten. Dennoch wandert eine große Flasche von Hand zu Hand. Litauisch und Russisch gehen munter durcheinander. Hier ist keinerlei Spannung zu spüren – auch nach der Annexion der Krim nicht.

Die Saunagänger jonglieren mit Wörtern wie mit Tennisbällen. Eine Spitze auf Litauisch, eine Anekdote auf Russisch, zwischendurch ein polnisches Wort – alles aus Spaß und ohne erhobenen Zeigefinger, wer hier wie zu sprechen habe. Die Männer reden auch über Politik, vor allem aber über den Alltag, über Autoersatzteile und die Ferienplanung für das kommende Jahr. Dabei ereifern sie sich nicht. Sie sind hier, um sich zu reinigen. Das Ritual hat Vorrang vor der Politik. Nach lautem Klatschen wandern fünfzehn Körper in den nächsten Raum, wo die Laubbüschel in kleinen Plastikwannen genässt werden. Jeder hat einen Filzhut auf, die Form erinnert an die Budjonowka, eine Mütze der Bolschewiki im russischen Bürgerkrieg, nur dass heute Sprüche aufgestickt sind: »Guten Morgen, liebe Sorgen« oder »Immer bereit!«. Unter lautstarkem Antreiben des selbsternannten Aufgussvorsitzenden rücken die Körper vor der Tür ganz eng zusammen.

Als die Sauna sich öffnet, fädeln sie sich im Türrahmen auf wie eine Kette. Es passt immer nur einer durch den Spalt. Drinnen erhält der Aufgussvorsitzende Applaus für die ausgezeichnete Wahl des Birken-Aromas, und dann ist das litauisch-russisch-polnische Tennisspiel wieder eröffnet. Die Bälle fliegen scharf. Nicht jeder Aufschlag landet innerhalb des Spielfelds. Die meisten Männer halten ein ganzes Set nicht durch. Schon nach wenigen Minuten beginnen sie, mit den feuchten Laubbüscheln um sich zu schlagen, um Beine, Arme und den Oberkörper zu massieren. Einige bücken sich, um sich von anderen den Rücken peitschen zu lassen. Ich kenne diese Szenen schon aus den öffentlichen Badeanstalten in Russland. Deshalb bin ich nicht überrascht von dem Zeremoniell.

Die Banja ist ein Rückzugsort. Hier gibt es keinen Beschuss aus dem litauischen Internet mit seinen medialisierten Ängsten, der Verachtung des Anderen, dem nach Osten gerichteten kollektiven Hass. Hier peitschen sich Saunagänger gegenseitig mit Birkenbüscheln aus, um Abstand zu bekommen von ihrer Arbeit, ihrer Familie und auch von der Politik. Bei der lautstarken Diskussion zwischen Katholiken und Orthodoxen, auf welche Tage eigentlich Ostern fällt nächstes Jahr, stellt sich heraus, dass unter den Männern auch ein Jude und ein muslimischer Tatar sind. Beide fordern, dass in Litauen auch an ihren hohen Feiertagen arbeitsfrei sein sollte. Alle lachen lauthals. Nur ein Spaßvogel wirft ein: »Aber dann wär ja auch die Sauna nicht geöffnet.«

Der Putin in uns

Andrius und ich treten vor die Tür. Wir blicken dampfend auf die Vilnia, einen Nebenfluss der Neris, und sind uns einig: Der Krieg in der Ukraine entbindet die Gesellschaften im Baltikum nicht von der Pflicht, ihre Probleme selbst zu lösen. Das mediale Getöse in Litauen bringt die kollektive Angst zum Ausdruck, lenkt aber auch von den sozialen und politischen Missständen im eigenen Land ab, die unabhängig von der Bedrohung durch Russland existieren.

»Putin ist der Newsmaker No. 1 in Litauen«, sagt Andrius. »Ich weiß nicht, was wir ohne ihn machen würden.« Er fügt hinzu: »Demnächst wird hier ein neues Arbeitsrecht verabschiedet, das es in sich hat. Im Schatten der medialen Abwehrschlacht gegen den russischen Krieg lässt es sich viel leichter durchsetzen.« Die litauische Gesellschaft sei wie hypnotisiert von der Vorstellung ihres eigenen Endes. Das Thema Tod verkaufe sich medial fast so gut wie Sex.

Das deckt sich mit einer Beobachtung während meiner mühsamen Versuche, lesend und zuhörend Litauisch zu lernen: Der imaginierte Tod der Nation hält Litauen auch zu Lebzeiten stets und ständig in Atem. Weil die eigene Bevölkerung aus weniger als drei Millionen litauischsprachigen Menschen besteht und die Verbindung von Sprache und Nation als besonders eng empfunden wird, haben viele Litauer ein geschärftes Bewusstsein für die Vergänglichkeit von Sprachen und Nationen. Und das, obwohl sie angeblich eine der ältesten Sprachen der Welt sprechen! Natürlich wird auch die Bundesrepublik Deutschland mit ähnlich großer Wahrscheinlichkeit in ferner Zukunft nicht mehr existieren. Während Warnungen wie »Deutschland schafft sich ab« in

Berlin immer noch für Diskussionsstoff sorgen, scheint in Wilna der eigene Untergang bereits beschlossene Sache zu sein. Deshalb wird auch über fast jeden individuellen Tod berichtet, als wäre es der Beweis für das nahende kollektive Ende.

Der Selbstmord der Tochter einer bekannten Schauspielerin ist einen Tag lang Nachricht Nummer eins. Derlei Berichte sind zahlreich, denn Litauen hat 25 Jahre nach dem Ende der Sowjetunion noch immer die höchste Selbstmordrate in Europa. Besonders beliebt sind bei litauischen Lesern auch detaillierte Beschreibungen von Verkehrsunfällen, Feuerwehreinsätzen und Familiendramen mit tödlichem Ausgang. In Deutschland erscheinen sie unter Panorama, Vermischtes oder auf den Lokalseiten – hier auf den obersten Positionen der nationalen Hauptportale.

Andrius hat eine andere Erklärung: »Viele Medien erfüllen ihre Aufgabe des Sortierens, Kontextualisierens, Erklärens und Wertens nicht mehr. Die Journalisten bringen einfach das, wovon sie denken, dass die Leser es wollen. Das sind in diesem Jahr: Putin, Tod und die Eröffnung der ersten LIDL-Filiale in Litauen.«

Das scheint mir der richtige Moment, um mich Andrius anzuvertrauen: »Wenn ich im Alltag die großen litauischen Portale aufrufe und einmal von oben nach unten scrolle, verstehe ich zwar inzwischen die meisten Überschriften. Aber auch nach vier Jahren bleibt das Gefühl, die litauische Gesellschaft einfach nicht zu begreifen. Nicht wegen der Abgründe, die sich unter fast jedem Text in hasserfüllten Kommentaren auftun, sondern weil ich die Relevanz der Nachrichten über Wohnungsbrände, das Leben der Fernseh-VIPs und die politischen Sticheleien zwischen Liberaler Union und der Arbeitspartei nicht sehe.« Andrius ist nicht schockiert: »Wir sind auch noch stolz darauf, dass wir das schreiben, was die Leser interessiert. Dafür lassen wir inzwischen Algorithmen arbeiten.« Aber er fügt hinzu: »In einem Staat, in dem Alkoholismus in der Fläche noch immer ein ernstzunehmendes soziales Problem ist, kann die Nachricht über einen Verkehrsunfall mit zwei Todesopfern eine relevante Hauptnachricht sein. In Litauen sterben jedes Jahr an den Folgen von Verkehrsunfällen, Alkoholmissbrauch und Selbstmord genauso viele Menschen, wie bisher im Krieg im Donbass gefallen sind.«

Familiengeheimnisse

Andrius erzählt von einer Familie aus Kaunas, in der der Vater den russischen Teil seines Lebens besonders gut verbirgt. 1976, mit achtzehn, war er wie alle Männer seines Jahrgangs einberufen worden. Um sie von ihren Eltern und Freunden zu trennen, sollten die Rekruten möglichst in einer anderen Sowjetrepublik dienen. Julijus ließ sich vom Armeedienst nicht brechen. In der Nähe von Nowgorod lernte er eine Frau kennen, Anna, und wann immer er Freigang hatte, liebten sie sich. Als er ins nur wenige Hundert Kilometer entfernte Kaunas zurückkehrte, war Anna schwanger, doch Julijus wollte von einem Kind nichts wissen. Seine Tochter Ksenija wuchs in Russland ohne ihren Vater auf. Ihre Versuche, Julijus nach 1991 zu kontaktieren, blieben erfolglos. Er hütet sein Geheimnis bis heute, selbst vor seinen Kindern, die kein Russisch mehr gelernt haben und nichts von ihrer Schwester in Nowgorod wissen. Ich bin mir nicht sicher, ob Andrius eine wahre Geschichte erzählt oder eine Parabel über das heutige Verhältnis von Litauen und Russland.

Dazu passt die Geschichte einer Familie aus Visaginas im Osten Litauens, die mir Sophies Lehrerin anvertraute. Eglė und Walodija lernten sich während der Ausbildung in einem Institut in Wilna kennen. Eglė wurde beim ersten Sex ungewollt schwanger. Freunde, Ärzte und die eigenen Verwandten rieten ihr zur Abtreibung, die Familie war entsetzt. Ein russischer Bauarbeiter als Vater des eigenen Enkelkinds – das war im ländlichen Litauen der späten siebziger Jahre für viele unvorstellbar. Die Eltern gaben ihrer Tochter den Namen Dalia.

Als Eglė das neugeborene Kind zum ersten Mal durch ihr Heimatdorf im Norden Wilnas schob, guckten die Bauern in den Kinderwagen und sagten erstaunt: »Dafür, dass es einen russischen Vater hat, sieht es aber doch sehr gelungen aus.« Eglė wollte anfänglich Walodija nicht heiraten, doch ohne offizielle Heirat gab es in der Sowjetunion auch mit einem Kind keinen Anspruch auf mehr Wohnraum als ein Zimmer. Sie heiratete ihn widerwillig und ging ihm fortan aus dem Weg. Der Ehemann kam von der harten Arbeit auf der Großbaustelle des Atomkraftwerks Ignalina nach Hause und sagte zu seiner Tochter: »Du bist wie deine Mutter!« Die Eltern von Dalia leben bis heute zusammen. Mutter und Tochter fühlen sich noch immer von Walodija eingeschüchtert. Doch zumindest weiß Dalia, anders als Ksenija in Moskau, wer ihr Vater ist.

Visionen vom Ende der Europäischen Union

Wie nah der Krieg an die Ränder der Europäischen Union gerückt ist, erkenne ich auch an den russischsprachigen Stadtzeitungen Wilnas, deren Geldgeber in Russland sitzen. Keine Woche vergeht ohne eine Glosse im *Russkij Kurier*, die Litauen bezichtigt, russischsprachige Bürger vorsätzlich zu benachteiligen. Die Euro-Einführung im Januar 2015 wird in der Wochenzeitung *Obzor* als gezielte Maßnahme der litauischen Regierung zur Verarmung der eigenen Bevölkerung dargestellt. Dabei greift die Zeitung den Eindruck vieler Menschen in Wilna auf, die Lebenshaltungskosten seien danach stark angestiegen. Die Berichterstattung vermengt diese Beobachtung mit der Unterstellung, dass es sich um eine von der Regierung bewusst in Kauf genommene Verschlechterung der Lebensbedingungen handle. Die systematische Verleumdung aller Versuche seitens des litauischen Staates, das Land mit EU-Fördermitteln nach dem Ende der Finanzkrise auch in der Fläche zu modernisieren, wird von den Botschaften der Russischen Föderation und der Republik Belarus nicht nur ideell unterstützt, sondern direkt durch Sponsoring ganzer Zeitungsteile gefördert. Die Stadt Wilna versucht durch gemeinsam auf Russisch herausgegebene Lokalseiten der wenig versteckten Propaganda etwas Konkretes entgegenzusetzen. Doch die von russischer Seite angeheizte Dynamik setzt auf Eskalation entlang der ethnischen Linien, die im Alltagsleben sonst kaum eine Rolle spielen.

Das Ergebnis ist eine sich unaufhaltsam zuspitzende Diskussion um den Tag der Russischen Kultur im Vingio Parkas, bei dem Hunderte litauische Staatsbürger, die im sowjetischen Wilna russischsprachig aufgewachsen sind, plötzlich die Flagge eines russischen Staates schwenken, in dem sie nie gelebt haben – und in dem sie, müssten sie sich noch heute entscheiden, auch nicht leben wollten. Dass ein Leben in der Europäischen Union Vorteile hat, ist auch ihnen sonnenklar: größere Mobilität, mehr politische Stabilität, mehr Rechte, die sich vor Gericht einklagen lassen.

Doch darum geht es den Akteuren nicht, die russischsprachige litauische Bürger gegen ethnische Litauer aufwiegeln wollen. So versuchen etwa Politiker der polnischen Minderheit in und um Wilna, einen Schulterschluss mit der russischsprachigen Minderheit zu erreichen, um Ergebnisse der »Polnischen Wahlaktion« über der Fünf-Prozent-Hürde zu sichern. Zur Vorgeschichte der Minderheiten-Partei gehörte das Projekt, 1991, noch vor der Auflösung der Sowjetunion, einen Autonomiestatus für die Umgebung von Wilna zu erlangen. Diese Forderung belastet das Verhältnis zwischen Litauern und Polen bis heute. Schon Anfang der neunziger Jahre gab es Grund zu der Annahme, dass die politischen Ziele polnischer Minderheiten-Vertreter und russische Interessen sich überlappen. 2016 hat sich die Partei den Zusatz »Bund christlicher Familien« gegeben. Gemeint sind russischsprachige Litauer. Politiker der konservativen litauischen

Parteien wie Mantas Adomėnas warten nur darauf, dieses Paktieren öffentlich als Komplizenschaft mit Putin zu geißeln und indirekt allen Teilnehmern des Tags der Russischen Kultur Untreue gegenüber Litauen vorzuwerfen – auch denen, die keine Flaggen der Russischen Föderation schwenken.

Der populistische Reflex ist aus anderen EU-Staaten bekannt: Für die Maximierung des eigenen Erfolgs setzen Politiker in ganz Europa den Zusammenhalt ihrer Gesellschaften aufs Spiel. Die derzeitigen Schwierigkeiten der Europäischen Union, einen Weg aus ihrer strukturellen Krise zu finden, wurden nicht in Russland fabriziert. Die dortige staatliche Propagandamaschine arbeitet aber schon mit dem Bild vom Ende der Europäischen Union. Deshalb schilderte das Auslandsfernsehen Russia Today (RT) die Aufnahme von wenigen Millionen Flüchtlingen in einen Staatenbund mit einer halben Milliarde Menschen monatelang als europäische Apokalypse. RT und andere Kanäle des Kremls legen nahe, die Politik Angela Merkels sei für die Anschläge von Terroristen in Paris und Brüssel verantwortlich. Das Staatsfernsehen in Belarus berichtet in den Hauptnachrichten über die Entgleisung eines Regionalzugs in Sachsen-Anhalt – weil es aus Sicht der Redakteure belegt, dass der Westen des Kontinents am Ende sei.

Es ist kein Zufall, dass gerade die Wilnaer Apologeten von Carl Schmitt dieses Bild vom zyklischen Zerfall, eines wiederkehrenden »Untergangs des Abendlandes« mit großem Eifer aufgreifen. Die beiden Professoren des Wilnaer Instituts für Auslandsbeziehungen und Politikwissenschaft (TSPMI), die im Herbst 2016 zu einer Diskussion über die Welt nach dem Ende der Europäischen Union einladen, sind zugleich die größten Verfechter einer streng nationalstaatlich ausgerichteten litauischen Politik. Die offene Bewunderung für die Staatstheorie Carl Schmitts stiftet überraschende Allianzen zwischen Konservativen in Litauen und Russland. Putins taktische Erfolge lassen sich damit erklären, dass er konsequent das Freund-Feind-Schema auf die weltpolitische Agenda setzt, sei es in der Ukraine oder in Syrien. Ob er damit auch strategisch Erfolg haben wird, hängt nicht zuletzt von der inneren Verfasstheit der Europäischen Union ab.

Bei meiner Arbeit an einer belarussischen Exiluniversität in einem Staat, der weniger Einwohner hat als Berlin, habe ich viel über die EU gelernt. Die Grenzen ihrer Handlungsfähigkeit werden auch an ihrer Ostgrenze sichtbar: erstens in den drei baltischen Staaten, wo Russland systematisch versucht, das Funktionieren eines Gemeinwesens zu untergraben. Zweitens liegen in Belarus, Moldau und im Kaukasus Schwerpunkte einer aggressiven russischen Außenpolitik mit dem Ziel, eine Stärkung der Beziehungen zwischen EU und den Gesellschaften im östlichen Europa zu verhindern. Und schließlich in der Ukraine, wo im Donbass weiterhin mit schwerem Kriegsgerät gekämpft wird.

In Wilna habe ich aber auch erlebt, wie gut die EU im Inneren funktioniert: Unsere Kinder sind längst dreisprachig. Wir bewegen uns ohne Grenzkontrollen zwischen den Gesellschaften – etwas, was noch vor weniger als fünfzehn Jahren undenkbar war. Sollte es in drei Jahrzehnten noch eine funktionierende Rentenversicherung geben, werden die Arbeitsjahre in Litauen dank geltenden EU-Rechts bei der Berechnung meiner Rente anerkannt. Es lag deshalb nah, als Reaktion auf die Annexion der Krim die EU-Flagge am Apfelbaum in unserem Garten zu hissen. Sie weht über dem Parkplatz der Kirche, die der Verehrung einer Marienikone in Kursk mitten in Russland gewidmet ist. Auch den griesgrämigen russisch-orthodoxen Priester hatte ich im Blick. Fast alle Mitglieder seiner Gemeinde sind Bürger der Europäischen Union.

Die Selbstverständlichkeit, mit der wir uns innerhalb des

Schengenraums bewegen, ist in Gefahr. Dennoch gibt es keinen Grund, den in anderen Bereichen dysfunktionalen Staatenbund als Geflecht politischer Institutionen und rechtlich bindender Verträge abzuschreiben. Die Konfrontation mit den von Russland geschürten Visionen vom Ende der Europäischen Union zeigt, dass es nicht ausreicht, Missstände zu benennen und *der* Politik die Schuld zuzuweisen.

Die unsichtbare Front

2015 analysierte ich mit Studierenden die deutsche Berichterstattung über den Krieg in der Ukraine. Nur wenige Journalisten schrieben über den Konflikt aus Sicht der Soldaten auf beiden Seiten. Die Verwendung von schwerem Kriegsgerät hat etwas Abstraktes, Irreales, und die Einschläge der Bomben im Osten der Ukraine verhallten fast ungehört in der deutschen Öffentlichkeit. Die deutsche Gesellschaft kann es sich leisten, den Krieg im Donbass noch immer aus einer postheroischen Position zu beobachten.

Ganz anders die Haltung des litauisch-schwedischen Filmemachers Jonas Ohman. Er lebt seit den neunziger Jahren in Litauen. Seit 2014 schickt er unermüdlich militärische Güter in die Ukraine – aus tiefer Überzeugung.

Unter dem Eindruck des Krieges wandelte er sich innerhalb weniger Monate vom Historiker und Regisseur zum paramilitärischen Entwicklungshelfer und litauischen Nationalhelden an der Front im Donbass.

Jonas Ohman hatte sich zunächst für die litauische Umweltbewegung begeistert. Da diese eine besondere Faszination für die litauische Nation transportiert, lernte er den Nationalismus als eine überraschend befreiende Idee kennen, die auch im ausgehenden 20. Jahrhundert noch immer ihre Kraft entfaltet. In seinem Dokumentarfilm *Die unsichtbare Front* projizierte

Ohman diese Einsicht auf die historische Erzählung über die litauischen Waldbrüder. Er wollte zeigen, dass jeder Einzelne gerade in Zeiten des Krieges die Möglichkeit hat, sich zwischen Gut und Böse zu entscheiden. Der Dokumentarfilm, der während des Krieges in der Ostukraine im November 2014 Premiere hatte, wurde in Litauen zu einem Erfolg. Jonas Ohman reiste mit dem Film auch in die Ukraine. Er wollte die dortige Bevölkerung in ihrem Kampf geschichtspolitisch unterstützen. Nach den Vorführungen in ukrainischen Kinos begann er, in Litauen Hilfslieferungen für ukrainische paramilitärische Einheiten zu organisieren. Dass es sich dabei auch um rechtsradikale Organisationen wie den *Prawyj Sektor* handelte, irritierte ihn nicht, weil er sich durch den Kampf an der unsichtbaren Geschichtsfront stets auf der Seite der Guten wähnte.

Der Krieg im Donbass geht weiter, auch wenn im Westen darüber weniger berichtet wird. Jonas ist zum neuen Helden aufgestiegen. Jahrelang hat er sich für den Dialog über die dunklen Vergangenheiten Wilnas engagiert. Heute sagt er: »Man kann in Litauen nicht mit der Tür ins Haus fallen. Die Menschen haben ein Recht darauf, ihr Gesicht zu wahren, sonst wird sich gar nichts verändern im Land.«

Als ich ihn auf den Krieg in der Ukraine anspreche, fordert er mich mit einer abfälligen Handbewegung auf: »Sag deinen Landsleuten ruhig, dass Deutschland eine Hure ist, die nichts anderes im Sinn hat, als die eigenen Waren zu verkaufen. Litauen ist aber, anders als Deutschland, direkt von Russland bedroht. Wir haben nicht nur das Recht, uns zu verteidigen, sondern wir haben die Pflicht, uns gegen die konkrete Bedrohung aus dem Osten zu rüsten. Deshalb sammle ich auf allen möglichen Kanälen Geld für diejenigen, die die Souveränität der Ukraine im Donbass verteidigen. Sie kämpfen auch für uns. Sie sind an vorderster Front für Europa. Wie ich an das Geld komme, kann ich nicht genau sagen. Ein Teil wird von ganz normalen Menschen in Litauen gespendet, die verstehen, dass es in der Ukraine auch um ihre Sicherheit geht. Weitere Gelder fließen aus anderen Quellen. Das ist ein wenig hybrid, wie der Krieg, den Russland uns aufgezwungen hat. Wir kaufen damit das, was die Sondereinheiten an der Front brauchen. Am Anfang erhielt ich Anrufe von Freunden aus dem Donbass, die uns baten, Stahlhelme zu organisieren. Wir haben schusssichere Westen besorgt und Nachtsichtgeräte an die Front gebracht. Wir machen das, was manche Staaten nicht tun wollen. Immerhin sehen in Litauen die Politiker ein, dass es wichtig ist, überhaupt etwas zu tun.«

Der Doktorand aus Aleppo

In dem anschließenden Seminar über die Migrationskrise lernte ich Burhan kennen. Er hatte 2012 an der Universität Aleppo ein Doktorat in Festkörperphysik begonnen. Der Krieg kam näher und näher. Der junge Mann besuchte im Frühjahr 2013 seine Eltern ins Homs und konnte plötzlich nicht mehr an seine Universität zurück. Die Kampfzone des Bürgerkrieges hatte sich auf Aleppo ausgeweitet. Burhan ergriff die Flucht nach vorne. Im Rahmen eines Erasmus-Abkommens zwischen den Universitäten in Aleppo und Wilna kam er im Herbst nach Litauen, wo er nun offiziell mit einem Stipendium Forschungen für seine Promotion durchführte. Seine Heimatuniversität befand sich zu diesem Zeitpunkt schon in Auflösung. Ein Großteil der Gebäude wurde in den folgenden Monaten zerstört.

In Litauen studierte Burhan an der mathematisch-physikalischen Fakultät; hier schien sich niemand für ihn zu interessieren. Die wenigen Promotionsstipendien im Jahr wurden an die litauischen Studierenden vergeben.

»Ich habe einige Monate gebraucht, um zu verstehen, dass ich hier nichts lernen kann, dass mich hier niemand braucht«, sagte Burhan im Rückblick. Wir sitzen in einem Wilnaer Café.

Er fühlte sich, als würden die Menschen durch ihn hindurch sehen.

Burhans Erasmus-Förderung galt immer nur für ein Jahr. Um einen längeren Aufenthaltstitel zu erlangen, ging er 2014 nach Deutschland. In Bayern beantragte er Asyl und musste in einem Flüchtlingsheim ausharren. »Ich habe neun Monate meines Lebens verloren, sinnlos in einem Lager rumgehockt – zusammen mit Leuten, die kaum lesen und schreiben können. All die Zeit habe ich in engen Fluren und Zimmern verbracht, mit Menschen, mit denen mich nichts verbindet, außer dass wir auf der Flucht sind.«

Nach neun Monaten Warten ohne Arbeitserlaubnis wird Burhan im Rahmen der Genfer Flüchtlingskonvention als Flüchtling anerkannt. Die Karte mit dem auf drei Jahre befristeten deutschen Aufenthaltstitel ist sein neues Personaldokument. Dank der Europäischen Union war es Burhan damit möglich, seinen Erasmus-Aufenthalt zu verlängern. Während Aleppo bereits in Schutt und Asche lag, versuchte er in Wilna noch einmal Fuß zu fassen. Doch die Monate in Deutschland hatten ihn zurückgeworfen.

Seit er offiziell anerkannter Flüchtling war, tat Burhan alles dafür, kein Flüchtling mehr zu sein. Nach Wilna zurückzukehren und hier formell das Promotionsstudium in Aleppo wieder aufzunehmen war der einzig vernünftige Weg. Doch die Zeit im Heim hatte an seinen Kräften gezehrt, das deutsche Asylverfahren ihn um fast ein Jahr zurückgeworfen. Er war inzwischen Anfang dreißig und zweifelte, ob es noch sinnvoll war, sein Forschungsvorhaben fortzuführen. »In Syrien ist es auf Jahre hinaus unmöglich. In Litauen kann ich mich mit meinem deutschen Aufenthaltstitel nur zum Promovieren aufhalten. In Deutschland kassiere ich nur Absagen.«

Dennoch versuchte er weiter, einen Professor zu finden, bei dem er promovieren konnte. Er hat wenig Erfahrung mit den neuen Geräten und Programmen in Wilna, weil es diese Systeme in Syrien nicht gab.

»Solange ich in Litauen offiziell einen Erasmus-Austausch absolviere, ist alles im grünen Bereich – auch wenn es meine Heimatuniversität nicht mehr gibt, ist mein formeller Status in Litauen geklärt.« Aber was kommt danach? Die Genfer Konvention sieht vor, dass er in Litauen ein neues Asylverfahren beantragen müsste, um dort einen Titel zu erlangen, der Ausgang eines solchen Verfahrens wäre ungewiss, der Aufwand, alle Dokumente auf Litauisch beizubringen, sehr groß.

Burhan erklärt mir, dass er dann auf seinen deutschen Aufenthaltstitel verzichten müsste, weil er auch in der Europäischen Union nur eine nationale Gültigkeit hat. »Einmal das Verfahren zu durchlaufen ist genug für mein ganzes Leben. Freiwillig gehe ich nicht noch mal in ein Heim für Asylbewerber. Im Notfall muss ich zurückgehen und kämpfen wie die anderen jungen Männer in Syrien. Aber ich habe mich auf den langen Weg gemacht, um in Europa zu promovieren«, sagt Burhan entschlossen.

Inzwischen hat ihm der Professor eines großen physikalischen Instituts in Wilna eine Stelle in einem neuen Forschungszentrum in Aussicht gestellt. Burhan ist trotz dieses Angebots voller Misstrauen, weil er in den vergangenen Jahren in Litauen wenig Unterstützung erfahren hat. »Freunde findet man hier nicht. Diese Gesellschaft ist zutiefst ausländerfeindlich. Im Wohnheim sagen mir die Litauer, mit denen ich die Küche teile, nicht mal Guten Tag.«

Burhan empfindet die Menschen im Baltikum als kalt. Sie stellten ein, zwei Fragen, das war's. »Jeder ist mit sich selbst beschäftigt. Keiner der Ausländer, die ich kenne, hat etwas mit Litauern zu tun. Ich will auch nicht, dass sie nur den Flüchtling in mir sehen. Ich will einfach nur einen Doktorabschluss machen. Und dann nach Syrien zurückkehren. Doch ich hänge hier in der Luft, habe kaum Kontakt zu den Kollegen. Dabei möchte ich etwas lernen, mich vorbereiten auf eine Stelle in Deutschland, und dafür muss ich ins Labor.«

Burhan möchte nicht nur als Flüchtling behandelt werden. Die Nachrichten aus Syrien verfolgt er kaum noch: »Für andere ist das vielleicht interessant, mich belastet es nur – auch weil ich von hier aus nichts ändern kann. Am Ende fragt mich noch jemand, warum ich nicht für mein Land kämpfe.« Kontakt hält er vor allem mit seiner Familie in Homs – solange es Strom und eine Internetverbindung gibt. »Ich gebe mir noch drei Monate, um etwas in Deutschland zu finden«, sagte er seinem Vater über Skype. »Wenn es nicht klappt, beantrage ich Hartz IV.« Dabei hatte der Professor in Litauen sein Angebot erneuert. Er würde ab Herbst eine Stelle als wissenschaftliche Hilfskraft für Burhan freihalten. »Um hier fest angestellt zu sein, müsste ich eine Arbeitserlaubnis haben, aber für diese brauche ich einen litauischen Aufenthaltstitel«, erklärt Burhan. Das ist sein Dilemma.

Wenn er morgens aufwacht, denkt er darüber nach, und wenn er ins Bett geht, kreisen die Gedanken noch immer um diese Frage: »Ich will meinen deutschen Aufenthaltstitel nicht verlieren.« Er kann in Litauen kein neues Leben beginnen, ohne ihn aufs Spiel zu setzen. »Ich habe nach zwei Jahren kein Litauisch gelernt, dafür etwas Deutsch. Und ich will in Deutschland mehr lernen. Hier weiß ich manchmal gar nicht genau, wo ich überhaupt bin.«

Durch den Wechsel von der Physikalischen Fakultät in das Forschungszentrum erhält Burhan Zugang zu neuen Elektronenmikroskopen. Sein Studium als Mathematiker kommt ihm nun zugute. Im neuen Labor am Stadtrand hilft Burhan, die Mikroskope neu zu kalibrieren. Der Professor bietet ihm nun sogar an, seine Promotion in Litauen nochmals von vorn zu beginnen. Alles scheint sich im Kreis zu drehen. »Ich finde es schwer, mir vorzustellen, noch mal ganz neu anzufangen. Vielleicht soll es einfach nicht sein. Und wie könnte ich hier überhaupt überleben, wenn meine Ersparnisse aufgebraucht sind?«

Und so drehen sich seine Gedanken weiter im Kreis.

Die Reise soll doch nach Deutschland gehen, obwohl er gerade Fuß in Litauen gefasst hat. Ich schicke seinen Lebenslauf an Physiker in Deutschland. Die Antworten sind deutlich: Auf dem freien Arbeitsmarkt hat Burhan keine Chance, weil er mehrere Jahre verloren hat, um sich formell zu qualifizieren. Bürgerkrieg zählt bei einer regulären Stellenausschreibung auf einem umkämpften Arbeitsmarkt nicht als Auswahlkriterium. Nur ein Stipendium würde ihm helfen. Die für Syrer zuständige Stelle bei einer großen deutschen Stiftung antwortet auf eine E-Mail erst nach zwei Wochen: »Wir haben keine speziellen Programme für Flüchtlinge mehr, das war eine einmalige Maßnahme.«

Die Suche geht weiter. Aber auch Burhans Dilemma. Er will nicht am Rande der EU in einem Land leben, in dem er glaubt, als Flüchtling im Ernstfall nicht über die Runden zu kommen. Sein akademischer Erasmus-Hafen an der Route ins zerstörte Aleppo ist eine Falle. Er hätte es sonst direkt in Deutschland als Flüchtling versuchen können. »Schlimmstenfalls arbeite ich im Supermarkt, aber ich will es noch einmal versuchen. Innerhalb von einem Monat finde ich einen Ausweg«, sagt Burhan entschlossen.

Doch das Erasmus-Programm läuft aus, eine Verlängerung ist nicht mehr möglich. Burhan kann nur noch bis zum Juli 2016 legal in Litauen bleiben. Eine Aussicht auf ein Stipendium in Deutschland hat er nicht. Deshalb geht Burhan doch auf das Angebot seines Wilnaer Professors ein und bemüht sich um eine Arbeitserlaubnis. Die Frau in der Ausländerbehörde in der Naugarduko gatvė 100 weiß nichts mit Burhans Unterlagen anzufangen. Flüchtlinge mit deutschem Aufenthaltstitel sind hier nicht vorgesehen. Die meisten wollen in die andere Richtung migrieren. Litauen hat einer Quote von 1105 Flüchtlingen zugestimmt.

Davon ist bisher eine Familie aus dem Irak mit medialem Tam-tam begrüßt worden. Ein ehemaliger Übersetzer der litauischen Truppenkontingente in Afghanistan hatte sich ebenfalls erfolg-reich um einen Aufenthaltstitel bemüht. Die litauische Nation war hingerissen: Ein Flüchtling, der etwas Litauisch spricht! Doch inzwischen hat er Litauen wieder verlassen.

Insgesamt sind bei der litauischen Ausländerbehörde 172 Flüchtlinge registriert. Die meisten hält es nicht lange vor Ort. Im Herbst 2016 mieteten 32 Syrer und drei Iraker einen Reisebus und brachen auf eigene Faust nach Deutschland auf. Burhan ruft nach mehr als zwei Jahren als einer der wenigen Flüchtlinge aus Syrien bei den Verantwortlichen in der Ausländerbehörde noch immer Achselzucken hervor. Auch er will Litauen verlas-sen. Deutschland bleibt für Burhan das gelobte Land.

7

Kiew – Minsk – Wilna – Brüssel

Anatoli Michailow, der Gründer der Europäischen
Humanistischen Universität Minsk,
war nach der erzwungenen Schließung 2004
und der Neugründung im litauischen Exil
für zwei weitere Amtszeiten Rektor.
2014 wurde er ihr Präsident.

Der ungeschriebene Vertrag

Anatoli Michailow zitierte bei Treffen an der Europäischen Humanistischen Universität gern Hannah Arendt: »Denken und Realität haben sich voneinander verabschiedet.« Und fügte dann hinzu, die Geisteswissenschaften befänden sich in einer tiefen Krise. Dass die EHU selbst auf eine existenzielle Krise zusteuerte, zeigte sich 2011: Weil die Zahl der Studierenden dramatisch gesunken war, musste die philosophische Fakultät schließen. Der Rektor, der das Scheitern seines Ansatzes »Transformation durch Philosophiestudium« einsah, stimmte zu. Doch die Entscheidung wurde über den Kopf der betroffenen Lehrkräfte hinweg gefällt und durchgesetzt. Kurz nach meinem offiziellen Arbeitsbeginn war die belarussische Exiluniversität deshalb in zwei Fraktionen geteilt: Akademiker und Verwaltung. Ich musste nicht lange darüber nachdenken, auf welcher Seite ich im Ernstfall stehen würde, denn ich war als Wissenschaftler an die EHU gekommen. Doch als mich meine Kollegen für die anstehenden Senatswahlen als Kandidaten aufstellen wollten, lehnte ich ab. Ich hatte in Wilna auch die Interessen des DAAD zu vertreten und Verantwortung für den weiteren Ausbau des Zentrums für Deutschlandstudien übernommen. Seit eine engagierte litauische Politologin die Stelle von Gintautas übernommen hatte, ging es aufwärts. Ich wollte nichts aufs Spiel setzen. Die akademischen Vertreter, die auch ich Anfang 2013 in den Senat wählte, gaben sich hingegen kämpferischer.

Jedes Jahr erstellten die Dekane im Frühling die Stundenpläne für das kommende Studienjahr. Auf dieser Grundlage berechnete die Verwaltung im Sommer die Anzahl und Verteilung der Lehraufträge. Kein Wunder, dass es jedes Jahr zu Auseinandersetzungen gekommen war. Es ging um die Verteilung von bis zu einer Million Euro Personalmittel. Einerseits bot die Vergabe von Lehraufträgen die Möglichkeit, unliebsame Personen unauffällig aus der Universität zu drängen, indem ihnen die Verwaltung durch die Verringerung des Deputats nach und nach die Lebensgrundlage entzog. Andererseits spürten selbst diejenigen, die genügend verdienten, um von Wilna aus ihre Familien in Belarus zu ernähren, wie abhängig sie vom Gutdünken der Verwaltung waren.

Längst hatten sich alle daran gewöhnt, dass sie der Universität ein Home-Office zur Verfügung stellten, ihren Laptop und ihre Internetrechnung selbst bezahlten und so dafür sorgten, dass Seminare, Hausarbeiten und Publikationen zustande kamen. Die Exiluniversität funktionierte, solange ihnen als Gegenleistung für die eigenen Kosten und Zumutungen mehr Geld gezahlt wurde, als sie in Belarus oder Russland mit akademischen Hilfsdiensten verdienen würden. Die Bezahlung sicherte aber nicht nur die materielle Lebensgrundlage, sondern war auch eine symbolische Anerkennung der geleisteten Arbeit. Der Kern der nicht formalisierten Abmachung betraf nicht die Höhe der Zahlungen, sondern die Sicherheit, sich darauf verlassen zu können, dass die Zahlungen erfolgten. Jedenfalls war das bis Sommer 2013 der Fall.

In diesem Jahr erfuhren die Wissenschaftler erst im September, wie das Lehrdeputat verteilt werden würde. Bis November unterrichteten weit über hundert Lehrkräfte ohne formellen Auftrag. Die Universitätsleitung versicherte, alles werde gut. Sie tat es in ihrer eigenen bürokratischen Art: ohne Entschuldigung für die Wochen der existenziellen Unsicherheit und ohne persönliche Unterschrift. Selbst wichtige E-Mails waren wie Zirkulare der kommunistischen Parteiverwaltung stets nur mit »Das Rektorat« unterzeichnet. Die Minsker Wissenschaftler hatten zu diesem Zeitpunkt bereits zwei Monate illegal in Litauen gearbeitet. Auch in den vergangenen Jahren hatten sie keine Steuern gezahlt; die meisten von ihnen waren nicht angestellt, folglich in der Europäischen Union auch nicht sozialversichert. Schwangere Kolleginnen konnten nicht auf Elterngeld zählen, weil sie nicht in die litauischen Sozialkassen eingezahlt hatten.

Aus diesem Grund betreibt die EHU in Minsk eine Firma, die ihnen eine formelle Absicherung in Belarus garantiert. Bei schwerer Krankheit lassen sich die Wissenschaftler in ihrer Heimat behandeln, wo es noch eine flächendeckende Sozialversicherung gibt. Die vielen Leistungen, die diese nicht trägt, zahlen sie privat.

Der Senat brachte den Unmut vieler Kollegen bereits im Laufe des Herbsts 2013 lautstark zum Ausdruck. Als die Universitätsleitung nicht reagierte, formierte sich offener Widerstand. Der Senat informierte die litauische sowie die belarussische Öffentlichkeit, Petitionen gingen an die amerikanischen und europäischen Förderer der EHU. Dass weder der Rektor Michailow noch der litauische Verwaltungsleiter Verständnis für die Sorgen der Lehrenden hatten, bestärkte die Senatsmitglieder in ihrer Entscheidung, für die Rechte der Wissenschaftler öffentlich einzutreten. Es ging dabei auch um die Anerkennung ihres Anteils am Aufbau der EHU in Wilna.

Aus der verzögerten Vergabe von Lehraufträgen wurde ein Kampf um die Existenz der Hochschule. Durch den öffentlichen Protest waren auch die litauischen Sozialversicherer darauf aufmerksam geworden, dass die EHU seit 2006 für insgesamt über zweihundert Lehrkräfte keine Sozialabgaben abgeführt hatte. Lange konnte die litauische Regierung diese illegale Praxis nicht mehr dulden, zumal andere Privatuniversitäten, die aufgrund negativer Evaluationen des Studienangebots kurz vor der Schließung standen, den Sonderstatus der EHU nun öffentlich kritisierten.

Offener Widerstand

Während meine Kollegen und ich den Konflikt als Kampf um politische Repräsentation und akademische Autonomie verstanden, stellte Anatoli Michailow die Auseinandersetzungen stets als persönlichen, ökonomisch motivierten Interessenskonflikt dar. Sein Kronzeuge war der Senats-Vorsitzende, Pawel Tereschkowitsch, ein Historiker aus Minsk. Dieser war jahrelang die rechte Hand von Anatoli Michailow gewesen und hatte sich auch am Ausschluss missliebiger Kollegen beteiligt. An der Belarussischen Staatlichen Universität war er selbst vor die Wahl gestellt worden: entweder die Leitung des Lehrstuhls für Historische Anthropologie in Minsk oder seine Geschichtsprofessur in Wilna zu behalten. Tereschkowitsch entschied sich für die EHU, obwohl seine Familie in Minsk blieb. Doch wie im Falle anderer Mitstreiter wurde im Moment des kleinsten Zerwürfnisses mit dem Universitätsgründer der persönliche Kampf zu einer Kraftprobe, in der es nur noch um die Frage ging, wer die Hochschule verlassen muss. Tereschkowitsch wählte 2013 den Weg der Konfrontation, der der Universitätsleitung nur einen geringen Spielraum zum Handeln ließ.

Die persönliche Feindschaft verschärfte den Ton, der ab 2013 auch meinen Alltag an der EHU bestimmte. Anstatt sich über gemeinsame Interessen zu verständigen, gingen Michailow und Terschkowitsch auf Kollisionskurs. Auch die meisten Senatsmitglieder waren nicht mehr gewillt, den Rektor und seine Entourage als legitime Gesprächspartner zu akzeptieren.

Um ihre Interessen zu verteidigen, gründeten die belarussischen Akademiker 2014 die Gewerkschaft EHUnion. Aus Prinzip wurde auch ich Mitglied und übernahm ein Amt in der Revisionskommission. Der litauische Gewerkschaftsbund Sampro nahm die EHUnion auf und beriet sie fortan in langen Sitzun-

gen im Foyer des Ecotel in rechtlichen Fragen. Das war Demo-
kratieunterricht live, denn mehr als zwei Jahrzehnte lang hatten
die Wissenschaftler Michailow symbolisch die Obhut über die
EHU anvertraut, anstatt sich zusammenzuschließen, um für
ihre Rechte einzustehen. Nun erklärten ihnen die kampferprob-
ten Aktivistinnen von Sampro auf Russisch, wie man in Litau-
en Petitionen schreibt und weitere juristische Schritte vorbereitet.

Die Parallelen zu deutschen Universitäten sind offensichtlich.
Auch dort halten die wissenschaftlichen Mitarbeiter, die mit befristeten Verträgen lehren und forschen, ganze Studiengänge, For-
schungsprojekte und Fakultäten am Laufen. Allerdings mit dem
entscheidenden Unterschied, dass an der EHU alle Wissenschaftler in gleichem Maße von existenzieller Unsicherheit betroffen
sind und die Lehrkräfte keinerlei Rechte haben. Selbst kleine
deutsche Universitäten sind dank ihrer öffentlichen Finanzierung und einem klaren rechtlichen Rahmen stärkere Institutionen
als die belarussische Universität im litauischen Exil. Sie bieten
auch den Beschäftigten mit befristeten Verträgen mehr rechtliche Sicherheit.

Der Retter aus Amerika

Um einen Ausweg aus dem Patt zwischen Universitätsleitung
und Senat zu finden und den drohenden Bankrott der EHU ab-
zuwenden, benannte der vor allem mit Vertrauten von Anatoli
Michailow besetzte Aufsichtsrat der Universität im Frühjahr 2014
einen Amerikaner als Kanzler der EHU. Die entscheidende Rolle spielten eine Gruppe amerikanischer und britischer Hoch-
schulmanager unter der Führung von Dan Davidson. Der Vorsitzende eines amerikanischen Collegeverbands war nur wenige
Jahre jünger als Michailow. Beide verband eine lange Freund-
schaft. Wie sein Minsker Kollege hatte auch Davidson in Zeiten

des Kalten Krieges in Deutschland und in der Sowjetunion studiert. Nun setzte er sich für die weltweite Ausbreitung der Idee der Liberal Arts, einem interdisziplinären Studium Generale, ein. Der neue Kanzler war ein guter Bekannter von Davidson.

Noch scherzten wir über den Retter aus dem Westen: »The American Messiah!« Doch das Lachen sollte uns schon bald vergehen. Meine Kollegen waren schockiert, als bekannt wurde, dass sein Monatsgehalt um ein Zehnfaches über dem der meisten belarussischen Wissenschaftler lag. Seine Qualifikation bestand in einer Promotion in Philosophie und der langjährigen Arbeitserfahrung als Manager von Colleges in den USA. Der Kanzler sprach weder Russisch noch Belarussisch oder Litauisch und war an der EHU in vielen Situationen auf einen Übersetzer angewiesen.

In unserem ersten Gespräch warb ich um Empathie für die Situation der Wissenschaftler. Der Kanzler zeigte Verständnis: »In den USA ist das Dilemma, in dem die EHU gefangen ist, als Founding Father Syndrome gut bekannt. Das ist die Krise verdienter Männer, für die im Alter eine neue Rolle in der von ihnen gegründeten Institution gefunden werden muss. Machen Sie sich keine Sorgen, ich schaffe das schon.«

Das neue Statut, das der Kanzler gemeinsam mit einer britischen Sinologin aus dem Aufsichtsrat im Frühjahr 2014 verfasste, schrieb eine formelle Beteiligung des Senats an Entscheidungen über akademische Fragen vor. Die beiden erfahrenen angelsächsischen Universitätsmanager meinten es gut mit der EHU, und sie vertrauten in die Stärke institutioneller Regeln. Immer wieder erklärten sie den Belarussen und Litauern an der EHU, sie müssten sich an gemeinsame Regeln halten. Doch sie unterschätzten die Macht der Praxis.

Die Senatsmitglieder waren längst überzeugt, dass das neue Statut nur den Schein wahren sollte. Sie hatten über Jahre erlebt, wie Anatoli Michailow das erste, 2006 von litauischen und skandinavischen Spezialisten in bester Absicht verfasste Statut dazu benutzt hatte, Gegner auszuschalten und seinen Willen durchzusetzen.

Sie machten sich auch deshalb keine Illusionen, weil der Kanzler an der personellen Zusammensetzung der Universitätsleitung nichts änderte. Nach seiner Vorstellung sollte die Universität von denen gerettet werden, die sie in ihre existenzielle Krise geführt hatten. Die in der kritischen Lektüre und Auslegung von normativen Texten geübten Kollegen erkannten auf den ersten Blick, dass der Senat in zentralen Fragen laut Statut nur beratende Funktion haben würde. Auch über den neuen Rektor würde er nicht mitbestimmen. Sie ahnten, dass auch in Zukunft jeder wichtige Vorgang mit Anatoli Michailow, nicht aber mit den akademischen Vertretern abgestimmt werden würde.

Unerhörte Forderungen

Im Februar 2014 kam es parallel zu den offenen Ausschreitungen auf dem Kiewer Maidan zu einem Machtkampf an der EHU. Die Wissenschaftler aus Minsk protestierten in Wilna und im belarussischen Internet gegen ihre geplante Abwicklung: Sie wussten, dass nach der Durchsetzung des neuen Statuts die meisten von ihnen ihre Lehraufträge verlieren würden. Ich half mit Übersetzungen ins Englische und Deutsche, damit trotz der aufgeheizten Stimmung mehr Förderer ihre Situation nachvollziehen konnten. Die litauische Gewerkschaft unterstützte die EHUnion dabei, eine Eingabe beim vom litauischen Parlament eingesetzten Ombudsmann für akademische Ethik zu formulieren. Nach der Verschärfung der Auseinandersetzung war es nur ein harter Kern, der vor dem litauischen Außenministerium auf der Straße demonstrierte und die Presse in Litauen und Belarus über den Konflikt informierte.

Als der Protest immer lauter wurde und dennoch ohne Reaktion verhallte, riefen die Entschlossensten im Senat die Wissenschaftler zum Streik auf. Daraufhin kündigte Anatoli Michailow dem Senatsvorsitzenden Pawel Tereschkowitsch, seiner Stellvertreterin Olga Sparaga und dem Sekretär des Senats, Andrej Lauruchin fristlos. Auch sie hatten immer nur verschiedene Werkverträge und Lehraufträge wahrgenommen, so dass das litauische Arbeitsrecht für sie keinen Schutz vorsah. Bis dahin hatten nicht alle Kollegen den konfrontativen Kurs der drei unterstützt. Doch mit der Säuberung des Senats als Reaktion auf den Versuch einer politischen Auseinandersetzung war für viele eine Grenze überschritten.

Plötzlich waren Minsker Philosophen, Juristen und Historiker zu etwas bereit, was sie sich noch vor wenigen Jahren nicht zugetraut hätten. Die Loyalität zu ihrem Rektor war ja Teil der ungeschriebenen Vereinbarung: Für sie würde gesorgt, solange sie die Autorität Michailows anerkannten. Jetzt aber rangen sich meine Kollegen dazu durch, die Forderung nach einem Rücktritt der Leitung mitsamt den beiden Vizerektoren für Verwaltung und Akademisches deutlich zu formulieren.

Der harte Kern der Protestierenden saß im Raum 203 des Ecotels zusammen und diskutierte den Wortlaut eines öffentlichen Aufrufs zum Rücktritt. Die bedrohliche finanzielle Lage der Universität, die ineffiziente Organisation der Verwaltung und die konsequente Missachtung akademischer Belange innerhalb der Institution wurden als Gründe genannt. Doch die Diskussion stockte, als es um Anatoli Michailow ging. Konnten sie den Gründer der Universität zum Rücktritt auffordern? Michailow hatte nicht nur die Universität aufgebaut, er war auch der akademische Lehrer mehrerer Protestierender. Ich schlug vor, einen persönlichen Brief zu schreiben und ihm für seine zwei Jahrzehnte währende Aufbauarbeit zu danken. Meine Kollegen feilten die ganze Nacht an der Formulierung, um ihm in diesem Brief höflich, aber bestimmt nahezulegen, zu seiner wissenschaftlichen Arbeit zurückzukehren, die er aufgrund seiner Bemühungen um die EHU vernachlässigt hatte. Dass es sich auch um eine Aufforderung handelte, das Spiel um den eigenen Machterhalt einzustellen, war offenkundig. Dennoch waren wir überzeugt, dass es auf diesem Weg für alle möglich sei, das Gesicht zu wahren.

Keiner der Vizerektoren trat zurück. Eine Reaktion auf den Brief blieb aus. Anatoli Michailow hatte seinen Einfluss auf die entscheidenden Gremien – den Aufsichtsrat und die Versammlung der Teilhaber – nie verloren. Da er diese vor Jahren selbst besetzt hatte und es keinen Kontrollmechanismus gab – etwa durch eine freie Minsker Presse, andere belarussische Intellektuelle, die Studierenden der EHU oder ihre Eltern –, entschied die Mehrheit in den Gremien stets im Sinne Michailows und gegen den erklärten Willen des gewählten Senats.

Die europäischen Förderer hatten inzwischen verstanden, dass der Konflikt an der EHU zu einer existenziellen Bedrohung für das Projekt geworden war. Sie hatten sich aber nie hinter die Protestierenden gestellt, die nichts weiter gefordert hatten, als über ihre eigenen Angelegenheiten mitbestimmen zu dürfen.

Stellen und Ämter

Im Frühjahr 2014 wurde das neue Statut durch einen Beschluss des Aufsichtsrats der EHU und dann durch die Versammlung der Teilhaber durchgesetzt. Die Mitglieder der beiden Gremien wollten die schwächelnde Institution durch einen Coup von oben retten und erstickten die gerade erst laut werdende Forderung nach akademischer Autonomie im Keim.

Die Hochschulleitung errechnete, dass es nur vier Dutzend Stellen geben könne, wenn die Universität regulär litauische Sozialabgaben zahlt. Alle, die weiter in Wilna wissenschaftlich arbeiten wollten, wurden gezwungen, sich auf die von ihnen zuvor selbst geschaffenen Stellen an ihrer eigenen Universität zu bewerben. Das litauische Recht sieht an Hochschulen alle fünf Jahre einen solchen »Atviras konkursas«, einen »Offenen Wettbewerb« vor. Um die dadurch entstehende strukturelle Unsicherheit abzufangen, werden in Litauen die meisten Entscheidungen in informellen Netzwerken getroffen, in denen sich Gleichgesinnte zusammenschließen, um ihre Ressourcen zu verteidigen. Daher steht oft schon vorher fest, dass die bisherigen Stelleninhaber verlängert werden. Diese informellen Absprachen sind der Grund dafür, dass Auseinandersetzungen an den litauischen Hochschulen kaum offen ausgetragen werden.

Zur Bewerbung an der EHU gehörte eine von Anatoli Michailow entworfene Frage über die Krise der Geisteswissenschaften. Die promovierten und teils habilitierten Wissenschaftler mussten sie in ihrem Bewerbungsessay beantworten – auch wenn sie bereits in Minsk als Professoren an die EHU berufen worden waren. Das wurde als Demütigung empfunden, als perfider Trick, um die Asymmetrie zwischen dem Rektor und seinen Untergebenen wiederherzustellen. Es war Hohn, dass der amerikanische Kanzler betonte, wie legal dieser Auswahlprozess organisiert war, denn der Posten eines Kanzlers war im Statut der EHU gar nicht vorgesehen. Sein eigenes Handeln im Namen der Hochschule war lange Zeit illegal gewesen.

Das Ergebnis fiel wie befürchtet aus. Durch die vom falschen Kanzler organisierte Neuausschreibung aller Stellen verloren diejenigen, die am lautesten protestiert hatten, ihre Arbeit an der EHU. Zu den Geschassten gehörte mit Ausnahme einer Person auch der gesamte Vorstand der Gewerkschaft EHUnion: Alexej Kriwolap, Andrej Rolionok, Dima Karenka und Konstantin Tkatschew. Damit verbunden war auch der Verlust ihrer bisherigen akademischen Anbindung und ihrer materiellen Lebensgrundlage.

Im neuen Statut war der Posten eines Präsidenten vorgesehen, und schon bald wurde klar, welches Kalkül dahintersteckte. Der amerikanische Manager sollte kommissarischer Rektor werden und Anatoli Michailow Präsident. Ich erinnerte mich an mein erstes Gespräch mit dem Manager. Er hatte versprochen, eine Lösung für das »Founding Father Syndrome« zu finden. Glaubte er wirklich, dass der Wechsel vom exekutiven Rektoren- auf den repräsentativen Präsidentenposten etwas an der Praxis einer Institution veränderte, in der über zwei Jahrzehnte lang alle Legitimität und gesetzgebende Gewalt von Anatoli Michailow ausgegangen war?

Am 1. Oktober 2014 kam ich mir bei der feierlichen Überga- be des Staffelstabs vor wie in dem Märchen vom Kaiser ohne Kleider, der von allen Untergebenen für seine zauberhaften Ge- wänder bewundert wird. Nur dass heute gleich zwei Kaiser die Blicke auf sich zogen. Der alte Rektor führte zunächst den neuen kommissarischen Rektor ein, der allen schon als falscher Kanz- ler bekannt war. Danach führte der Amerikaner den alten Rek- tor als Präsidenten ein, als wäre das eine wunderbare Nachricht für die EHU. Meine Kollegen schwiegen, denn die Einführung eines Präsidenten an einer belarussischen Universität verwies symbolisch auf Minsker Verhältnisse. In Belarus hatte Lukaschen- ko per Dekret verboten, dass Sportvereine, Firmen und auch Universitäten ihre Leitungsposition Präsident nennen. Deshalb gab es bisher nur einen belarussischen Präsidenten. Und nun verkündete der kommissarische Rektor aus Amerika den an- wesenden Minsker Philosophen, Politologen, Juristen und His- torikern mit einstudiertem Pathos und ohne die Ironie des bela- russischen Kontexts zu verstehen: »Ab heute hat die EHU einen Präsidenten.«

Anatoli Michailow dankte im Anschluss – wie immer bei sol- chen Gelegenheiten – nicht den Mitarbeitern, sondern den För- derern der EHU. In Zeiten des Krieges in der Ukraine sei ihre Unterstützung besonders wichtig. Dann bedankte er sich persönlich bei Dan Davidson, der eigens aus den USA angereist war, um die formelle Übergabe der Ämter vorzunehmen. Der Michailow-Vertraute Davidson hatte als Aufsichtsratsmitglied persönlich den falschen Kanzler an die EHU gebracht.

Dank der Unterstützung durch Dan Davidson und die Mehrzahl der verbliebenen Mitglieder des Aufsichtsrats wurde Anatoli Michailow ab sofort Präsident der Universität, die er vor 22 Jahren in Minsk gegründet hatte. Der kommissarisch eingesetzte Rektor präsentierte das von ihm selbst verfasste Statut wie bei einer amerikanischen Produkteinführung auf Englisch mit einer PowerPoint-Präsentation. Dazu gehörten eigens vorbereitete und sorgfältig ins Russische übersetzte Witze. Ein ernstgemeintes Stichwort lautete hingegen: »Mitbestimmung wie in Cambridge und Oxford«. Vor weniger als zwei Monaten hatten mehr als die Hälfte meiner Kollegen ohne Mitspracherecht ihre Arbeit und ihren Status an der EHU verloren. Nun lächelte der Überbringer der frohen Kunde einer demokratischen Grundordnung und bat die Anwesenden, Fragen zu stellen.

Ich fragte vor versammelter Runde, wie wir an die wissenschaftlichen Arbeiten derjenigen anknüpfen sollten, die ab diesem akademischen Jahr nicht mehr an der EHU arbeiten, und fügte hinzu: »Welche Rolle soll Ihrer Meinung nach in Zukunft die Gewerkschaft EHUnion spielen?« Der Amerikaner antwortete: »Ich war früh in meiner Karriere Kanzler der Chicago Art School. In meinem Büro hatte ich eines Tages einen Wasserschaden. Da rief ich den Klempner, damit er das Rohr in Ordnung bringt. Verstehen Sie mich bitte richtig: Ich bin für Arbeitsteilung in der Gesellschaft. Und wissen Sie, man kann sich immer darüber streiten, wie viel Kubikmeter jedem Arbeitnehmer per Gesetz zusteht oder wie groß der Bildschirm sein muss, aber das sind Petitessen, die für die EHU jetzt keine Rolle mehr spielen.«

Am nächsten Tag zitierte mich der Rektor in sein Büro. Als Reaktion auf meine öffentliche Erwähnung der geschassten Kol-

legen untersagte er mir bis auf weiteres, mit ihnen zusammenzu-
arbeiten. Ich erklärte ihm, dass das gegen die akademische Freiheit verstoße und dass ich bereits Termine für gemeinsame Veranstaltungen in Belarus vereinbart habe. Er erwiderte: »Dann
finden Sie einen Weg, damit die Zusammenarbeit nicht sichtbar
wird.« Die Einführung belarussischer Verhältnisse erfolgte an
der EHU mit tatkräftiger Unterstützung aus dem Westen.

Umgehend informierte ich den deutschen Botschafter und
den Deutschen Akademischen Austauschdienst. Ich hatte den
zuständigen Personen auch vorher schon über die Zuspitzung
der Situation an meiner Universität berichtet und wie sich mein
Handlungsradius verringerte. Da der Ausgang des Konflikts um
die Rektorenwahl nicht absehbar war, vereinbarten wir, dass ich
mich auf Lehre und Forschung konzentrieren würde. Wie andere westliche Akteure fand ich stets einen Grund, den Status quo
doch noch mitzutragen, ohne deutlichere Zeichen zu senden.
Die anstehende Verlängerung der von der EHU bezahlten Koor-
dinationsstelle war so ein Grund. Ohne den Zuspruch durch
Anatoli Michailow wäre die Stelle wie viele andere gestrichen
worden. Doch ohne seine Unterstützung wäre es nicht möglich
gewesen, das Zentrum für Deutschlandstudien auszubauen, wie
es meinem offiziellen Auftrag in Wilna entsprach.

So fand ich andere Wege des symbolischen Widerstands, fuhr
aus Prinzip nach Minsk und organisierte Diskussionen über
Formen der Partizipation am politischen Prozess. Da Anatoli
Michailow in seiner fortwährenden Bewunderung für Martin
Heidegger nicht akzeptieren wollte, warum Deutschlandstudien
in Wilna auch die Geschichte des Zweiten Weltkriegs und des
Holocaust einschloss, organisierte ich immer wieder Veranstaltungen zur Geschichte der deutschen Besatzung der Region. Was
sich eigentlich von selbst verstehen sollte, wurde von der Leitung
der EHU als Akt des Widerstands wahrgenommen. Auf dem
Höhepunkt der Auseinandersetzung wurde eine ganze Sitzung

der Frage gewidmet, warum ich mit meinen Studierenden Partisanenlieder aus dem Wilnaer Ghetto analysiert habe. »Der Lektüre deutscher Texte müsse auch die Analyse deutscher Taten in der Region folgen«, lautete meine Antwort. Michailow wiederholte empört: »Sollen das deutsche Studien sein?« Und ich bestellte die Schwarzen Hefte als Ergänzung der Heidegger-Gesamtausgabe für die Bibliothek des Zentrums.

Das Nordkorea-Argument

Trotz dieser Schattengefechte steckte ich selbst in einem Dilemma. Deutsche Kollegen begründen ihre Zusammenarbeit und die weitgehenden Zugeständnisse innerhalb repressiver institutioneller Zusammenhänge nicht nur mit der interkulturellen Notwendigkeit nach dem Motto: »So funktioniert das halt dort.« Sie sehen die Präsenz deutscher Akteure vor Ort als Wert an sich; bereits eine andere Art der wissenschaftlichen Kommunikation und Kooperation habe in den Auseinandersetzungen vor Ort einen positiven Effekt. Mein Zentrum für Deutschlandstudien bot durch die direkte deutsche Unterstützung einen geschützten Raum, in dem ich mich mit meinen Kollegen dem widmen konnte, wofür die Universität steht und was im Zuge der Konflikte oft in den Hintergrund trat: der Wissenschaft. Doch genau diese Form der Selbst-Legitimierung, das Nordkorea-Argument, hatte ich selbst zuvor kritisiert. Nun musste auch ich so argumentieren, um zu begründen, warum ich nicht umgehend meine Koffer packe.

In der Zwischenzeit hatte der litauische Ombudsmann für akademische Ethik der Universitätsleitung seinen Einspruch gegen den offenen Bruch des alten Statuts der EHU übermittelt. Er argumentierte, dass die fristlose Kündigung der gewählten Leitung des Senats und die Durchsetzung eines neuen Statuts ohne Zustimmung der verbliebenen Wissenschaftler einen Bruch des zuvor gültigen Statuts der EHU darstelle. Die Universität hatte nun die Möglichkeit, ihrerseits auf das Schreiben einzugehen und Nachbesserungen vorzunehmen. Sollte dies nicht erfolgen, kann der Ombudsmann rechtliche Schritte einleiten und die Sache an ein Gericht übergeben.

Nun zeigte sich, welches Rechtsverständnis und was für soziale Praktiken der kommissarische Rektor aus Amerika mitgebracht hatte. Statt eine symbolische Einigung mit dem Ombudsmann zu suchen, nutzte er den litauischen Rechtsstaat, um eine Lösung auf lange Sicht unmöglich zu machen. Die belarussische Exiluniversität wandte sich an eine internationale Anwaltskanzlei, um den vom litauischen Parlament eingesetzten und von den Wissenschaftlern angerufenen Ombudsmann wegen der angeblichen Überschreitung seiner Kompetenzen anzeigen zu lassen. Zwar verlor die Universität den Prozess. Doch da hatten die geschassten Gewerkschaftsaktivisten und Senatsmitglieder bereits keinen Aufenthaltstitel in Litauen mehr. Sie mussten in Belarus unter schwierigen Bedingungen ein neues Auskommen finden. Die Anwalts- und Gerichtskosten beglich die Universität auch aus Mitteln der Europäischen Kommission, die jedes Jahr mehr als eine halbe Million Euro Steuergelder zur Verfügung stellt, um von der EHU aus die Demokratie in Belarus zu stärken.

Das belarussische Dilemma

Die Förderer verfolgten den offenen Machtkampf an der EHU mit Sorge. Die Europäische Kommission, das Nordic Council of Ministers, das litauische Außenministerium und die Botschaften weiterer europäischer Staaten erhielten seit der Zuspitzung 2013 Dutzende E-Mails von aufgebrachten belarussischen Wissenschaftlern. Es waren Hilferufe, die darüber informierten, dass an der EHU gegen geltendes litauisches Recht verstoßen werde. Sie verhallten lange Zeit ungehört. Der Grund: Das Konstrukt einer litauischen Privatuniversität mit einem durch den Gründungsrektor handverlesenen Aufsichtsrat und einer Mehrheit amerikanischer Stiftungen in der für grundlegende Entscheidungen zuständigen Versammlung der Teilhaber hatten sie selbst mit geschaffen. Sie waren als Förderer seit dem Neuanfang in Wilna ein Teil des institutionellen Gefüges, auch wenn sie sich in keinem Gremium ausreichende Stimmrechte gesichert hatten.

Die Verantwortlichen in Wilna, Oslo, Stockholm, Kopenhagen, Berlin und Brüssel wussten um die Schwächen der Konstruktion. Über Jahre hatten sie versucht, neue institutionelle Lösungen wie einen eigens für die EHU eingerichteten Treuhandfonds zu entwickeln, um zumindest der Veruntreuung von Geldern vorzubeugen. Doch um die Zuspitzung der existenziellen Krise der EHU zu verhindern, hätten ebenjene Förderer, die das Projekt bis heute tragen, früher Entscheidungen treffen und weitreichende Auflagen für die Förderung der Hochschule formulieren müssen.

Hierin kam ein durch und durch belarussisches Dilemma zum Ausdruck: Aus Sicht der westlichen Förderer schien die EHU lange eine Alternative zur Arbeit im Land darzustellen. Und das rechtfertigte über Jahre, dass große Teile der Förderung für die belarussische Zivilgesellschaft nach Wilna und nicht nach Minsk flossen.

Wie im Falle der Verbreitung autoritärer Praktiken östlich – und inzwischen auch innerhalb der EU – ist nicht für alles die Europäische Kommission verantwortlich zu machen, was in Europa nicht funktioniert. Aber durch das Ausbleiben eines selbstkritischen Engagements hat die Förderpolitik der europäischen Partner der EHU die Krise 2014 noch verschärft. Dabei teilen Europäische Kommission und EHU ein strukturelles Problem, das in der Praxis für alle Beteiligten spürbar ist: Beide sind nicht durch ein für den Bürger erkennbares Verfahren repräsentativer Demokratie legitimiert, sondern nur über Ernennungen.

Einzelne Länder wie Polen begannen sich ab 2014 aus der Förderung zurückzuziehen und die frei werdenden Mittel etwa in die Ukraine umzulenken. Doch auch nach 2015 legitimieren offizielle Vertreter von Stiftungen, Botschaften und Universitäten Anatoli Michailow, indem sie mit ihm weiterhin über die Krise der Geisteswissenschaften sprechen und danach ein Foto fürs Internet machen. Auch ich wollte zeigen, dass man an der EHU trotz Krise wissenschaftlich arbeiten kann, denn mir liegt daran, dass wenigstens die verbliebenen Kollegen ihre Arbeit behalten, meine Studierenden ihre Abschlüsse machen können und die bisherige Aufbauarbeit nicht umsonst war. Daher kann ich die abwartende Haltung vieler Förderer gut nachvollziehen. Sie spielt aber zunächst vor allem Michailow in die Hände.

Die falsche Wahl

Der Einzige, der schon 2004 die Risiken der Neugründung in Wilna erkannt hatte, war der amerikanische Milliardär George Soros. Durch ein gut informiertes Netz aus Experten war er über die Praktiken der EHU-Leitung bestens im Bilde. Seine Stiftung gab fortan nur noch Geld für Aktivitäten der EHU in Belarus. Die großen europäischen Förderer dagegen brauchten zehn Jahre, um endlich harte Bedingungen zu stellen. Dieser Zeitpunkt war gekommen, als klar wurde, dass die Aufsichtsratsmitglieder um Dan Davidson den falschen Kanzler ohne Stellenausschreibung als Rektor der EHU installieren würden.

Nun hatte auch die Geduld der europäischen Förderer ein Ende. Dennoch wurde der Rektorenposten erst regulär ausgeschrieben, nachdem die Wissenschaftler und das litauische Außenministerium dies deutlich eingefordert hatten. In diesem Fall folgten auch die Förderer der Argumentation meiner Kollegen und bestanden auf einer internationalen Stellenausschreibung. Das war ein symbolischer Erfolg für alle, die nun von Minsk aus weiter protestierten. Obwohl sie formell nicht mehr zur Universität gehörten, führten sie die Arbeit der EHUnion fort und gaben mit einer Prise schwarzen Humors die Losung aus: »Wir sind im Exil des Exils.« Doch die persönliche Präferenz Anatoli Michailows war von Anfang an bekannt. Die folgende, über Monate öffentlich ausgetragene Schlammschlacht um die chaotische, weitgehend intransparente Durchführung der nachträglich ausgeschriebenen Rektorenwahl beschädigte alle Kandidaten und den Ruf der Hochschule gleichermaßen.

In dem mit Verleumdung, dem Diebstahl von Dokumenten und juristischen Winkelzügen geführten Kampf wurde deutlich, dass die institutionelle Struktur am Ende Michailow erneut in die Hände spielte. Immer wieder intervenierte das litauische Außenministerium, um Mindeststandards des Auswahlverfahrens durchzusetzen. Als der Minister informell nahelegte, dass ein Kandidat gefunden werden solle, der auch von den belarussischen Akteuren akzeptiert wurde, ging er ein hohes Risiko ein. Um an der EHU etwas zu bewegen, begab er sich in eine politische Grauzone, da ja in der litauischen Verfassung die Autonomie von Lehre und Forschung festgeschrieben ist. Auch andere nichtbelarussische Akteure begannen nun einen offenen Kampf, um Michailows Entscheidungshoheit zu brechen. Peter Liesegang, der die Universität von Frankfurt aus treu unterstützt hatte, machte sich vehement für eine transparente Rektorenwahl stark. Er wurde unterstützt von Hans-Georg Wieck, dem letzten Botschafter der Organisation für Sicherheit und Zusammenarbeit in Europa (OSZE) in Minsk.

Wieck kannte die Sowjetunion wie seine Hosentasche, da er in den siebziger Jahren Botschafter in Moskau und danach Vertreter der Bundesrepublik Deutschland in der NATO und zwischen 1985 bis 1990 Präsident des Bundesnachrichtendienstes gewesen war. In seiner Minsker Zeit, Ende der neunziger Jahre, hatte er für den Dialog mit Lukaschenko geworben – in der

Überzeugung, dass es ihm mit seinen Erfahrungen möglich sein müsse, den Präsidenten zu Zugeständnissen zu bewegen. Wie andere scheiterte er. Seither wirbt Wieck in Seminaren für die Soziale Marktwirtschaft als Modell für Belarus. Sein Glaube an die heilende Wirkung eines Vorbilds aus Deutschland ähnelt Michailows Idee, durch deutsche Philosophie Veränderungen in Belarus zu erringen. Doch nachdem Wiecks Vorschlag, an der EHU ein Zentrum für Transformation einzurichten, im Sande verlief, wandte auch er sich gegen Michailow und dessen Versuche, die Satzung der Universität zu umgehen. Es gab also die Möglichkeit, sich wie Dan Davidson demonstrativ an die Seite Michailows zu stellen, oder sich wie Wieck für die offene Wahl eines neuen Rektors starkzumachen.

Die verheerende Auseinandersetzung um die nachträgliche Wahl des Rektors hatte den Effekt, dass sich auch die Studierenden der EHU organisierten und nun aktiv in die Diskussion eingriffen. Sie hatten verstanden, dass von der Wahl die Zukunft ihrer Alma Mater abhängt. Bei der Gelegenheit fiel ihnen auf, dass auch für sie keinerlei Mitsprache an der Hochschule vorgesehen war. Immerhin erkämpften sie das Recht, einen Vertreter in den Aufsichtsrat zu entsenden. Aber Anatoli Michailow konnte seinen Kandidaten auch gegen den Willen von Studierenden und Wissenschaftlern durchsetzen. Der falsche Kanzler, der bereits seit Monaten kommissarischer Rektor war, wurde nun offiziell zum Rektor ernannt. Die Vorsitzende des Studentenparlaments, Maryja Sliaptsova, sagte am Ende des verlorenen Kampfes für Transparenz und die Berücksichtigung der Interessen der Studierenden: »Ich bin an diese Hochschule gekommen, um für eine bessere belarussische Gesellschaft einzustehen. Doch die EHU hat mir den Glauben an das Gute im Menschen fürs Erste genommen.«

Das Scheitern der akademischen Autonomie an der EHU und der beginnende Krieg im Osten der Ukraine im Frühjahr 2014 sind Ereignisse, die auf den ersten Blick nichts miteinander zu tun haben. Und doch sind sie Symptome derselben Problematik: Es geht um die Schwäche der Außenpolitik der Europäischen Union im ersten Jahrzehnt nach der EU-Osterweiterung. Die Staatengemeinschaft steckt in einer tiefen Krise der Repräsentation und Legitimation. Ausschlaggebend ist aber etwas anderes: Die Praxis der langlebigen persönlichen Netzwerke einst sowjetischer Akteure sowie die in psychologischer Kriegsführung und Zersetzung geschulten Sicherheitskreise sind ihrem oft ahnungslosen Gegenüber im Westen bis heute taktisch haushoch überlegen. Noch schwerer wog nur, dass sich der Westen Europas lange weigerte, selbst in den von Russland als Einflusszone beanspruchten Staaten eine aktivere Rolle zu spielen sowie – etwa mit der Einführung visafreien Reiseverkehrs – erkennbare Angebote für die Bürger dieser Gesellschaften zu formulieren und diese Angebote zugleich an klare Bedingungen zu knüpfen.

Die Gratwanderung zwischen persönlichem Einsatz und Selbstverleugnung ist Teil der Arbeit aller Vertreter westlicher Organisationen in Belarus. Die Möglichkeit, sich öffentlich zu äußern und den eigenen Interessen Gehör zu verschaffen, wird durch eine post-koloniale Asymmetrie der Handlungsspielräume bestimmt. Wenn ich einem Berliner Kollegen per Skype von den neusten Entwicklungen in Wilna berichtete, sagte er stets nur: »Felix, das ist Afrika, was regst du dich so auf! Mach deinen eigenen Stiefel und identifizier dich nicht so mit den Belarussen.«

Egal ob Wilna oder Minsk – es gibt aufgrund dieser Asymmetrie nur wenige Möglichkeiten, zu einem ebenbürtigen Austausch zu kommen. Dabei gehen implizite westliche Überheblichkeit und eine symbolische Unterwerfung seitens der belarussischen Partner oft miteinander einher. Auch mir wurde die Parteinahme für meine belarussischen Kollegen im internen Streit stets als paternalistisch ausgelegt, weil ich es mir anders als viele Kollegen dank der Förderung aus Deutschland leisten konnte, für meine Ansichten einzustehen. Trotz meiner Sprach- und Landeskenntnisse hatte ich die Bedeutung der unausgesprochenen Kommunikation sowie der nicht geschriebenen und oft nicht einmal mündlich vereinbarten Übereinkünfte unterschätzt. So brauchte ich Jahre, um zu begreifen, dass mein Beharren auf Transparenz und das Festhalten am Gespräch mit allen Konfliktparteien Ausdruck einer westlichen Hilflosigkeit war, weil alle wichtigen Vereinbarungen an der EHU ungeschrieben waren. Immerhin verstand ich nun, warum meine Kollegen jede Woche in endlosen Sitzungen um Formulierungen schriftlich niederzulegender Prozeduren rangen. Wenn nur das ungeschriebene Wort zählt, wird nicht automatisch das geschriebene Wort entwertet.

Trotz der Einsicht, wie weitreichend diese Dilemmata unseren Alltag prägen, versuche ich ihnen immer wieder zu entkommen, nicht zuletzt indem ich mich als Teil der EHU verstehe und mich hinter meine Kollegen stelle. Die einzigen Wege, mit der dennoch verbleibenden Asymmetrie umzugehen, sind gemeinsames Handeln, Gespräche und eine nicht ritualisierte Form der Selbstkritik.

Auswärtige Politik

Für die Minsker Opposition war der Sitz der Herz-Jesu-Stiftung in der Wilnaer Altstadt seit langem eine feste Adresse. Aktivisten, Oppositionelle sowie Wissenschaftler gingen hier aus und ein. Der neue Büroleiter, ein promovierter Politologe, sagte zur Begrüßung über dieses Büro: »Das geht ja gar nicht. Zu dunkel, zu klein. Wir brauchen etwas Repräsentatives!« Olaf hatte sich viel vorgenommen und sagt immer direkt, was er denkt.

Zum Beispiel: »Wenn die Belarussen die Performance nicht bringen, dann kürzen wir.« Mit Performance meint er, dass sich endlich etwas verändern soll im Nachbarland, wo noch immer Alexander Lukaschenko regiert. Die Herz-Jesu-Stiftung hatte seit mehr als einem Jahrzehnt mit öffentlichen Geldern politische Parteien und Projekte unterstützt, um die Zivilgesellschaft in Belarus zu stärken. Die Ergebnisse sind ambivalent. Einerseits wurden Projekte gefördert, die tatsächlich Diskussionen abseits der staatlichen Propaganda anregten – Belarus ist heute, anders als in der westlichen Wahrnehmung präsent, eine durchaus dynamische, veränderungsbereite Gesellschaft. Andererseits werden viele Aktivitäten der Stiftung in Belarus als Produkt westlicher Einmischung abgelehnt. Allen, die in der auswärtigen Politikförderung tätig sind, ist der Spagat bestens vertraut, den die Stiftung vollführen muss: hier das Fördern eines Neuanfangs jenseits der vom Staat kontrollierten Strukturen. Dort die entstehende Vereinsszene, in der sich längst junge, mobile Aktivisten auf das Schreiben von Projektanträgen spezialisiert haben.

Die Herz-Jesu-Stiftung hatte schon vor Jahren das zuständige Büro von Warschau nach Wilna verlegt, um näher dran zu sein und von hier aus langfristige Partnerschaften aufzubauen. Die Zuständigen wussten, dass es keine schnellen Erfolge geben konnte in einem Staat, in dem sich eine Praxis jenseits der sowjetischen nie länger etablieren konnte. Doch Olaf hat nicht so viel Zeit, er will Erfolge, denn er hat große Pläne. Er verfügt über einen heißen Draht ins Minsker Außenministerium und zum Präsidenten seiner Stiftung. Das Ziel ist, nach der Freilassung der letzten politischen Gefangenen als erste ausländische Stiftung wieder ein Büro in der belarussischen Hauptstadt zu eröffnen.

Dafür nimmt er einen hohen Preis in Kauf. Er gibt der *Sowjetskaja Belorussija*, der Hofpostille des Minsker Diktators, die in ihrer Aufmachung an die *Bild*-Zeitung erinnert, aber auf Hochglanzpapier gedruckt wird, ein Interview und ist stolz, darin die neue Linie der Partei zu verkünden, die hinter der Herz-Jesu-Stiftung steht. Olaf zitiert in seinen Analysen von nun an vor allem staatliche belarussische Presseinformationen und vermeidet regimekritische Bemerkungen in der Öffentlichkeit. Es geht ihm um eine Annäherung des Westens an das Regime, um im Schatten des Krieges in der Ukraine ins Gespräch mit dem Machthaber und seiner Verwaltung zu kommen, ohne deren Zustimmung in Belarus keine Veränderung möglich scheint. Indirekt soll so auch ein alternativer Gesprächskanal zu Putin entstehen.

Die Kollegen in Wilna, die schon länger im Belarus-Geschäft tätig sind, lachen über Olaf und die Prominenten-Selfies, die er im Internet veröffentlicht. Sie wissen, dass Lukaschenko in Belarus am längeren Hebel sitzt. Und dass das Pendel zwischen Europäischer Union und Russland wieder ausschlagen wird, sobald den Minsker Staatsbetrieben das Geld ausgeht. Ein amerikanischer Kollege bringt es auf den Punkt: »Wer nach den Minsker Spielregeln spielt, wird am Ende Teil des Minsker Spiels.« Und gerade amerikanische Stiftungsvertreter verstehen gut, dass auch in diesem Teil Europas die Förderung von Partnern in Politik und Gesellschaft bei allen Widersprüchen auf Gegenseitigkeit beruht. Denn die Stiftungen konkurrieren untereinander um denselben Pool von Projekten und Machern, die bereit sind, in Belarus das Risiko einzugehen, alternative Ideen in Kultur, Politik und Wirtschaft zu entwickeln. Steuergelder, die stattdessen in einen verstärkten Dialog mit Angehörigen staatlicher Strukturen fließen, sind ebenso Risikokapital wie die Förderung zivilgesellschaftlicher Initiativen.

Olaf steht ein sechsstelliges Budget zur Verfügung, das die Stiftung nur dann ausgeben kann, wenn die Zusammenarbeit rund läuft. Auch in diesem Geschäftsfeld ist Vertrauen das höchste Gut. Doch Olaf ist von sich und seinem Ziel so überzeugt, dass er genau dieses auch in der Kooperation mit langjährigen Partnern aufs Spiel setzt. Immer wieder fallen Sätze wie: »Die haben es einfach nicht drauf.« Seine Büroleiterin erträgt den arroganten Tonfall nicht und wirft das Handtuch – nach fast zehn Jahren Arbeit für die Stiftung. Olaf ist das egal, er verfolgt sein Ziel: das Büro in Minsk. Als Belohnung träumt er von einer Karriere in der Politik. Oder in der Stiftung. Hauptsache, er kommt endlich weg aus diesem Land. »Vilnius ist eine schreckliche Stadt. Diese Motorräder, die hier nachts alle naselang durch die Straßen rasen. Kaum auszuhalten!« Immerhin hat ihm die Stiftung ein größeres Büro in einem Wilnaer Hotel bewilligt. Von dort aus arbeitet Olaf heute weiter an der Performance.

Akademische Autonomie?

Dass Anatoli Michailow nach wie vor von ranghohen Vertretern aus Westeuropa und den USA unterstützt wird, hat einen weiteren Grund. Die Institutionen, die sie vertreten, sind oft genauso patriarchalisch organisiert wie der Alltag an der EHU. »Alles, was an der EHU strukturell falsch läuft«, sagte eine Gastdozentin aus den USA nach einigen Wochen in Wilna, »kenne ich von zu Hause. Die Wissenschaftler werden bei uns auch wie Dienstleister behandelt, die man einfach austauschen kann, wenn sie nicht mehr passen oder zu kritisch werden. Das Sagen hat oft ein Management, dessen Entscheidungen längst von der wissenschaftlichen Praxis abgekoppelt sind.« Sie erzählt von der Willkür an privaten nordamerikanischen Colleges, und ihre Geschichten lassen das Beharren auf akademischer Autonomie und Selbstverwaltung als eine besonders naive Form der Nostalgie erscheinen – im Westen wie im Osten. Die ungleiche Verteilung von symbolischem Kapital führt auf dem angelsächsischen Wissenschaftsmarkt dazu, dass exzellente Bücher und Studienarbeiten nur an wenigen Orten entstehen, an denen für ausgewählte

Wissenschaftler und Studierende eine individualisierte Form akademischer Autonomie geschaffen wird. Erkauft wird sie auch dort mit kurzfristigen Lehraufträgen für Assistenten, die anstelle der Forschenden die Lehrtätigkeit übernehmen, für die es in diesem System weit weniger Anerkennung gibt.

Allerdings sind die meisten Colleges in den USA tatsächlich gemeinnützige Firmen, die über eigenes Kapital verfügen, mit dem sie haushalten. Ihren Namen verkaufen sie wie eine Marke. Doch in Litauen wird ebenso wie in Deutschland der Zugang zu Bildung noch immer zu großen Teilen durch öffentliche Universitäten garantiert, die staatlich finanziert sind. Die EHU ist ein Sonderfall, weil der Staat, der sie fördern müsste, eine Diktatur ist. Autonomie von Lehre und Forschung existiert nicht. Deshalb fördern andere Staaten die Hochschule im Exil. Die EHU, formell eine Privatuniversität, hat einen klaren öffentlichen Auftrag: Zugang zu freier Bildung für Belarussen zu schaffen. Er wird zu über zwei Drittel durch Steuergelder finanziert. Wie an litauischen Hochschulen sind auch an der EHU Studiengebühren die wichtigste Einnahmequelle neben staatlichen Zuwendungen. Die Gretchenfrage ist deshalb hier wie da, ob sich die Studierenden als Kunden oder Teilhaber der Hochschule verstehen.

Auch die symbolische Repression zur fortwährenden Wiederherstellung von Hierarchien ist keine belarussische Spezialität. Anatoli Michailow und seine europäischen Männerfreunde teilen die Sicht auf viele Dinge. Sie sind für Europa. Und sie wollen etwas tun für seine Zukunft. Dabei ist ihr Verständnis von Politik, von Dialog, von Geschlechterrollen und von sozialer Partizipation selbst eine der Ursachen der politischen Krise der Gegenwart. Doch sie nutzen die ihnen untergebenen Apparate effizient und zielgerichtet, denn sie haben über Jahrzehnte gelernt, wie Politik in Europa gemacht wird: in Ost und West.

So ist es kein Zufall, dass Olaf entscheidet, im März 2016 das zehnjährige Jubiläum der EHU im litauischen Exil auszurichten. Es ist eine gute Gelegenheit, den Präsidenten der Herz-Jesu-Stiftung nach Wilna einzuladen, um von hier aus einen gemeinsamen Vorstoß nach Minsk zu unternehmen. Olafs Engagement in Wilna geht weit: Er sorgt dafür, dass das Jubiläum nicht in der ehemaligen Filiale der Minsker Polizeischule stattfinden muss, sondern in dem Hotel ausgerichtet wird, in dem die Stiftung Büroräume mietet. Es soll besonders festlich werden, denn zu feiern gibt es viel!

Als Festredner sind neben dem Präsidenten der Stiftung auch Vertreter der EHU geladen. Darunter der Präsident Anatoli Michailow und der falsche Kanzler, der nun regulärer Rektor der Exiluniversität ist. Anatoli Michailow spricht von der Krise der Geisteswissenschaften. Seine Gäste sprechen von Demokratie, kritischem Denken und der Zukunft Europas. Keiner der an der EHU verbliebenen Wissenschaftler kommt zu Wort. Die Opfer der kürzlichen Auseinandersetzungen finden keine Erwähnung: »Denken und Realität haben sich voneinander verabschiedet.«

Rückkehr nach Minsk

Nicht alle belarussischen Kollegen hatten 2014 offen protestiert. Viele hatten zu Recht Angst um ihre Lehraufträge. Andere fühlten sich der Universitätsleitung gegenüber verpflichtet, weil sie eine in der Sowjetunion in allen Bereichen der Gesellschaft zelebrierte Dankbarkeit der Institution gegenüber spüren. So wie einst in der Sowjetunion, wird diese passive Form der Dankbarkeit als Schweigegelübde verstanden: Daheim am Küchentisch kann alles besprochen werden, aber in der Öffentlichkeit sind dem Sagbaren enge Grenzen gesetzt. Die Dekanin der Kulturwissenschaftlichen Fakultät, Almira Ousmanova, verstand diese Regeln besser als andere. Außerdem hatte sie mehr zu verlieren als ihre Lehraufträge. Die von ihr aufgebaute Fakultät macht in Wilna heute noch immer mehr als die Hälfte der Studierenden aus, die wissenschaftliche Diskussion geht trotz Krise weiter. Ousmanova hat in Zeiten des Kampfes stets das Gespräch mit den Kollegen und auch mit der Verwaltung der Universität aufrechterhalten, aber was mir noch wichtiger erscheint: Sie veranstaltete jedes Jahr in Minsk in der Galerie für zeitgenössische Kunst, *Galeria Ў*, ein Artes-Liberales-Festival.

Während in Wilna die Auseinandersetzung um die Kontrolle von Macht und Finanzen weiter ging, diskutierte sie mit Medienwissenschaftlern, Geschlechterforscherinnen, Historikern und Kuratorinnen akademische Fragen – in einem offenen Forum, das Bürger aus Minsk einlud, sich an der Diskussion zu beteiligen. Das gelang in Minsk während des Artes-Liberales-Festivals oft besser als im Wilnaer Exil. Und es zeigte, dass das Verständnis von Diktatur, das im Westen Europas vorherrscht, auf Belarus nicht zutrifft. In all den Jahren konnten die streitenden EHU-Angehörigen stets nach Minsk zurückkehren und dort Räume finden, in denen eine öffentliche Auseinandersetzung möglich war. Erfolgreiche Unternehmer verwandelten in den vergangenen Jahren Fabriketagen in Businesshubs und Veranstaltungsorte, die gegen Bezahlung auch der EHU offen stehen. Doch nach einer Phase der Lockerung werden die Zügel stets wieder angezogen. Die Galerie *ZECH* etwa wurde geschlossen, als sie nicht nur erfolgreich war, sondern auch kritischen Stimmen einen Raum gewährte. Einige Zeit später machte sie an einem anderen Ort in Minsk wieder auf. Das praktische Aushandeln der Grenzen des öffentlich Sagbaren geht auch in Minsk immer weiter.

Die Philosophin Olga Shparaga war erst nach ihrer Promotion zur EHU gekommen. Sie hatte sich am Kampf des Senats gegen den satzungswidrigen Coup der Universitätsleitung beteiligt. Doch sie war eine der wenigen, die 2014 eine klare Linie zogen. Sie signalisierte: Ich stelle weder meine akademische Autonomie noch meine Würde zur Disposition. Wenn es an der EHU so weiter läuft, dass allein nach Gutdünken der Führungsriege um Michailow Entscheidungen gefällt werden, die nichts mit der Arbeitswirklichkeit der Wissenschaftler zu tun haben, würde sie Wilna verlassen und in Minsk etwas Neues beginnen.

Gesagt, getan. Seit August 2014 gibt es in Minsk ein *European College of Liberal Arts*. Es ist offenkundig, dass sie viele Ideen und Konzepte von der EHU einfach mit nach Minsk nahm und dort eine Plattform für informelle Bildung eröffnete – bisher ohne Probleme mit den Machthabern. Die EHU hatte stets mit dem Argument um Gelder geworben, dass es unmöglich sei, in Minsk unabhängige Bildungsprogramme zu organisieren. Zwar gibt es einen Unterschied zwischen einer Universität, die eine Vielzahl komplexer Studiengänge akkreditieren lassen muss, und einem Verein, der Abendkurse für interessierte Erwachsene anbietet. Doch Olga Shparaga hat ihren ehemaligen Kollegen an der EHU etwas voraus: Sie hat den Dunst der vergifteten Institution hinter sich gelassen und schafft heute in Minsk etwas, was viele nicht für möglich gehalten hatten: eine offene, wissenschaftliche Diskussion und einen gesellschaftlichen Raum, im dem die Umrisse einer Ethik des Handelns sichtbar werden. Olga Shparaga und Almira Ousmanova haben es anders als die meisten Männer geschafft, sich nicht durch den Streit um die Macht an der EHU kompromittieren zu lassen.

Im fünften Jahr

Gemeinsam mit belarussischen, litauischen und deutschen Kollegen habe ich an der EHU in vier Jahren als Ergebnis von Forschungsprojekten, Workshops, Sommerschulen und Colloquien mehrere Bücher und Aufsätze erarbeitet. Ich bin stolz auf den Aufbau des kulturwissenschaftlichen Zertifikats für Deutschlandstudien, das jedes Semester von zwei Dutzend Studierenden absolviert wird, weil wir aktuelle politische Fragen auf Deutsch analysieren, anstatt Grammatik und Syntax zu pauken. Mit den Mitstreitern vom Laboratory of Critical Urbanism konnte ich mein Projekt der Angewandten Kulturwissenschaften weiterentwickeln. Was ich unterschätzt hatte, waren die Konsequenzen, die der Bruch mit dem herkömmlichen Rollenverständnis des vermeintlich neutral forschenden Historikers mit sich brachte. Ich war an der EHU nicht allein Wissenschaftler, sondern auch teilnehmender Beobachter, engagierter Bürger, schreibender Berichterstatter und anwendungsorientierter Organisator. Mal kam die eine, mal die andere Rolle stärker zum Tragen. Aber nur in der Kombination aller konnte ich mein Projekt an der EHU konsequent verwirklichen.

Der daraus resultierende Rollenkonflikt war der Grund für das, was nun folgte: Ein für Lehre und Forschung zuständiger Vizerektor strich mich im Frühjahr 2015 aus der bereits Monate zuvor festgelegten Prüfungskommission des Masterstudiengangs Kulturwissenschaften. Was als symbolische Strafmaßnahme gedacht war, brachte im Alltag sogar eine Verringerung meiner Pflichten an der Fakultät mit sich. Ich deutete es dennoch als Missachtung von mehreren Jahren Aufbauarbeit des Studiengangs, der im russischsprachigen Raum eine Ausnahmeerscheinung ist, weil er kulturwissenschaftliche Theorie, empirische Analyse und kritische Reflexion verbindet. Die offizielle Begründung lautete: »Die Universitätsleitung wünscht, dass Sie sich ganz auf das Zentrum für Deutschlandstudien konzentrieren.« Als Botschaft kam bei mir an: »Wir dulden Ihre eigenen Forschungsinteressen überhaupt nur, weil Sie vom Deutschen Akademischen Austauschdienst gefördert werden.« Akte symbolischer Missachtung, die sich mit meinem Verständnis von Wissenschaft nicht vereinbaren lassen, häuften sich. Die Universitätsleitung schloss mich aus dem Senat aus, obwohl ich mit acht Semesterwochenstunden die erforderliche Anzahl von Seminaren unterrichtete. Anatoli Michailow lud mich aus einem Gespräch mit Abgeordneten des Deutschen Bundestags aus, die sich vor Ort über die EHU informieren wollten. Er hatte vor, diese um mehr Geld für die Universität zu bitten, und ahnte, dass ich der deutschen Seite empfehlen würde, eine solche Unterstützung von klaren Bedingungen abhängig zu machen. Den Ausschluss aus der Prüfungskommission deutete ich hingegen als Eingriff in meine akademische Freiheit.

Kurz darauf beschloss ich, mich in Warschau auf eine frei werdende Stelle am Deutschen Historischen Institut zu bewerben. Ich kündigte meinen Vertrag an der Europäischen Humanistischen Universität vorzeitig, um meine Forschungen über das Wilnaer Gefängnis in einem größeren Projekt über die Modernisierung des Gefängniswesens in Polen-Litauen abzuschließen. Aber auch, um der Leitung der EHU zu signalisieren: Der Mangel an Respekt bleibt nicht ohne Folgen.

Die Abrechnung

Ein Zusammenschluss der skandinavischen Ministerpräsidenten sammelt als Treuhänder Fördergelder anderer Staaten für die EHU in Wilna ein. Schon 2015 gab es den Verdacht, dass der nun offiziell gewählte amerikanische Rektor Zahlungen über das von den Geldgebern auf 5000 Euro begrenzte Gehalt pro Monat hinaus erhielt. Dem Treuhänder lagen elektronische Kopien von Rechnungen vor, die der Rektor an eine amerikanische Organisation gestellt haben soll, die ihrerseits angeblich bei der EHU hohe Spesenzahlungen für ehrenamtliche Tätigkeiten abrechnete. Die interne Untersuchung eines internationalen Steuerprüfungskonzerns, die an die Öffentlichkeit geriet, legt nahe, dass entgegen der Auflagen der Geldgeber zusätzliche hohe Summen flossen, um informelle Absprachen mit dem amerikanischen Rektor zu erfüllen. Der »American Messiah« kostete die EHU insgesamt mehrere Hunderttausend Euro. Zum selben Zeitpunkt stand die Hochschule wegen einer Finanzierungslücke vergleichbarer Höhe kurz vor dem ökonomischen Ruin. Der Bericht zeigt aber auch, dass es sich dabei nicht nur um Vetternwirtschaft handelt, sondern auch um die Auswirkungen einer intransparenten und ineffizienten Struktur.

Die Ursache dafür liegt auf der Hand: Die private Institution lebt zwar zu großen Teilen von öffentlichen Geldern. Die Legitimität innerhalb der Universität wird aber immer in einem privaten Modus hergestellt, der keiner öffentlichen Kontrolle unterliegt. Das ist auch eine Folge der Arbeit im Exil. Diejenigen Mitglieder des Aufsichtsrats, die der Institution schadende Absprachen zwischen dem amerikanischen Rektor und dem Präsidenten aus Minsk hätten beanstanden müssen, waren fast ausnahmslos vom Rektor Anatoli Michailow vorgeschlagen worden, der nun Präsident ist. Eine Mehrheit des Aufsichtsrats hatte selbst den amerikanischen Rektor durchgesetzt – aus ihrer Sicht, um die belarussische Institution zu retten. Sie hörten dabei stets nur auf den Gründungsrektor Michailow, denn für viele von ihnen war es von Anfang an *sein* Projekt, das sie retten wollten. Sie handelten als Freunde ohne böse Absicht. Doch ihr Freundschaftsdienst ging nicht nur mit der fortschreitenden Privatisierung öffentlicher Gelder einher, sondern auch mit der Privatisierung des symbolischen Kapitals, das die Hochschule noch immer produziert. So wurde aus einer mit Mitteln von Steuerzahlern finanzierten Exiluniversität zur Demokratisierung der Republik Belarus ein privates Projekt zur Alterssicherung eines Mannes, der trotz seiner unumstrittenen Verdienste in keinem Staat Europas Anspruch auf eine Rente hat, von der er jenseits der Hochschule hätte leben können. Kein Mitglied der beiden entscheidenden Gremien hat je öffentlich die Verantwortung für die Entwicklung übernommen.

Durch sein Festhalten an der Macht schwächte Anatoli Michailow seine eigene Institution. Aber auch die protestierenden Wissenschaftler hatten durch ihren öffentlich ausgetragenen Kampf zur Schwächung der EHU beigetragen. Das Ergebnis ist eine seit Jahren fortschreitende Aberkennung von Legitimität der EHU als Einrichtung zur Vertretung belarussischer Interessen in Belarus selbst. Dort verfolgen nicht nur der Geheimdienst und die Präsidialadministration das Wilnaer Geschehen sehr genau, sondern auch Intellektuelle, Oppositionspolitiker und Eltern potenzieller Studenten. Sie haben sich nachhaltig von der Hochschule abgewandt und verfolgen längst andere Projekte, darunter die Neugründung einer Nationalen Universität in Warschau.

Erst als die europäischen Geldgeber die finanziellen und politischen Folgen dieser destruktiven Entwicklung aufgrund des internen Steuerprüferberichts nicht mehr leugnen konnten, sorgten sie für die Absetzung des amerikanischen Rektors nur ein Jahr nach seiner offiziellen Ernennung.

Auf einer Senatssitzung im Mai 2016 stellen die belarussischen Wissenschaftlerinnen und Wissenschaftler den amerikanischen Rektor, den sie nie gewählt hatten, zur Rede. Er lächelt sie an und sagt auf Englisch ohne einen Anflug von Demut: »Sie wissen ja, dass ich in Amerika immer Colleges in architektonischen Fragen beraten habe. Das habe ich nie verschwiegen. Deshalb ist es ganz normal, dass ich in Amerika größere Rechnungen stelle und dort versteuere. Mit meiner Arbeit an der EHU hat das nichts zu tun. Für diese zahle ich in Litauen Steuern. Das sind zwei verschiedene Dinge, und alle, die behaupten, dass diese zusammengehören, lügen.«

Statt auf eigene Fehler und die katastrophale Lage der Hochschule einzugehen, malt der Rektor den anwesenden Studierenden und Wissenschaftlern in gedrechselten Phrasen die Vision eines neuen Campus in der Wilnaer Altstadt aus.

Die Philosophie-Professorin Tatjana Shchyttsowa steht auf und sagt laut und deutlich auf Russisch: »Bevor Sie kamen, hatten wir Großes vor mit unserer Universität. Doch diese Pläne gingen über die schöne Innenausstattung, die Sie uns heute versprechen, weit hinaus. Sie kommen aus einem Land, in dem es eine starke demokratische Tradition gibt. Und Sie kommen aus einem Land, in dem man zurücktritt, wenn man der eigenen Institution geschadet hat. Als Vertreterin der Geisteswissenschaften sehe ich in Ihrer Uneinsichtigkeit ein Symptom für koloniales Verhalten. Sie machen sich noch nicht einmal die Mühe, so zu tun, als respektierten Sie die Regeln dieses Landes. Die Universität ist bereits vollständig kompromittiert. Warum treten Sie nicht zurück? Das wäre ein Zeichen der Achtung uns gegenüber und ein Zeichen dafür, dass es möglich ist, Verantwortung für das eigene Handeln zu übernehmen.«

Der amerikanische Rektor lächelt und erwidert auf Englisch: »Ich kann nicht zurücktreten, weil mein Vertrag bereits zum Ende des Semesters aufgelöst ist. Darum hatte ich den Aufsichtsrat bereits zuvor gebeten. Und im Übrigen, wenn Sie Fragen haben, wenden Sie sich doch bitte direkt an den Aufsichtsrat. Er trägt die Verantwortung für das, was an der Universität passiert.«

Im Saal herrscht Stille. Seit Monaten sind alle Mitglieder der Hochschule zum ersten Mal zusammengekommen. Besonders viele Studenten sind anwesend. Es fehlt nur der Präsident der EHU. Zu seinem sowjetischen Handlungsrepertoire gehört, sich in schwierigen Momenten unsichtbar zu machen. Er muss sich auch nicht um Zustimmung unter Studierenden und Wissenschaftlern bemühen. Laut des neuen, vom amerikanischen Rektor geschriebenen und durchgesetzten Statuts, ist Anatoli Michailow nach Abgang des Rektors im Sommer 2016 wieder unterschriftsberechtigt. Ohne seine Unterschrift wäre die Universität handlungsunfähig.

Visaginas – Kaunas – Warschau

Für die Strecke Wilna–Warschau braucht der
estnische Linienbus Luxexpress acht Stunden und
zehn Minuten, denn er muss Belarus umfahren.
1939 legte der Zug »Fliegender Wilnaer« die
423 Bahnkilometer zwischen beiden Städten
in fünf Stunden und 22 Minuten zurück.

Eine Atomstadt für Flüchtlinge

Andere Institutionen wären vielleicht längst kollabiert. Die Europäische Humanistische Universität macht trotz der strukturellen Probleme immer weiter. Meine Kollegen setzen ihre wissenschaftliche Arbeit einfach fort – in der gegenwärtigen Krise das stärkste Gegenmittel. Daran halte ich mich auch und organisiere, gewissermaßen als letzte Amtshandlung, einen Workshop in Visaginas. Das Thema ist die Zukunft der Städte im Baltikum.

Visaginas wurde vor vier Jahrzehnten im Nordosten Litauens errichtet: eine Stadt für die Ingenieure des Atomkraftwerks Ignalina. Die Tagung vor Ort abzuhalten, direkt an der Grenze Litauens zu Lettland und Belarus, ist Programm. Städtische Räume sollen nicht mehr nur über ihr Verhältnis zur Vergangenheit und unter Verwendung des leidigen Präfixes »post« beschrieben werden. Statt sie als postsowjetisch, postsozialistisch oder postmodern zu charakterisieren, fragen wir nach ihrer Zukunft.

Die meisten Bürger in Visaginas sprechen russisch. Wir wollen wissen, wie sie sich die Veränderung der litauischen Atomstadt heute vorstellen, einer Stadt, die erst 1975 gegründet wurde und bis zum Beginn des 21. Jahrhunderts ungebrochen im Zukunftsmodus funktionierte. Durch den EU-Beitritt Litauens wurde diese Zukunft brüsk als beendet erklärt. Die Europäische Kommission erzwang bei den Verhandlungen die Stilllegung der beiden Ignalina-Reaktoren, obwohl sie noch viele Jahre laufen sollten und einen Löwenanteil des Strombedarfs in der Region hätten abdecken können.

Bis 1991 wurden alle wichtigen Entscheidungen über das Atomkraftwerk in Moskau gefällt. Seit 2004 sind es die Beamten in Brüssel, die die zentralen, Ignalina betreffenden Fragen beantworten, denn die Milliarden Euro verschlingende Stilllegung kann wegen der Abschaltung beider Reaktoren nur durch die Förderung der EU gelingen. Nicht einmal fünfzehn Jahre nach der Erlangung der Unabhängigkeit gab Litauen die Entscheidungshoheit zu dieser Frage im Zuge des EU-Beitritts an Brüssel ab. Parallel dazu veränderte sich auch das Verhältnis der Bürger zum neu gegründeten Staat.

Dieser Übergang von einem hegemonialen Kontext in einen anderen macht Visaginas für unsere Forschungen besonders interessant. Obwohl der litauische Staat großen Wert darauf legt, alleiniger Eigentümer der Ignalina-Betreibergesellschaft zu sein, währte die Phase der nationalstaatlichen Entscheidungshoheit nur gut ein Jahrzehnt. Die Bauarbeiter, Ingenieure und Physiker im Kraftwerk kamen überwiegend aus anderen Sowjetrepubliken. Nach 1991 entschieden die meisten von ihnen, in Litauen zu bleiben. Der Grund: Anders als etwa Industriearbeitern in Lettland und Estland wurde ihnen und ihren Familien die litauische Staatsbürgerschaft angeboten, ohne dass Bedingungen daran geknüpft worden wären.

Visaginas ist mit seinen über 90 Prozent russischsprachigen Einwohnern landesweit eine Ausnahme, aber die Stadt ist auch typisch für Litauen, weil hier, anders als etwa im estnischen Narva, keine Enklave von Ausgeschlossenen liegt. Viele Einwohner schauen zwar russisches Staatsfernsehen, aber sie verstehen sich als Bürger Litauens. Die meisten sehen die Zukunft ihrer Kinder in Wilna oder Glasgow, nicht in Moskau.

Als wir in Visaginas aus dem Zug stiegen, fragte eine ältere Frau auf Russisch: »Sie wurden bestimmt von Europa geschickt, oder?« Wir sahen uns irritiert an. »Warum fragen Sie?« Die Frau erwiderte: »Die litauische Regierung will uns hier ja Hunderte Flüchtlinge aus Syrien herschicken.« Männliche Ausländer mit Bart lösten bei ihr die Assoziation mit Bürgerkriegsflüchtlingen aus dem Nahen Osten aus.

Als Litauen während der Verhandlungen über eine kurzfristige Umlenkung des angestiegenen Stroms von Migranten aus Syrien, Afghanistan und Irak eine Quote von 1105 Flüchtlingen zusagte, machte der Bürgermeister von Visaginas sogleich den Vorschlag, man könne sie doch in der russischsprachigen Stadt unterbringen. In der Atomstadt stehen viele Wohnungen frei; gern werden sie von russischen Staatsbürgern gekauft, die sich eine Rückzugsmöglichkeit in der EU und einen Aufenthaltstitel sichern wollen. Der Lokalpolitiker prüfte jeden denkbaren Ausweg aus der wirtschaftlichen Stagnation.

Meine bärtigen Kollegen aus England und Serbien erklärten der Frau, sie seien als Wissenschaftler gekommen, und luden sie zum öffentlichen Teil des Workshops ein.

Der Traum vom Schmetterling

Schon auf dem ersten Spaziergang durch Visaginas verblüfft uns die fast symbiotische Nähe von Mensch, Technologie und Natur. Alles Städtische verwies auf das Kraftwerk. Die Begrenzungen am Straßenrand wurden mit dem Zeichen für die zivile Nutzung des Atoms gestaltet. Die lokale Geschichte begann mit der Errichtung der ersten Baracken im Kiefernwald, unweit des Sees. Und bis heute stehen überall in Visaginas Kiefern: Auf dem Parkplatz, zwischen den Wohnblocks, sogar auf den Gehwegen der Fußgängerstadt ragen die dünnen Stämme zwischen Betonplatten empor.

Die neue Ortschaft hieß nach dem ersten Sekretär der Kommunistischen Partei, Sniečkus. Bis heute sind die Einwohner stolz auf ihre Stadt: Sie ist modern, sicher und gut zu Fuß zu erreichen. Eine Seminarteilnehmerin aus Visaginas erklärte begeistert: »Unsere Stadt wurde wie ein Schmetterling errichtet, wissen Sie, aber er ist nie fertig geworden. So haben wir heute nur einen Flügel statt zwei.« Der Bau des dritten Reaktors wurde nach 1991 nicht abgeschlossen. Infolge des EU-Beitritts ging

2004 der Reaktorblock 1 vom Netz, Reaktorblock 2 wurde 2009 abgeschaltet. »Block 3« führt eine imaginäre Existenz: eine Pizzeria im Einkaufszentrum der Stadt trägt seinen Namen.

Wir sind überrascht, dass das Atomkraftwerk Ignalina trotz der vor zehn Jahren begonnenen Stilllegung wie ein Kombinat funktioniert. Busse bringen jeden Tag Hunderte Arbeiter in mehreren Schichten zum Werk. Die grüne Digitaluhr aus den 1980er Jahren am Werkeingang erinnert daran, dass sich hier noch immer eine der größten Industrieanlagen der Region befindet. Unsere Gruppe, Historiker, Soziologen, Geographen und Anthropologen aus Wilna, Berlin, Marburg, Tallinn und Stockholm, braucht über eine halbe Stunde, um alle Computer, Handys und Kameras in den kleinen Schließfächern am Eingang zu verstauen. Niemand von uns hatte sich klargemacht, dass der Reaktor auch nach seiner Abschaltung weiterhin Zentrum einer Hochsicherheitszone ist, die man erst nach mehreren Kontrollen und Schleusen erreicht. Das Gelächter ist groß, als sich alle bis auf die Unterwäsche ausziehen müssen, um in weiße Hosen zu steigen und weiße Hemden anzuziehen. Mehrfach mussten wir das Schuhwerk wechseln. Dann liefen wir an einer gelben Linie entlang durch Korridore, passierten Türen, deren braune Holzrahmen an sowjetische Schulen erinnern. Im Treppenhaus stiegen wir bis auf Ebene +22, um den Reaktor Ignalina 1 vom Typ RBMK von oben zu betrachten. RBMK steht auf Russisch für Reaktor Bolschoj Moschtschnosti Kanalnoj – Reaktor mit Hochleistungskanälen. Der graphitmoderierte, wassergekühlte Siedewasser-Druckröhrenreaktor sowjetischer Bauart wurde weltberühmt, weil eine ältere Version auch im Unglücksreaktor von Tschernobyl verbaut war.

Die große Werkhalle wirkt leer. Noch sind alle wichtigen Geräte zum Entladen und Befüllen der Graphitbehälter funktionsfähig. Sie werden von einem Pult hinter dem grünen Kontrollfenster weit oben über dem kreisförmigen Reaktorbehälter gesteuert. Auf der Oberfläche sind die charakteristischen runden Öffnungen für Brennstäbe und Kontrollelemente zu sehen: Der Reaktor wirkt von oben wie ein zu groß geratenes Brettspiel aus Metall. Viele Teilnehmer fühlen sich wie in eine andere Zeit versetzt. Viele sind zum ersten Mal in einer atomaren Industrieanlage und fragen sich: Wo ist die Radioaktivität?

Im Kontrollraum sehen wir Dutzende Knöpfe, die für die einzelnen Graphitbehälter stehen. Die schwarzen Panele der automatischen Löschanlage wurden erst nach dem Unglück in Tschernobyl installiert. Der Raum wirkt, als hätten die Ingenieure ihn gerade erst verlassen. Die Protokollbücher und Arbeitsschutzanweisungen liegen noch aufgeschlagen auf dem großen Schreibtisch in der Mitte. Sie werden weiterhin auf Russisch geführt. Eine deutsche Historikerin und ehemalige Atomkraftgegnerin, die in der Ukraine Feldforschung in einem sowjetischen Kernkraftwerk betreibt, übernimmt spontan die Führung und erklärt den anderen Teilnehmern begeistert die einzelnen Routinen, die auch den Arbeitsalltag im Atomkraftwerk Ignalina prägten. Der seit dreißig Jahren im Werk tätige Physiker aus Georgien zeigt den anderen, was sich seit der Abschaltung verändert hat. Ein Berliner Designer bewundert den Anfang der 1980er Jahre von Hand gezeichneten Übersichtsplan aller Schaltkreise. Alle bedauern, dass sie nicht fotografieren dürfen.

Unser Mittagessen in der Werkskantine wirkt wie sowjetischer Alltag. Suppe, Salat, Hauptgericht, Kompott. Doch wir sind nicht auf Zeitreise in die Vergangenheit. Wir sind in der Gegenwart von Ignalina angekommen. Die Kassiererin hat sich längst an den Euro als Währung gewöhnt. Die Kantine, einst für 5000 Werksarbeiter gebaut, ist nicht einmal halb voll. Immerhin sind hier noch 2000 Menschen tätig, um die beiden Reaktoren stillzulegen und ein Zwischenlager für abgebrannte Brennstoffelemente zu bauen. Die Frage des Endlagers ist wie in Deutschland ungeklärt. Doch die Stimmung der Bevölkerung, ein neues Kraftwerk und auch das Zwischenlager betreffend, ist durchweg positiv. Atomkraft steht hier für die verlorene Zukunft Litauens.

Als wir im Kulturhaus von Visaginas ankommen, haben sich dort bereits 30 Einwohner der Stadt versammelt. Sie wollen wissen, welche Zukunft wir hier sehen und was wir ihnen vorschlagen.

Elena Čekienė, die stellvertretende Bürgermeisterin, stellt gleich zu Anfang die zentrale Frage: »Sagen Sie uns, wie wir am Rand der Litauischen Republik neue Arbeitsplätze schaffen können!« Eine Abgeordnete des Stadtparlaments fragt, was man unternehmen könnte, um die jungen Menschen hier zu halten. Wir erklären, dass wir keine fertigen Antworten auf die große Frage parat haben, aber Zeit mitbringen, um mehr über Visaginas zu lernen. Wir wollen erfahren, wie die Bürger sich die Entwicklung einer Stadt jenseits des Atomkraftwerks vorstellen, ob sie bereits daran arbeiten, etwa durch Umnutzung von Schulgebäuden.

Das Interesse an der Stadt und die Frage nach ihrer Zukunft verbindet sie mit uns, den Gästen. Aber wir sprechen unterschiedliche Sprachen. Schon die Wissenschaftler sind so spezialisiert, dass selbst Kollegen aus anderen akademischen Feldern Schwierigkeiten haben, ihnen zu folgen. Hinzu kommt, dass die Arbeitssprache des Workshops Englisch ist, während in der Stadt Russisch gesprochen worden. Meine Kollegen und ich dolmetschen an diesem Nachmittag kurzerhand selbst, sonst wären die meisten Einwohner von Visaginas bald gegangen. Sie bleiben, einige kommentieren die Vorträge, einige Male regt sich Widerspruch, wenn etwa eine Wissenschaftlerin aus Kaunas oder Wilna aus Sicht der Einwohner von Visaginas eine falsche Erklärung gibt.

Am Abend stellen wir die Tische zu Gesprächsinseln zusammen. Nun sind einzelne Bürger von Visaginas die Experten, die den Gästen von ihrer Arbeit vor Ort erzählen. Der erste Stadtarchitekt Algymantas Lapenas schildert seine Verhandlungen mit dem Werk, der Partei und den Baukombinaten. Und die Leiterin eines Russischen Kulturvereins, Marija Ščerbakova, berichtet von der Rückkehr der Deportierten aus Sibirien und dem schweren Neuanfang in der noch nicht gebauten Stadt. Die Übersetzung aus dem Litauischen oder Russischen wird an jedem Tisch selbst organisiert – das gehört in Visaginas zum Alltag. Die Wissenschaftler hören aufmerksam zu und stellen viele Fragen. Die lokalen Experten freuen sich, Gehör zu finden.

Der Traum vom Schmetterling war mit der Abschaltung beider Reaktoren vorerst ausgeträumt. Alle symbolischen Verbindungen zwischen Werk und Stadt wurden in der Zwischenzeit gekappt. Sniečkus war 1992 in Visaginas umbenannt worden, das neue Wappen ist ein Kranich. Der Name der sowjetischen Stadt taucht heute kaum noch auf. In den vielen öffentlichen Gebäuden gibt es keinen Verweis auf die Anfänge des Kraftwerks oder auf die Herkunft der vielen Ingenieure, die zumeist aus anderen Sowjetrepubliken hierhergekommen waren. Im Kulturhaus, wo ein Museum entstehen soll, kompensierten die Gestalterinnen das spürbare Fehlen einer Vergangenheit auf unerwartete Weise: Sie gestalteten einen Korridor mit hölzernen Fensterläden, Türen und Vitrinen zu einer französisch anmutenden Straße um – ein symbolischer historischer Stadtkern, der aus Sicht der Einwohner fehlt. Die Architekturhistoriker aus Litauen, Deutschland, Italien und Serbien, die an unserem Workshop teilnehmen, sehen in Visaginas hingegen eine Modellstadt, ein Beispiel für eine perfekte spätmoderne Stadtplanung, die mit erstaunlicher Liebe zum Detail und viel Geld bis in die späten 1980er Jahre errichtet wurde. Das Besondere an Visaginas ist: Die Bewohner sind die Erbauer und umgekehrt.

Ein junger Geograph aus Wilna hat auf Grundlage der jüngsten Volkszählung Graphiken erstellt, die zeigen, dass Visaginas in den vergangenen zehn Jahren nicht mehr stark geschrumpft ist. Ein Abgeordneter erklärt: »Das ist aber nicht die ganze Wahrheit: In meiner Wohnung sind vier Menschen gemeldet, aber es leben dort nur zwei.« Ein Stadtplaner aus Berlin erwidert: »Das ist wie bei einem Bikini – er zeigt viel, aber nicht alles.«

Wir sind uns einig, dass man den Begriff »Schrumpfende Städte« nicht einfach vom ostdeutschen Kontext auf das Baltikum übertragen kann. Visaginas ist noch immer eine hochsubventionierte Stadt mit einer großen Industrieanlage. Die Einwohnerzahl hat sich stabilisiert. Und die Bürger haben bereits selbst eine Vielzahl von Quellen der Urbanität ausgemacht: die enge Verbindung zwischen Stadt und Natur, den hohen Anteil von Akademikern an der Bevölkerung, das Zusammenleben von Menschen unterschiedlicher Kulturen, das Nebeneinander von Katholizismus und Orthodoxie, die positive Kraft einer sich über die Zugehörigkeit zu einer gemeinsamen Stadt definierenden lokalen Migrationsgesellschaft, kulturelle Angebote für alle Generationen, die starke Identifikation mit der eigenen Stadt, die idealtypische Gestalt des gebauten Raums. Nach Jahren der Spekulation über einen angeblich geplanten Neubau eines Atomkraftwerks, der dann in einem landesweiten Referendum abgelehnt wurde, haben sie den Ursprung der Stadt aus ihrem Nachdenken über die Zukunft verbannt. Visaginas soll auch ohne Reaktoren leben. Der Ort, an dem diese Zukunft bereits begonnen hat, sind die schicken sowjetischen Schulen, die geschlossen wurden, weil weniger Kinder zur Welt kommen. Nun findet in ihnen ein Kulturprogramm statt, mit dem sich Visaginas selbst eine Zukunft gibt.

Nach einer internationalen Sommerschule präsentieren wir unsere Beobachtungen, Schlussfolgerungen und Vorschläge in der Fußgängerzone von Visaginas. Ein junger Unternehmer stellt sich als Stadtverordneter vor. Er baut in Visaginas Leichtmetallkonstruktionen für Industriehallen in ganz Europa und kommt gleich zur Sache: »Ich habe einen Vorschlag für Ihre Universität: Wir haben alles, was Sie brauchen: Gebäude, eine Infrastruktur, russischsprachige Menschen und viel guten Willen. Wenn Sie wollen, können wir hinter dem See im Wald einen Grenzübergang nach Belarus eröffnen, damit Ihre Studierenden mit dem Bus von hier direkt nach Minsk fahren können. Alles kein Problem in Visaginas.« Es folgt ein offizielles Schreiben der stellvertretenden Bürgermeisterin, die sich beim Rektor der EHU für unsere Arbeit bedankt und das Angebot der Umsiedlung der Exiluniversität nach Visaginas offiziell überbringt. Ein kleiner Erfolg unserer Arbeit ist, dass das Rektorat der EHU diese Option ernsthaft prüft. Der amerikanische Rektor, Anatoli Michailow und der litauische Leiter der Verwaltung kommen, nicht ganz überraschend, zu dem Schluss, dass es in Wilna doch schöner sei als in Visaginas, und lehnen das großzügige Angebot einer erneuten Umsiedlung dankend ab. Wie in Frankfurt (Oder) ist Bildung ein Standortfaktor für die Zukunft einer Stadt, aber auch in Litauen wollen nur wenige Wissenschaftler östlich der Hauptstadt an einem Ort ganz an der Peripherie der Gesellschaft leben und arbeiten.

Ein Harold für alle Fälle

Viele Litauer lächeln über den öffentlichen Streit an der EHU. Doch die Grauzone zwischen Korruption, der Privatisierung öffentlicher Mittel und organisierter Inkompetenz ist ihnen nach einem Vierteljahrhundert Unabhängigkeit nur zu gut bekannt. Zwei Jahre vor der Kampfabstimmung über den Brexit entschied in Wilna ein Engländer, Verantwortung für die Hauptstadt zu übernehmen und gegen das zu kämpfen, was er als postsowjetischen Morast beschrieb.

Dank bestehender EU-Regelungen und seinem britischen Humor wurde Mark Harold der erste Ausländer in der litauischen Lokalpolitik. Ich hatte ihn noch als DJ Splinter auf einer Diskussion über Gentrifizierung und die Schließung von linken

Klubs in der Innenstadt von Wilna kennengelernt. Mark hatte lange Locken und eine Brille und sagte stets laut und deutlich, was er dachte. Für das Klubsterben hatte er eine Erklärung: »In der Stadtverwaltung gibt es Menschen, die bestimmte Milieus mögen und andere nicht. Wir müssen etwas gegen dieses konservative Establishment tun, denn wir leben in einem freien Land, in dem alle Menschen ein Recht auf Musik haben.«

In der Diskothek »Warsteiner Gluck« – ohne Umlaut! – an der Weißen Brücke erlebte ich Mark Harold noch im selben Sommer in Aktion. Heute legt der Engländer selbst auf und sorgt mitten in der Nacht für gute Laune: »Lithuania – you are so wonderful. Let's celebrate this night together!« Im ehemaligen sowjetischen Luftschutzbunker heben zweihundert junge Litauer die Arme und wippen mit den Köpfen im langsamen Takt der Dubstep-Bässe, die DJ Splinter für sie gemixt hat. Die im Baltikum bis dahin unbekannte Warsteiner Brauerei versuchte einen Sommer lang, die Jugend Litauens zum Alkoholkonsum zu verführen, indem sie den Klub »Gluck« aus der Taufe hob und Partys aller Couleur finanzierte. Die Klubgänger kamen, aber Warsteiner wurde auch hier nicht zum Hipster-Bier. Der Klub musste nach einem Jahr schließen. Mark Harold blieb.

»Vor fünf Jahren war ich in Afghanistan. Ich fand, dass die Politik dort ein bisschen zu verrückt und korrupt ist. Also kehrte ich zurück nach Litauen« schreibt er in seinem Blog. Seine fröhliche Unermüdlichkeit und die große Klappe führten ihn ohne Umwege in die Lokalpolitik, über die er sich zuvor noch irrsinnig aufgeregt hatte. Lange vor Donald Trump legte er nach dem Motto »Make Lithuania great again« ein nicht ganz ironiefreies Programm gegen Naziaufmärsche, für die Rechte von Homosexuellen, für den Erhalt von Klubs und ein weltofferneres Litauen auf. Und er erhielt einen Listenplatz der neu gegründeten Liberalen Union für die Lokalwahlen zum Stadtparlament Wilnas.

Am 1. März 2015 stehe ich zum ersten Mal als EU-Bürger in einer litauischen Wahlkabine. Ratlos studiere ich die Liste von Dutzenden Lokalpolitikern, deren Namen ich nie gehört habe. Die Konservativen verfolgen eine ethnisch-nationalistische Politik, von der ich mich nicht angesprochen fühle. Weniger weil ich Deutscher bin. In einer Stadt, in der über ein Drittel der Einwohner nicht ethnische Litauer sind, erscheint mir völkische Politik gefährlich. Die Sozialdemokraten sind in Litauen Postsozialisten, die, wie in vielen europäischen Ländern, habituell kaum noch von den Christdemokraten zu unterscheiden sind. Ein in Wilna hängengebliebener Lektor aus Deutschland steht bei der Lokalwahl auf der Liste der Grünen und Bauernpartei. Die zerstrittenen litauischen Grünen haben es geschafft, bei den Lokalwahlen der Hauptstadt in mehreren Listen gleichzeitig anzutreten. Das sichert ihnen Stimmen im Bereich der zweiten Stelle hinter dem Komma. Daher suche ich aufmerksam nach der richtigen liberalen Partei. Auch von dieser gibt es gleich mehrere. Ich suche die von Mark Harold, weil er der einzige litauische Lokalpolitiker ist, dem ich persönlich vertraue.

Mir gefällt DJ Splinters Vision einer lächelnden Gesellschaft, die allen Grund hat, sich auch auf der Straße zu freuen. Ich rede mir ein, es sei eine Form von interkultureller Kompetenz in der erweiterten EU, denn meine Vorbehalte gegenüber der FDP lassen sich nicht ohne weiteres überwinden. Und ich erkenne tapfer an, dass in Litauen liberale Politik in der Ausführung von Mark Harold etwas anderes bedeuten könnte als die letzten Verirrungen liberaler Politik in Deutschland. Auch hat mich an einem FDP-Marktstand in Berlin noch kein engagierter Dubstep-DJ mit langen Haaren auf Englisch angesprochen.

Offensichtlich habe ich das Kreuz an der richtigen Stelle gesetzt, denn der DJ meines Vertrauens zieht als erster nichtlitauischer Staatsbürger ins Stadtparlament ein. Vom ersten Tag an berichtet Harold per Facebook von seinen tapsigen, lustigen und ärgerlichen Erfahrungen in der demokratisch gewählten Vertretung der Hauptstadt. »Wartet mal, ihr litauischen Konservativen«, schreibt er auf Facebook, »ihr wollt allen Ernstes, dass ich eine Petition gegen ein belarussisches Atomkraftwerk unterzeichne? Es ist schon verwirrend genug, dass ich von Litauen aus gegen den Brexit stimme, aber nun soll ich gegen ein Atomkraftwerk in Belarus stimmen? Wie genau soll das funktionieren? Es funktioniert nicht. Ihr wollt nicht mal, dass ich überhaupt in Litauen abstimmen kann, weil ich britischer Staatsbürger bin. Und ihr seid keine Belarussen. Das wäre so, als würde Großbritannien darüber abstimmen, dass ihr die Schwulenehe akzeptieren sollt. Diese akzeptiert ihr aber nicht, weil ihr für litauische Souveränität und traditionelle Homophobie seid.«

Harold hat gar nicht vor, sein Befremden über die Welt der litauischen Lokalpolitik abzulegen. Er kritisiert einen Müllberg auf dem ehemaligen Umschlagplatz der jüdischen Bevölkerung, mangelnde Rechte für homosexuelle Flüchtlinge bei der Betreuung durch christliche Organisationen und natürlich die schleppende Eröffnung von neuen Klubs in der Innenstadt. Ohne eine litauische Tageszeitung zu lesen, verfolge ich jede Sitzung des Stadtparlaments, jeden Streit innerhalb der Liberalen Union und jeden verlorenen Kampf Harolds in Echtzeit dank seiner Einträge im Internet. Der DJ erhält mehr Likes als je zuvor, wird auf der Straße von Fremden angesprochen und gerät auch in den einen oder anderen landesweiten Shitstorm, wenn er nicht nur die Politik in Wilna, sondern die Litauer als solche kritisiert. Ausländer dürfen ins Stadtparlament gewählt werden, aber sie haben sich damit nicht automatisch das Recht erworben, Litauen zu kritisieren. Dieses Privileg bleibt den Litauern vorbehalten.

Ernst wird es dann, wenn Harold Litauen in virtuellen Wutanfällen vorwirft, ein rassistisches Land zu sein, weil auch etablierte Parteien Stimmung gegen Flüchtlinge aus Syrien machen, die gar nicht nach Litauen kommen. So postet Harold das Foto einer Kuh und textet: »Litauischer Kapitalismus: Du hast zwei Kühe. Eine dritte Kuh kommt auf deinen Hof, und du treibst sie weg – nach Deutschland. Dann bittest du Deutschland um Geld.« Sein nächster Eintrag, in dem es wieder um Homophobie geht, endet mit den Worten »Fuck you, Lithuania!«. Die Tageszeitungen titeln: »Der Engländer dreht durch«. Mister DJ ist für kurze Zeit Topthema in den Internetportalen.

Ein Stadtverordneter lanciert ein Ausschlussverfahren gegen Harold wegen mangelndem Patriotismus und öffentlicher Aufforderung zu Sexualdelikten. Der Engländer bemüht sich daraufhin um eine offizielle litauische Übersetzung von »Fuck you, Lithuania!« durch das konservative Institut für litauische Sprache, um nachzuweisen, dass er nicht zur Vergewaltigung seiner Wahlheimat aufgerufen hat. Um die Lage zu beruhigen, entschuldigt er sich im Internet und legt ein öffentliches Konto bei Facebook an, um zukünftig seinen privaten Gedankenstrom von politischen Verlautbarungen zu trennen.

Harolds Vorsichtsmaßnahmen nützen wenig. Schon nach wenigen Monaten im Stadtparlament distanziert er sich vom jungen Bürgermeister der Liberalen Union. Da er nicht Mitglied der Partei war, muss Harold auch nicht austreten. Das Sterben von alternativen Nachtklubs im Zentrum geht weiter. Unter Harolds liberalen Positionen tauchen immer neue auf, die mir fremd sind. Dazu gehört etwa eine von ihm unterstützte Entscheidung des Stadtparlaments, die litauische Schützen-Union in den Schulen Wilnas mit paramilitärischen Übungen zu betrauen. Auch Neun- bis Zwölfjährige sollen in Vorbereitung auf einen möglichen Angriff aus Russland den Gebrauch von Schusswaffen üben. Harold ist begeistert, dass die Kinder angeblich mit echten Waffen üben werden. Oder war der Eintrag ironisch gemeint?

Ernst ist es Mark auch dann, wenn es um die Rechte von Lesbian-Gay-Bi-Transgender geht – ein Feld, das in Litauen von vielen politischen Kräften tabuisiert wird. Harold fühlt sich wohl in der Position des Provokateurs, der jeden Tag aufs Neue versucht, die Grenzen des Sagbaren auszutesten. Er kennt berufsbedingt auch keinen Spaß, wenn es um die Ausgabe von Lizenzen für Nachtlokale gibt. Mark kämpft persönlich für die Eröffnung eines neuen Klubs in den Räumlichkeiten einer Kneipe, in der ein Mitarbeiter ums Leben kam, weil die technischen Geräte weder richtig gewartet noch die Wartung überprüft worden war. »Solange Menschen nichts verbrochen haben, sollen sie eine Chance bekommen«, ist sein Kommentar.

Harolds Wähler fragen immer wieder nach, was er eigentlich erreicht habe in seinem öffentlichen Kampf für eine lebenswertere Hauptstadt. Sie erhalten die Antwort: »Ich habe monatelang dafür gekämpft, dass Lieferwagen mit frischem Essen überall in der Stadt anhalten dürfen. Sag den Leuten, die fragen: Mark hat Eisverkäufer legalisiert. P. S. Es ist immer noch illegal, eine Musik als Erkennungszeichen des Eismanns zu spielen. Aber dafür werde ich eben noch einige Monate kämpfen, um auch das in Ordnung zu bringen.« Wieder bin ich mir nicht sicher, ob das ironisch gemeint ist. Mein Abgeordneter scheint die Sache tatsächlich ernst zu nehmen. Immerhin gibt es an mehreren Stellen kleine Transporter mit Streetfood, die Wilna im Frühjahr und Sommer ein neues Flair geben. Doch ist das eine Lösung für die Probleme der Stadt, in der fast alle Fabriken stillstehen und der Siegeszug der postindustriellen Dienstleistungsgesellschaft noch nicht begonnen hat?

Der Zauberwürfelmeister

Bevor die Liberale Union diese Frage beantworten kann, beginnt schon der Niedergang der Partei. Die Polizei findet in der Wohnung des Vorsitzenden 100 000 Euro in bar, verpackt in Whiskyflaschen. Die Staatsanwaltschaft prüft, ob das Schmiergeld Teil einer größeren Korruptionsaffäre ist. Eine Scheinfirma soll einen

Bauauftrag in Millionenhöhe dank solcher Zahlungen erhalten haben.

Da gegen den Parteivorsitzenden ermittelt wird, rückt der aus Australien zurückgekehrte Litauer Antanas Guoga als Stellvertreter in den Parteivorsitz nach. Er war als Jugendlicher Zauberwürfelmeister der Sowjetunion. Seine Eltern emigrierten in den achtziger Jahren nach Australien. Später wird Guoga Poker-Weltmeister und verdient als Tony G im Profisport Millionen. Doch Guoga ist Patriot und kehrt in seine Heimat zurück. Er investiert sein Geld in Firmen in Litauen. Darunter sind das Luxus-Feriendomizil Tony-Ressort außerhalb von Wilna mit einer russischen Sauna, die man für 250 Euro pro Nachmittag mieten kann, das landesweit präsente Sportwettbüro Tony-Bet und die Liberale Union. Der Partei spendet Guoga so viel Geld, dass sie ihn so weit vorne auf die Liste setzt, dass er es ins Europäische Parlament schafft. Während Mark Harold der lustigste Stadtverordnete Wilnas wurde, ist Guoga einer der wohlhabendsten Abgeordneten des Europäischen Parlaments. Des gesamten Parlaments. Als der neue Parteivorsitzende Guoga im Zuge der Ermittlungen verlautbaren lässt, dass es an der Zeit sei, die gesamte Partei auf Korruption hin zu untersuchen, wird ihm kurzerhand nahegelegt, die Partei zu verlassen. Der junge Bürgermeister Wilnas, der die Grüne Brücke für eine Audi-Präsentation vermietet hatte, rückte als Parteivorsitzender nach.

Dank Mark Harold und Antanas Guoga verstehe ich heute besser, warum die Menschen in Litauen auf der Straße kaum lachen. Nach weniger als zwei Jahren, in denen Harold mit meiner Stimme Lokalpolitik macht, ist auch mir das Lachen vergangen. Ich wähle einmal im Leben eine liberale Partei, mein Abgeordneter verlässt umgehend die Fraktion, und die Liberale Union geht in der Zwischenzeit in die selbstorganisierte Bedeutungslosigkeit über, weil sie genauso korrupt ist wie die Parteien, gegen die sie antrat. Mark Harold wäre nicht Mark Harold, wenn er nicht weiter bei Facebook schreiben würde, wie schlimm, wunderbar und anstrengend Litauen ist. »Ich bin in einem Klub, und es ist immer dasselbe Bild: Die Frauen sehen großartig aus. Ihre bulligen, übel dreinblickenden Typen sitzen gelangweilt an der Seite und lassen sich durch nichts in der Welt zum Tanzen verführen. Kein Wunder, dass dieses Land in einer tiefen demographischen Krise ist.«

Harold wird die Litauer weiter ärgern. Es ist seine Art, sich zur Gesellschaft seiner Wahlheimat zu bekennen. Seinen Stimmzettel für die Briefwahl zur Volksabstimmung über den Brexit postet Mark demonstrativ mit den Worten: »Dieses Foto entstand im Zentrum von Wilna, der Hauptstadt Litauens, an dem Ort, den ich ›zu Hause‹ nenne, weil er mein Zuhause ist und ich frei bin, hier zu leben und zu arbeiten.« Dass er gegen den Brexit stimmt, versteht sich von selbst. Nicht nur Litauen wäre Leidtragende einer geschwächten Europäischen Union, sondern auch Mark Harold würde einen Teil der Freiheiten verlieren, die ihn in Wilna zu »tats britas« – *dem* Briten machen. Nach einem rechtskräftigen Brexit kann Harold in Litauen nicht mehr in der Lokalpolitik kandidieren, ohne die Staatsbürgerschaft anzunehmen. Wenn ich nicht schon bald Litauen verlassen würde, hätte ich bei den nächsten Wahlen nach einem anderen Kandidaten Ausschau gehalten. Sehr gern gehe ich hingegen zur Sexual Revolution Party, zu der DJ Splinter am Vorabend der Schwulen-und-Lesben-Parade »Baltic-Pride« in den Soho Club lädt. Noch sind nicht alle Klubs geschlossen. Und es gibt Orte, an denen in Wilna herzlich gelacht wird.

Simple und Lux

Jeden Sonntagnachmittag sitze ich im Simple-Express nach Warschau. Die Mitreisenden sind Arbeitsmigranten und junge Litauer, Belarussen und Russen, die weiter nach Deutschland wollen. Vor mir sitzen zwei junge Polen aus Wilna, die im schönsten Lokalpolnisch »do Berlinu« fahren. Neben mir hat sich ein Mann mit georgischem Pass breitgemacht. Die Ansage der Busfahrer erfolgt erst auf Litauisch, dann auf Russisch und am Ende auf Polnisch. Verkehrssprache im Simple-Express ist aber dennoch Russisch.

Wir halten in Kaunas an einem großen Einkaufszentrum, das wie in Wilna Akropolis heißt. Dann geht es vorbei an Marijampolė in Richtung Suwałki. An der Grenze werden gerade die Stahlträger der ehemaligen Kontrollgebäude abgetragen. Zur selben Zeit wird in mehreren Ländern die Wiedereinführung von Grenzkontrollen diskutiert. Viele Menschen haben sich inzwischen so sehr an die Freizügigkeit des Schengen-Abkommens gewöhnt, dass sie erstaunt zur Kenntnis nehmen: Kinder, Erwachsene und Tiere müssen ein Dokument bei sich führen, wenn sie die Grenze zwischen Litauen und Polen überqueren. Weitgehend unbekannt ist auch, dass die Freizügigkeit nur für Arbeitende und Familienangehörige gilt. Arbeitslose und Kranke sind über die sozialen Sicherungssysteme an das Land ihres bisherigen Aufenthalts gebunden. Nach 90 Tagen im Nachbarland müssten theoretisch alle Arbeitsmigranten einen Aufenthaltstitel beantragen. Diese Regelung hat nur deshalb keine Bedeutung, weil sich die Dauer des Aufenthalts ohne Grenzkontrollen nicht nachvollziehen lässt. Die Normalität, in der solche Spitzfindigkeiten wie Exotenwissen wirken, weil alle denken, dass es schon irgendwie weitergeht mit der Europäischen Union, hat etwas Bedrohliches. Denn die Vorzüge einer politisch geschwächten, aber noch immer funktionierenden Union werden erst dann von mehr Menschen erkannt werden, wenn sie nicht mehr ein Minimum an ökonomischer Freizügigkeit, sozialen Ausgleichs und Frieden sichert.

Die meisten Raststätten, Wechselstuben und Gasthöfe hinter der Grenze wurden geschlossen. Während die sichtbare Grenze zwischen Litauen und Polen langsam verschwindet, nimmt die Dichte an bunten Schildern gleich hinter der Grenze zu. Die Euphorie der neunziger Jahre, in der die Neugeburt Europas aus der Provinz ausgerufen wurde, ist hier längst verflogen. Die Normalisierung nach dem EU-Beitritt 2004 bedeutete, dass die LKW aus dem Baltikum mit wenigen Stopps in den Süden der EU durchrasen konnten – auch wenn es noch immer keine Autobahn und keine durchgehende Bahnstrecke gibt.

Die Monate vor Frühlingsbeginn sind auch hier grau und verregnet. Im landesweiten Wettbewerb »Hässlichste Stadt Polens« könnten einige Ortschaften entlang der Route ohne weiteres einen vorderen Platz einnehmen. Mein persönlicher Favorit ist Łomża. Eine rosafarbene Wohnungsbaugenossenschaft heißt Jedwabieńska nach der nahen Kleinstadt, in der Polen im Sommer 1941 unter deutscher Besatzung ihre jüdischen Nachbarn ermordeten. In Polen ist seit kurzem eine Regierung an der Macht, die eine neue Geschichtspolitik betreibt, um vor allem die Kunde von den polnischen Rettern in die Welt zu tragen, die Juden geholfen haben. Es wäre gut, die Vergangenheit hinter mir zu lassen, doch auf der Strecke zwischen Wilna und Warschau ist das kaum möglich.

Der Simple-Express wurde von Grellgelb in Dunkelgrau umlackiert und heißt jetzt Lux-Express. Es gibt Wasser und Kaffee für die Reisenden. Wie unterschiedlich sich selbst Polen und Litauen nach dem Ende des Zweiten Weltkriegs entwickelt haben, ist bis heute zu sehen. Während in Litauen der sowjetische Staat flächendeckend das Eigentum an Land abschaffte und zu großen Kolchosen zusammenfasste, gab es im polnischen Teil der Suvalkija auch nach dem Krieg noch Kleinstbauern, die in ihren Häusern verblieben, um wenige Hektar große Flächen zu bewirtschaften.

In beiden Ländern stehen weiße, unverputzte Gebäude in der Gegend herum. Doch je mehr sich der Bus Warschau nähert, desto farbenfroher die Fassaden – eine Welle von Pastelltönen muss über die pseudoadligen Gutshäuser, post-neobarocken Schlösser und andere Traumanlagen hinweggerauscht sein. Ich beschließe, im Frühling zu überprüfen, ob bei Sonnenschein selbst dieser Winkel Nordostpolens an der am schwierigsten zu verteidigenden Passage der NATO erstrahlt. Im Winter sieht die Gegend nicht nur genauso trist wie Brandenburg aus. Sie ist Sinnbild dessen, was sich der Westen unter Osten vorstellt. Es wäre schön, dagegen mit einigen lustigen Geschichten anschreiben zu können. Aber Łomża bleibt ein trauriger Ort.

Ein Mann aus Lettland schläft seinen Rausch aus. Immer wieder wecken ihn Anrufer, die er lautstark über seinen beklagenswerten Zustand informiert. Die Mitreisenden johlen über Stilblüten seines zeitgenössischen Russischs: »Darüber zerwerfen wir uns später, okay? Oder bist du eher in der Laune, dass wir uns schon jetzt in die Haare bekommen?« Um dann noch erfreuter zu sein über den Ausgang des Gesprächs: »Geh doch, wohin du willst. Ich will jetzt schlafen.«

Das litauische Paar vor mir, die den Namen der Firma Lux-Express scheinbar sehr ernst genommen haben, beschweren sich erst über den Geruch des riesengroßen Kohlrabis, den ich genüsslich neben ihren Ohren schäle, um ihnen mitzuteilen, dass es an der Zeit wäre, die Sitzlehnen wieder hochzustellen. Danach lehnt sich die Frau im rosa Strickpulli mit Katzenreflexionsumhänger in Gold über den Gang und spricht den Mann mit dem Schlafmangel mutig auf Russisch an: »Könnten Sie vielleicht Ihre Füße runternehmen, sie stinken wirklich sehr.« In einem Anflug von Solidarität mit der russischsprachigen Bevölkerung im Baltikum weise ich sie darauf hin, dass dieser Eindruck auch vom Belag meines Proviants herrühren könnte. In Oberschlesien heißt der Doppeldecker mit Stinkerkäse Klapsztula, auf Russisch Buterbrod. Die Luxusreisenden vor mir bestehen aber darauf, dass es die Füße des Mitreisenden aus Lettland sein müssen.

Nachdem wir mit dem Geruchsthema durch sind, fällt der wasserstoffblonden Frau vor mir das Tastengeräusch des Dual-Sim-Handys des lettischen Mitreisenden auf die Nerven. Ich denke: Genau wegen dieser Telefone ist der Netzpionier Nokia pleitegegangen. Und nun benutzt der Mitreisende eines der letzten im Einsatz befindlichen Nokia-Exemplare, um die litauische Prinzessin mit dem roségoldenen iPhone um ihre Luxuszeit auf dem Weg zum Warschauer Flughafen zu bringen. Der Mann jenseits des Gangs erwidert nur: »Dieses bisschen stört Sie? Kann nicht sein.« Er macht auch nicht den Eindruck, als wüsste er, wie er den Tastenton abstellen kann. Sie bekräftigt dennoch ihren Wunsch: »Ja, es stört.« Und wie bei den Käsefüßen hat sie eigentlich Recht. Aber die Art, wie sie versucht, den im Bus für 15 Euro acht Stunden lang gemieteten Raum künstlich zu vergrößern, nervt dennoch.

Die Frau mit dem goldenen Katzenreflexionsumhänger ist ein gutes Beispiel für Menschen, die sonst ausschließlich in ihrem eigenen Auto unterwegs sind und nicht damit rechnen, dass ihnen überhaupt die Bedürfnisse, Gerüche oder Geräusche anderer Menschen in die Quere kommen. Sie benimmt sich so, wie sie sich vorstellt, dass sich die einheimische Elite im 21. Jahrhundert benimmt, die direkt vom litauischen Landadel abstammt. Das sind Menschen, die England für eine Mode-Nation halten und sich einbilden, man würde nicht merken, dass ihre Großeltern Bauern waren, wenn sie nur die Fingernägel besonders ausführlich feilen und den kleinen Finger beim Telefonieren leicht abspreizen.

Selbstverständlich kommt es für die Frau auch nicht in Frage, den Lux-Express-Comfortsitz nach einigen Stunden wieder in die senkrechte Position zu bringen, auch wenn ich gerade versuche, am Rechner zu arbeiten. Die Frau vor mir ist mit ihrem

Handy beschäftigt, um die neusten Nachrichten über Verkehrsunfälle, russische Spione und litauische Pop-Sternchen zu verfolgen. Ihre wichtigste Geste scheint der hochgehobene Daumen zu sein. Zum Glück hat Facebook im Frühjahr 2016 die Möglichkeit eingeführt, anstelle des Dauer-Daumens auch Wut und Traurigkeit zum Ausdruck zu bringen.

Ich bin froh, dass die Zeit des Pendelns nach Warschau begrenzt ist und schon bald der Umzug ansteht.

Hochzeit auf der Memel

Das Rathaus von Kaunas ist Museum, Standesamt und Baudenkmal in einem. Hier haben sich die Standesbeamten darauf spezialisiert, eine Zeremonie in zehn Minuten abzuhandeln – inklusive Rein- und Rausschieben der Hochzeitsgesellschaft. Die Stadt ist groß, und alle wollen in dem festlichen Saal die Unterschrift fürs Leben tätigen. Das Jawort sprechen. Die Ringe tauschen. Doch wenn es geschehen ist, muss die Festgesellschaft schon den Raum verlassen. Wir kommen einige Minuten zu spät und sehen gerade noch, wie Vaiva und Marijus sich das Jawort geben. Sie küssen sich zaghaft. Vor dem Rathaus zieht Marijus an der Glocke, und schon laufen wir über Kopfsteinpflaster zum Fluss. An der Anlegestelle stoßen wir auf das Brautpaar an.

Ich kenne Vaiva als engagierte Kollegin in der Stadtanthropologie. Sie hat gerade ein längeres Projekt über die Ursachen für die mangelnde Integration von Schülern aus Armensiedlungen am Rand der Hauptstadt in das litauische Bildungssystem abgeschlossen. Vaiva gehört zu den Litauern, die sich kurz Zeit nehmen, wenn wir uns in der Stadt zufällig treffen. Mit meiner Frau und unseren Kindern sind wir die ersten Gäste in ihrer neuen Zweizimmer-Wohnung, die sie sich in einem der Wirtschaftsgebäude der Eisenbahnverwaltung in der Mindaugo gatvė eingerichtet hat. Wir treffen uns mehrmals, um eine Ausgabe über Stadt und Ethnizität für die von ihr betreute Zeitschrift zu planen. Bevor das Projekt spruchreif wurde, stellt Vaivas Institut das Erscheinen der Zeitschrift ein. Ich freue mich über die Einladung zur Hochzeit, frage mich nur, wer der Bräutigam ist, weil ich Marijus in Wilna noch nicht getroffen habe.

Das Schiff ist ein Memel-Partydampfer: Musik, eine Bar auf dem Deck, das Buffet unten. Für alle ist Platz, für alle ist gesorgt.

Der Flusslauf ist gesäumt von Häusern der gehobenen Mittelschicht von Kaunas, die nach draußen ziehen wollte und einen Platz am Ufer ergattern konnte. Die sowjetische Vetternwirtschaft und der litauische Turbokapitalismus fügen sich zu einer Mischung zwischen schick, schräg und bedauernswert. Sowjetische Träume aus weißen Formsteinen neben neuen Architekturstudien aus dem 21. Jahrhundert. Was sie vereint, ist der Glaube daran, dass jeder Einzelne seinen Traum verwirklichen kann, und dass Kaunas eine große Stadt ist.

Die neuen Einwohner sind besonders stolz auf die Zwischenkriegszeit, als es provisorische Hauptstadt war. Einen großen Teil der damaligen Elite der Stadt deportierten die Bolschewiki nach Sibirien. Die jüdischen Einwohner wurden nur kurze Zeit später von Deutschen und Litauern in den Festungsanlagen des Fort IX erschossen.

Der Stolz der provisorischen Hauptstadt blieb. Er ist auch den Häusern am Ufer der Memel anzusehen. Bis 1991 verbauten die Besitzer Materialien, die sie im sozialistischen Tauschhandel von Freundschaftsdiensten erstanden hatten. Die meisten Häuser sind mit Holz aus der Region verkleidet. Heute ist nicht mehr zu erkennen, woher die Baumaterialien kommen. Die Architekten berufen sich aber auf die litauische Moderne der Zwischenkriegszeit. Ihr modernistisches Programm wirkt 2016 viel strenger als 1936 in der provisorischen Hauptstadt Litauens.

Das Fest auf dem Schiff plätschert anfangs etwas vor sich hin. Vaivas Mutter erzählt von ihrer Arbeit und freut sich unverhohlen, dass Vaiva nun vermählt ist. Ich bin froh, nach vielen Wochen Martynas wiederzusehen. Er ist ein witziger Künstler und angenehmer Nachbar. Einen Text, in dem ich auf dem Internetportal *Delfi.lt* darüber schrieb, wie schwer es ist, Litauisch zu lernen, fanden viele Litauer lustig, nur Martynas war beleidigt. Seither hatten wir uns nicht mehr gesprochen, auch weil er als Künstler viele Auslandsstipendien erhält. Unser Wiedersehen ist freundlich, aber unterkühlt. Dabei bewundere ich Martynas' heitere, offene Art. Ihm und seiner Frau Saulė bin ich unverändert dankbar, dass sie uns einen Spalt zu ihrem Leben geöffnet haben. Das Frühlingswochenende auf dem Lande ganz am Anfang unserer Zeit in Wilna war eines der schönsten Erlebnisse in Litauen überhaupt.

Jene Öffnung, durch die Licht auf ein schönes Land und eine Gesellschaft in Bewegung gefallen war, hatte sich im Alltag wieder geschlossen, weil Saulės Familie und auch wir damit beschäftigt waren, Projekte über die Bühne zu bringen, die Kinder zu betreuen, den Lebensunterhalt zu verdienen. An normalen Tagen sind in Wilna alle so eingespannt, dass nur Zeit für einen Schwatz auf der Straße oder im Geschäft bleibt. Umso schöner, auf der Hochzeit neben Saulė, Martynas, Vaiva und Marijus auch andere Leute wiederzusehen: Ieva, die lustige Kuratorin, die so laut lacht und seit Jahren gute Ausstellungen macht. Die Juristin Dovilė mit dem Lockenkopf, die fließend Deutsch spricht und nach Jahren in der Bibliothek endlich promoviert hat. Und die Kuratorin Ona, die ihre Haare halbseitig abrasiert hat. Alle kenne ich vom Sehen, habe aber zuvor kaum Zeit gehabt, mit ihnen über Litauen, ihre Arbeit und das Leben zu sprechen.

Über das Leben sprechen wir auch auf dem Boot nicht viel, obwohl sich eine makellose Kulisse bietet: Sonne, Wasser, grüne Ufer und dazu etwas Alkohol. In Belarus, Russland und Polen kann ich auch mit Menschen, die ich kaum kenne, überall und sofort über grundlegende Fragen reden. Es gibt vor allem in Russland und Belarus einen regelrechten Kitsch der Seele, der darin besteht, alles zu überhöhen, was mit dem Leben als solchem zu tun hat. In diesen Gesellschaften sind viele Menschen stolz auf diese Überhöhung des Gewöhnlichen. Es ist ihre Strategie, um sich ebenjenem Alltag entgegenzustellen, der so wenig Raum für die Seele lässt. In Litauen ist es anders. Ich erfahre viel weniger über meine Mitmenschen – trotz meiner Litauischkenntnisse.

Für das Gefühl der Distanz habe ich zwei Erklärungen. Es gibt hier eine andere Form von Öffentlichkeit, die ich noch nicht verstanden habe. Die Menschen mit ihren Nöten, Ängsten, Gedanken und Gefühlen öffnen sich nur im geschützten Raum des Privaten und Familiären. Die unsichtbare Linie zwischen privat und öffentlich wird in Litauen anders gezogen, als ich es kenne, enger und strikter.

Nun bin ich mit meiner Familie schon im Kreise des Privaten auf der schönen Hochzeit der wunderbaren Vaiva mit ihrem reizenden Marijus. Und dennoch kämpfe ich mit dem Gefühl, in Litauen ein Außenseiter zu bleiben. Ein Kumpel, dem ich zuvor am Telefon von diesen Zweifeln berichtete, lachte: »Nun blas mal kein Trübsal, du fühlst dich halt wie ein Afrikaner in Deutschland. Jede Kultur ist relativ.« Und ich verstehe auch, warum es eher ein Ankommen und Abschiednehmen ist, als ein konstantes Gefühl des Dazugehörens.

Wir sind nicht als Arbeitsmigranten gekommen mit dem Ziel, in der neuen Gesellschaft für längere Zeit Halt zu finden. Elisabeth und ich wussten von Anfang an, dass wir Litauen nach einigen Jahren wieder verlassen werden. Und unsere litauischen Freunde wissen das auch. Dieses Wissen gehört zu unserem Hiersein, auch wenn es meist nicht im Vordergrund steht. Schon in wenigen Wochen werden wir das Land verlassen. Wahrscheinlich werden unsere jüngeren Kinder Litauisch trotz aller Euphorie wieder vergessen, und wir haben noch immer das Gefühl, dass uns Polen und Deutschland viel vertrauter sind, weil wir dort die Sprache besser sprechen.

Eine Vorstellungsrunde beginnt, bei der jeder Gast offenbaren muss, wie er Braut und Bräutigam kennengelernt hat. Einer hat Marijus zuvor nur per Skype gesehen. Andere haben das Paar zufällig in London getroffen. Die Verwandten der beiden Seiten kennen sich kaum. Ich bin erleichtert, dass auch andere Gäste den Bräutigam vorher nicht kannten. Wir spielen noch eine Runde Bingo zum Kennenlernen. Und inzwischen wirkt auch der Alkohol.

An einer Anlegestelle warten Familienangehörige und singen ein Überraschungsständchen. Die Kinder nehmen ein Bad in der Memel. Bei einem nächsten Halt findet ein Drachenfest statt, das unter dem Motto »Zwischen Himmel und Erde« die Region Kaunas bewirbt.

Wir steigen aus, schlendern zu einer der ältesten katholischen Kirchen Litauens hinüber. Außer den Grundmauern hat nichts das 20. Jahrhundert überstanden. Gerade deshalb wirkt das Gotteshaus besonders authentisch. Leander, der auf meinen Schultern sitzt, verbietet mir Kurzvorträge über die spätgotische Form der Fenster der Burg von Kaunas als Zeugnis eines friedlichen ostpreußisch-litauischen Kulturaustauschs: »Papa, lass uns lieber Drachen steigen!« Die Menschen auf dem Fest wirken entspannt, fast fröhlich. Ich selbst bin noch immer in Gedanken, als das Schiff ablegt.

Der Kapitän macht die Musik lauter. Und wir tanzen zwei, drei Runden ausgelassen, winkend und lachend auf dem Deck. Dann legt das Schiff in Kaunas an.

Fahren und Lernen

Auf der Rückfahrt nach Wilna denke ich über die Ähnlichkeiten zwischen Autofahren und dem Eintauchen in eine Gesellschaft nach. Solange man sich noch Gedanken über jede Handlung am Steuer oder die Bedeutung einzelner Verkehrsschilder macht, ist das Fahren eine Qual – auch weil zu viele Punkte gleichzeitig zu beachten sind. Der Kern des Lernens besteht darin, viele Abläufe simultan zu verinnerlichen und irgendwann nicht mehr darüber nachzudenken, was es bedeutet, dass neben einem ein sehr breites Auto fährt oder warum vor dem Kreisverkehr eine Spur gesperrt ist. Angstfreies Fahren beginnt erst dann, wenn eine Vielzahl von Handgriffen, Reaktionen und Routinen in den Teilen des Gehirns ablaufen, in denen wir nicht ständig aktiv über unser Handeln nachdenken. Mein Fahrlehrer Oleg hatte mir den entscheidenden Hinweis gegeben: »Blicken Sie nach vorne, wo Sie hinfahren wollen, dann verlieren die Hindernisse am Wegesrand an Bedeutung.« Diese Zielorientierung war keine Aufforderung zu mangelnder Aufmerksamkeit. Aber für das Leben in einer fremden Gesellschaft heißt das, dass die Momente des Ankommens diejenigen sind, in denen ich nicht mehr stets darüber nachdenke, welche Bedeutung eine Handlung hat.

Es gibt noch eine andere Parallele. In einer Gesellschaft zu leben heißt auch, sich in den Fluss der anderen einzufügen. Würde ich in Litauen auf einer Geschwindigkeit von 50 Kilometer pro Stunde innerhalb geschlossener Ortschaften bestehen, würde ich in vielen Situationen mehr Menschen gefährden, als wenn ich wie alle anderen mit 70 Kilometer pro Stunde über den Savanorių prospektas in Richtung Wilna rausche.

Der Grundwiderspruch des Paukens für die Prüfung der Regitra bleibt: Das formelle Wissen über die Geschwindigkeitsbegrenzungen laut Straßenverkehrsordnung hat nur wenig mit dem Erfahrungswissen der Straße zu tun, wo sich im Alltag niemand um die Begrenzungen schert, wenn nicht gerade die Polizei am Horizont zu sehen ist. Aber genau deshalb scheint es auch kein Problem zu sein, dass Fahrschüler allein für den Moment der Prüfung stupide auswendig lernen – wir wissen schon vorher, dass das Regelwerk nur der Orientierung dient und wir die meisten Informationen bald wieder vergessen werden. Das scheint mir die größte Herausforderung für die Schulen und Universitäten in Litauen zu sein: nicht den Regitra-Teil des Lernens zu absolvieren, sondern bereits die Orientierung im Fluss der Gesellschaft einzuüben.

Trotz des Gefühls, in diesem Strom aufzugehen, fahre ich in Litauen noch immer mit größter Vorsicht. 2014 rangierte das Land zusammen mit Rumänien und Bulgarien mit jährlich 90 Verkehrstoten pro einer Million Einwohner ganz vorne in der europäischen Statistik. Nur Lettland hat statistisch noch mehr Tote: 106. In den aktuellen Reisehinweisen des Deutschen Auswärtigen Amtes für Litauen heißt es: »Die Zahl der Verkehrstoten in Litauen war im Jahr 2015 im Verhältnis mehr als doppelt so hoch wie in Deutschland. Entsprechende Vorsicht im Straßenverkehr ist geboten.«

Letzte Worte

Zum Abschied gibt mir eine Kollegin von der Kulturwissenschaftlichen Fakultät einen Ratschlag: »Du darfst nie einem Belarussen trauen. Er würde dir nie ins Gesicht sagen, was er denkt. Und dreh dich niemals mit dem Rücken zu ihm. Denn im Grunde genommen, weißt du, sind wir noch dieselben Menschen wie damals die Partisanen im Krieg.«

Ein anderer Kollege sagt: »Ich mache das hier alles nur mit, weil ich meine Mutter in Minsk pflegen muss. Erst jetzt habe ich gemerkt, dass wir eigentlich gar keinen Staat mehr haben. Ich muss mich um alles selbst kümmern. Und mein ganzes Einkommen aus Wilna geht dafür drauf, den Pfleger in Minsk zu bezahlen. Hier an der Universität sind wir am Rande eines Zusammenbruchs. Aber wir sind selbst schuld, weil wir nicht wissen, wie wir miteinander auskommen sollen. Wir wissen nicht, wie wir unser Gegenüber ertragen sollen, wie wir ihm zuhören sollen, und wie wir im Streit auseinandergehen, ohne uns gegenseitig zu zerstören. Das ist unser Problem. Ihr in Deutschland habt auch handfeste Probleme. Die Migranten werden euch auch an den Rand der Existenz bringen. Aber ihr werdet es schaffen.«

Am Ende des Korridors steht eine Kollegin, die seit Jahren versucht, ihre Erfahrungen aus dem litauischen Hochschulsystem an der EHU einzubringen. Angesichts meines Weggangs sagt sie entmutigt: »Vielleicht werde ich auch gehen. Mein Vertrag läuft aus, und was soll ich hier? Ich kann ohnehin nichts ausrichten. Wir sitzen hier wie Idioten und vertreiben uns die Zeit in Gremien, die vorgeben, Demokratie zu sein. Aber am Ende werden Entscheidungen immer ganz anders getroffen. Und ich werde nicht auf die Knie fallen, nur damit meine Dozenten doch noch ein paar Lehraufträge bekommen. Der Präsident entscheidet ohnehin nach dem Prinzip: Heute gefällst du mir, also gebe ich dir Arbeit. Aber du sollst auch morgen noch nett zu mir sein. Erinnere dich daran! Wenn ich eins weiß, dann das: So kann man keine Wissenschaft machen! Das ist eine Verhöhnung unserer Arbeit. Ich habe alles getan für meine Leute an der Fakultät. Aber ich weiß nicht, ob ich es noch lange durchhalte, mit anzusehen, dass meine Arbeit im Nichts verläuft.«

Die Philosophin Tatjana Shchyttsowa ist anderer Meinung: »Wir haben viel verloren, aber nicht die Illusion, dass Veränderungen an der EHU möglich sind. Man müsste dazu die Entscheidungsmechanismen erneuern, um uns zu erlauben, als Wissenschaftler mitzubestimmen, in welche Richtung sich die Universität entwickelt. Immer wieder wurden unsere Hoffnungen enttäuscht. Aber wenigstens haben wir welche! In Belarus glaubt niemand, dass Änderungen an den Hochschulen überhaupt möglich sind. Ich habe die Hoffnung nicht aufgegeben, dass wir an der EHU ein Modell akademischer Selbstverwaltung etablieren können.«

Mobile Heimat

Als akademische Nomaden lagern wir einen Teil unserer Möbel und Unterlagen in einem Keller in Berlin ein. Das verbliebene Hab und Gut transportiert eine deutsche Spedition nach Warschau – dieses Mal wollen wir keine logistischen Experimente wie auf dem Hinweg. Die Firma wirbt mit »Täglich Ost- und Westeuropa«. Um das zu ermöglichen, schickt sie den jungen Umzugsfachmann Christian zur Koordination und beauftragt eine litauische Firma für das Beladen in Wilna. Nikita und seine Leute arbeiten auf eigene Rechnung. Damit es schneller geht, hat der Wilnaer Russe seinerseits einige Studenten angeheuert. Das Outsourcing des Outsourcings bewirkt eine lustige sprachliche Kettenreaktion. Christian, unser persönlicher Umzugsbeauftragter aus Norddeutschland, hat keine gemeinsame Sprache mit Nikita, obwohl dieser fließend Russisch, Polnisch und Litauisch spricht. Christian kann Deutsch und etwas Englisch. Mit der Sprachbarriere hat er nicht gerechnet, aber er hat eine ganz eigene Taktik, den Umzug trotzdem abzuwickeln. Er spricht mit Nikita konsequent Deutsch. Das führt zur einen oder anderen Diskussion mit offenem Ausgang. Für alle Fälle bieten wir unsere Übersetzungsdienste an. Nikita spricht zwar besser Litauisch als wir, aber die Studenten sprechen kein Wort Russisch. Dabei ist Russisch die Arbeitssprache des Umzugs von Wilna nach Warschau – selbstverständlich spricht auch der Fahrer des LKWs aus Klaipėda Russisch. Die ganze Wahrheit über die Komplexität des europäischen Umzugsvorgangs kommt aber erst in

Warschau ans Tageslicht, wo die deutsche Spedition eine polnische Kleinstfirma mit der Abwicklung vor Ort beauftragt hat. Beim Ausladen der Kisten zeigt sich, dass die meisten Helfer kein Deutsch können, weshalb wir beim Hereintragen jeder Kiste erneut Übersetzungshilfe leisten.

Vor dem Wechsel nach Polen haben Elisabeth und ich uns darüber gestritten, ob wir unseren Kindern das Gefühl nehmen, mit einem Ort tiefer verbunden zu sein. Nehmen wir ihnen ihr »Recht auf Heimat«, wie es einst der Bund der Vertriebenen formuliert hatte? Ich gehe in die Offensive: »In Deutschland müssten wir wahrscheinlich auch umziehen, wenn die Zeit an einer Universität zur Neige geht.«

Elisabeth beharrt darauf, dass es etwas anderes sei, ob man von Berlin nach Stuttgart ziehe oder von Wilna nach Warschau. Ich liebe es, an dieser Stelle zu widersprechen und zu betonen, dass wir in Stuttgart wahrscheinlich fremder wären als in Warschau, denn dort haben wir schon gearbeitet. Außerdem sprechen wir besser Polnisch als Schwäbisch: »Wir tun einfach wider besseres Wissen so, als wäre die Europäische Union bereits so etwas wie ein Unionsstaat. Wir ziehen von Land zu Land. Es funktioniert doch ganz gut.« Der Protest meiner Frau lässt nicht auf sich warten. Und so können wir Stunden verbringen.

Jeder Wechsel ist eine Zumutung – für die Kinder und auch für uns. Wir können – anders als Sophie, Leander und Emilia – die Notwendigkeit und den Kontext des Umzugs von Litauen nach Polen besser rationalisieren. Aber am Ende ist auch uns in Wilna zum Heulen zumute. Gerne würden wir noch bleiben. Gerade hat sich etwas Vertrautheit eingestellt. Wir haben Freunde gefunden, mit denen wir die Johannisnacht im Dorf der Eltern am Fluss Merkys zünftig mit einem hohen Feuer und Blumenkränzen gefeiert haben. Obwohl wir inzwischen die Überschriften verstehen, haben wir uns immer noch nicht daran gewöhnt, dass die Verkehrstoten ganz oben angezeigt werden. Im Alltag regeln wir die wichtigsten Erledigungen längst auf Litauisch, ohne unsere Tochter Sophie in Verlegenheit zu bringen.

Bei der ordnungsgemäßen Abmeldung im Bürgerbüro staunt die Frau hinter dem großen sowjetischen Schreibtisch, dass wir schon vier Jahre hier sind: »Sie müssen uns unbedingt wieder besuchen kommen«, sagt sie, als wären wir im 450 Kilometer entfernten Warschau aus der Welt. Wahrscheinlich werden dort zusätzlich zu unseren Freunden, die auf dem Landweg auf der Achse Berlin, Warschau, Minsk und Moskau unterwegs sind, bei uns nun auch unsere neuen litauischen Freunde auf dem Weg nach Berlin, in die Alpen oder ans Mittelmeer Halt machen.

Die Psychiaterin, mit der sich Elisabeth zum Sprachtandem Deutsch-Litauisch trifft, beruhigt sie: »Wir können heute nicht mehr unser Inneres an einen äußeren Fixpunkt knüpfen. Wir müssen in einer globalisierten Welt die Mitte in uns tragen, dann werden wir überall froh.« Die Vorstellung von Heimat als einem physischen Ort, an dem es wie in Wilna einen Apfelbaum gibt, der jedes Frühjahr erneut blüht, ist uns dennoch nicht abhanden-gekommen. Wir nehmen gern einen Aprikosenbaum in Warschau in Kauf und scherzen: »Unsere Heimat ist dort, wo unser Kompost ist.« Bei der Planung des Umzugs zeigt der Spediteur ganz ernst auf die grüne Kiste für die Küchenabfälle: »Soll die mit?«

Für mich ist der virtuelle Schreibtisch meines Laptops ein mobiles Stück Heimat, in der ich inzwischen mehr Zeit verbracht habe als an jedem anderen Ort auf der Welt. Und bei der Suche nach einem Waschmittel sind wir in Litauen auf ein Produkt aus der westdeutschen Fernsehwerbung gestoßen, dessen Duft uns beide an unsere Kindheit in den achtziger Jahren erinnert, obwohl es das Waschmittel im Ostteil Berlins gar nicht gab. Dafür ist es nun auch in Warschau erhältlich.

Anders als die meisten Arbeitsmigranten, die von Wilna nach West- und Nordeuropa gehen, nehmen wir unsere Möbel als mobiles Zuhause mit. Nikita fährt kistenweise Bücher von Litauen nach Polen, die CD-Sammlung muss auch mit. Aus Trotz gegen den schnellen Wechsel der Tonträger kommen auch die Kassettenkompilationen und der Walkman mit. Und das naive Minsker Bild des heiligen Georg, der vom Pferd aus die Schlange tötet. Sophie meldet sich zum Abschluss im sozialen Netzwerk an, das ihre Freundinnen im Europa-Garten benutzen. Es wurde im nahen Belarus programmiert. Ihr erster Eintrag ist ein selbstgemaltes Bild mit dem Schriftzug »Super draugės« und als zweiter folgt die Übersetzung: »Best friends forever!« Den Kompost lassen wir in Wilna. Und die EU-Flagge. Möge sie weiterhin vor der russisch-orthodoxen Kirche wehen.

Zirkus Europa

An dem Tag im August, als unsere Kinder in Warschau an einer deutsch-polnischen Begegnungsschule eingeschult werden, besucht der litauische Außenminister das zukünftige Lehrgebäude der Europäischen Humanistischen Universität. Der litauische Staat hat das leerstehende Gebäude eines barocken Klosters in der Altstadt aufwendig für die Exilhochschule saniert. Anatoli Michailow diskutiert danach in einem Forum des größten Online-Portals des Landes mit litauischen Experten über die Krise der Geisteswissenschaften. Die litauische Regierung hat beschlossen, die Rettung der EHU in die eigenen Hände zu nehmen. Die zuständigen Beamten im Außenministerium haben dank der Rotation gewechselt. Die neuen Sachverständigen schätzen die politischen Kosten einer Schließung der Hochschule höher ein als den Schaden, der durch die symbolische Unterstützung des inzwischen 77-jährigen Präsidenten entsteht, der bewusst litauisches Recht gebrochen hatte, um seine Macht zu erhalten.

Diese Politik ist nicht irrational. Ein großer Teil des Umschlags am Hafen in Klaipėda kommt aus der Republik Belarus. Die Litauischen Staatsbahnen wären längst pleite ohne den Transit aus den belarussischen Kombinaten in Grodno und Soligorsk, die veredelte Ölprodukte und Kalisalz für den Weltmarkt liefern. Litauen geht seit dem Krieg in der Ukraine besonders scharfzüngig gegen jede Form postsowjetischer Autokratie vor. An der litauischen Botschaft in Minsk finden wissenschaftliche Konferenzen statt, die an keiner Hochschule des Landes stattfinden könnten. Das litauische Konsulat vergibt kostenlose Visa an Besucher von Konzerten der belarussischen Opposition, die in Minsk lange Zeit nicht stattfinden konnten, weil die Bands auf dem Index der Präsidialverwaltung stehen. In Wilna ziehen die Auftritte des Rockstars Ljawon Wolskis Tausende Minsker an, die am selben Wochenende auch den Inbegriff der Demokratie – den Wilnaer Einkaufstempel Akropolis – besuchen. Gleichzeitig stellen litauische Beamte nach Rücksprache mit europäischen Partnern die Legitimität der Herrschaft des Präsidenten nie so weit in Frage, dass der Status quo gefährdet wird. Dabei gehört Litauen zu den europäischen Gesellschaften, die den höchsten Preis für die EU-Sanktionspolitik gegenüber Russland zahlen; besonders betroffen sind die Milch- und Obstbauern des Landes, aber auch die wenigen verbliebenen produzierenden Betriebe, die sich spezialisiert hatten und dank ihrer Russischkenntnisse auch in das nahe Kaliningrader Gebiet und in den Nordwesten Russlands liefern konnten.

Die Dialektik des Neinsagens bei Aufrechterhaltung bestehender Beziehungen prägt auch das Verhältnis zur EHU. Das Baltikum war im Zarenreich und in der Sowjetunion stets das Fenster zum Westen. Litauen gilt erst seit Ende des Ersten Weltkriegs als baltischer Staat. Genau wie Lettland und Estland möchte auch Litauen heute kein Fenster nach Russland sein. Auch Belarus spielt im Alltag der litauischen Gesellschaft weiterhin kaum eine Rolle – trotz einer gemeinsamen Vergangenheit im Großfürstentum Litauen. Aber wegen seiner geographischen Lage bleibt Wilna nichts anderes übrig, als einen Modus vivendi mit Belarus und Russland zu finden. Das ist weniger eine Frage des politischen Willens als eine ökonomische Notwendigkeit. Durch die Lage und die eigene Größe ist der geopolitische Spielraum Litauens nur gering. Entscheidend ist die Mitgliedschaft in NATO und EU, aber auch die praktische Notwendigkeit, an den Außengrenzen der EU trotz des Kriegs in der Ukraine kein Abenteuer zu riskieren. Alle diplomatischen Vorstöße in Richtung Minsk sind stets mit Brüssel abgestimmt, doch weil es keine konsequente EU-Außenpolitik gibt, ist der Handlungsspielraum Litauens noch geringer geworden. Es wäre schon ein Gewinn, wenn die Partner im Westen verstehen würden, welche Zwänge die Konstellation zwischen Kaliningrad, Minsk und Wilna mit sich bringt. Von ihr profitieren die beiden belarussischen Präsidenten Alexander Lukaschenko und Anatoli Michailow gleichermaßen. Sie sind symbolische Kriegsgewinnler, die im Schatten des Kampfes um Souveränität und Autonomie ihren eigenen Machterhalt sichern konnten. Der Boden ist äußerst brüchig, auf dem die beiden stehen, die Situation in der Ukraine ein Menetekel.

Anatoli Michailow konnte mehr als zwanzig Jahre lang die Geschicke seiner Universität autokratisch lenken und sie gleichzeitig zum Sinnbild für Demokratieförderung in Belarus machen. Denn er hält den Partnern in Litauen und im Westen Europas einen Spiegel vor: Er spricht die Sprache der Politiker, die sich als Garanten der Demokratie darstellen, obwohl sie ihre Krise verkörpern. Und er sagt genau das, was die Gäste hören wollen: Er rühmt die Autonomie des Geistes, doch seine Hymnen klingen wie der Abgesang auf ebenjene Autonomie. Die Krise der Geisteswissenschaften, die an der Exiluniversität im Kampf von Philosophen gegen Philosophen offenkundig wurde, ist nur der sichtbarste Teil einer tiefen Krise der Repräsentation, des Dialogs und der Autonomie. Doch es greift zu kurz, dafür allein die männlichen Repräsentanten der Macht verantwortlich zu machen, die den Ruf nach Partizipation nutzen, um ihre eigene Position zu sichern. Die Krise ist systemisch, weil alle Beteiligten einen aktiven Anteil an ihrer Eskalation haben. Die Unfähigkeit zu einem an gemeinsamen Interessen orientierten Dialog hat an der EHU zu einem anhaltenden Ausnahmezustand geführt. Das wichtigste Gut, das im Kampf um die Macht an der EHU verlorenging, ist der gegenseitige Respekt und das Vertrauen, ohne das keine Institution auf Dauer existieren kann.

In Litauen gibt es ein Bewusstsein für diese Krise, aber kaum Handlungsspielraum. So bleibt nur der Balanceakt, den richtigen Ton zu treffen im Umgang mit zwei belarussischen Präsidenten, auf deren symbolische Unterstützung die Politiker des baltischen Landes angewiesen sind, wenn sie in Belarus etwas verändern wollen. Mit diesem Problem ist Litauen nicht allein. In der Gleichzeitigkeit von oppositioneller Demokratieförderung und Anerkennung autokratischer Regime als legitime Verhandlungspartner liegt die größte Schwäche der Europäischen Union an ihrer östlichen Grenze – und nicht nur dort. Denn die symbolische Rettung der Demokratie und europäischer Werte erfolgte über Jahre durch die indirekte Legitimation von Willkür oder die passive Hinnahme ihrer Folgen. Beim gesamteuropäischen Wegsehen, Ausharren und Beschönigen der Gegenwart handelt es sich hingegen nicht um die Umsetzung einer politischen Vision, sondern um die Imitation von Politik. Was aussieht wie Politik, ist ein medialer Zirkus, an dem wir alle beteiligt sind – entweder als Zuschauer, als Dompteure oder als Zirkustiere. Manege frei für die nächste Vorstellung!

Literaturempfehlungen

Valentin Akudowitsch: *Der Abwesenheitscode. Versuch, Weißrussland zu verstehen.* Aus dem Russischen von Volker Weichsel. Berlin 2013

Thomas M. Bohn: *Minsk – Musterstadt des Sozialismus. Stadtplanung und Urbanisierung in der Sowjetunion nach 1945.* Köln u. a. 2008

Bert Hoppe, Hildrun Glass (Hrsg.): *Die Verfolgung und Ermordung der europäischen Juden durch das nationalsozialistische Deutschland 1933-1945. Sowjetunion mit annektierten Gebieten.* München 2011

Marius Ivaškevičius: *Die Grünen.* Roman. Aus dem Litauischen von Markus Roduner. Oberhausen 2012

Artur Klinau: *Minsk. Sonnenstadt der Träume.* Aus dem Russischen von Volker Weichsel. Frankfurt am Main 2006

Viktor Martinowitsch: *Paranoia.* Roman. Aus dem Russischen von Thomas Weiler. Dresden 2014

Jolita Lenkevičiūtė: *Vilnius im Wandel: Wohnsegregation in einer ostmitteleuropäischen Hauptstadt.* Berlin 2006

Ruth Leiserowitz: *Sabbatleuchter und Kriegerverein: Juden in der ostpreußisch-litauischen Grenzregion 1812-1942.* Osnabrück 2010

Anna Lipphardt: *Vilne. Die Juden aus Vilnius nach dem Holocaust. Eine transnationale Beziehungsgeschichte.* München 2010

Ekaterina Makhotina: *Erinnerungen an den Krieg – Krieg der Erinnerungen: Litauen und der Zweite Weltkrieg.* Göttingen 2016

Uwe Rada: *Die Memel. Kulturgeschichte eines europäischen Stromes.* Berlin 2010

Julija Reklaite, Ruta Leitanaite (Hg.): *Architekturführer Vilnius.* Aus dem Litauischen von Saskia Drude. Berlin 2015

Joachim Taubert, Ralph Tuchtenhagen: *Vilnius. Kleine Geschichte der Stadt*. Köln 2008

Tomas Venclova: *Vilnius. Eine Stadt in Europa*. Aus dem Litauischen von Claudia Sinnig. Frankfurt am Main 2006

Felix Ackermann, geboren 1978 in Berlin, lebte in Frankfurt (Oder), Słubice, Wronki, Sankt Petersburg, London, Grodno, Allenstein und Wilna. Seine Stadtgeschichte *Palimpsest Grodno* erschien im Harrossowitz-Verlag und ist unter *perspectivia.net* frei zugänglich. Er schreibt für die *Frankfurter Allgemeine Zeitung*, die *Neue Zürcher Zeitung* und *Zeit Online* über Polen, Litauen und Belarus. Mit seinen Kollegen vom Laboratory of Critical Urbanism erforschte er in Wilna und Visaginas die Beteiligung litauischer Bürger an der Veränderung ihrer Städte. Die Ergebnisse erscheinen seit 2016 in der Reihe *Mapping Transitions of post-socialist urban spaces* der Wilnaer Kunst-Akademie. Er lebt mit seiner Familie in Warschau.

Foto auf S. 257: Leander Ackermann; alle anderen vom Autor.

Inhalt

1
Berlin – Grodno – Wilna

2
Wilna – Nidden – Klaipėda

6
Im Schatten von Jalta, Donezk und Aleppo

7
Kiew – Minsk – Wilna – Brüssel

8

Visaginas – Kaunas – Warschau